本书为"广东省普通高校人文社会科学重点研究基地暨南大学澳门研究院"研究成果。

获"暨南大学马万祺博士后高水平研究成果奖励基金"资助。

主编简介

潘启亮

政治学博士，暨南大学社会科学研究处处长、公共管理学院/应急管理学院研究员，兼任中华文化港澳台及海外传承传播省部协同创新中心常务副主任。在《情报学报》《暨南学报（哲学社会科学版）》《高教探索》等学术期刊发表论文近20篇；主持国家社科基金项目1项、广东省社科规划项目1项、其他省部级科研项目5项。

叶 农

历史学博士，暨南大学文学院古籍所教授、博导，澳门研究院院长；国家社科基金重大招标项目首席专家。曾在《民族研究》《世界宗教研究》《中国经济史研究》等刊物发表学术论文70余篇；出版学术著作20余部。

海上丝绸之路

粤港澳大湾区教育研究书系·澳门卷
丛书主编 潘启亮 叶农

澳门现代高等教育发展研究

历史逻辑、现实选择与路径分析

Research on the Development of
Modern Higher Education in Macao

张红峰 著

暨南大学出版社
JINAN UNIVERSITY PRESS
中国·广州

图书在版编目（CIP）数据

澳门现代高等教育发展研究：历史逻辑、现实选择与路径分析／张红峰
著.—广州：暨南大学出版社，2022.6
（海上丝绸之路／潘启亮，叶农丛书主编.粤港澳大湾区教育研究书系.
澳门卷）
ISBN 978 - 7 - 5668 - 3436 - 2

Ⅰ.①澳…　Ⅱ.①张…　Ⅲ.①高等教育—发展—研究—澳门
Ⅳ.①G649.21

中国版本图书馆 CIP 数据核字（2022）第 104088 号

澳门现代高等教育发展研究：历史逻辑、现实选择与路径分析
AOMEN XIANDAI GAODENG JIAOYU FAZHAN YANJIU：LISHI LUOJI
XIANSHI XUANZE YU LUJING FENXI
著　者：张红峰
···

出 版 人：张晋升
策划编辑：杜小陆
责任编辑：亢东昌
责任校对：黄　颖　王燕丽
责任印制：周一丹　郑玉婷

出版发行：暨南大学出版社（511443）
电　话：总编室（8620）37332601
　　　　营销部（8620）37332680　37332681　37332682　37332683
传　真：（8620）37332660（办公室）　37332684（营销部）
网　址：http：//www.jnupress.com
排　版：广州良弓广告有限公司
印　刷：深圳市新联美术印刷有限公司
开　本：787mm×1092mm　1/16
印　张：14.75
字　数：215 千
版　次：2022 年 6 月第 1 版
印　次：2022 年 6 月第 1 次
定　价：89.80 元

总　序

"海上丝绸之路·粤港澳大湾区教育研究书系·澳门卷"终于面世了！

习近平总书记在全国教育大会上指出：教育是国之大计、党之大计。这一论断强调了教育对于国家富强、民族振兴、社会进步、人民幸福的重要性，充分肯定了教育所具有的基础性、先导性、全局性地位和作用，把我们国家关于教育地位与作用的认识提高到一个新的历史高度。

在粤港澳大湾区加速推进的大背景下，我们推出了"粤港澳大湾区教育研究书系"。该书系计划推出研究粤港澳大湾区教育事业发展的系列著作。作为试点，我们率先推出了该书系的"澳门卷"。

澳门是自明中叶葡萄牙人入居澳门以来欧式教育在中国的发祥地，从 18 世纪 30 年代开始，澳门就已经有西式教育机构——圣若瑟修院及其所举办的世俗教育机构。澳门也成为中国现代教育的发祥地，自近代以来，培养过许多有影响力的人才，如中华民国缔造者孙中山先生等。这些人才曾改变过中国，甚至是世界历史的进程。1999 年澳门回归祖国后，澳门特别行政区政府一改回归前澳葡政府对于教育事业的态度，积极促进澳门教育事业的发展，培养了一批又一批"爱国爱澳"的新人，确保了澳门繁荣稳定与未来发展。

"一国两制"在澳门能够行稳致远，澳门教育体系发挥了重要作用。澳门回归以来的经验昭示着：教育是"一国两制"成功实践的基础、"爱澳者治澳"的保障、澳门保持繁荣稳定的基石。

中共十八大以来，特别是 2019 年 2 月 18 日中共中央、国务院印发了《粤港澳大湾区发展规划纲要》（以下简称《纲要》），《纲要》指出，要打造教育和人才高地，支持大湾区建设国际教育示范区。这对澳门教育事业提出了新的要求。如何更好地融入粤港澳大湾区的发展，为粤港澳大湾区建设做出贡献，成为澳门教育事业未来发展的重大问题。

粤港澳大湾区是继纽约大湾区、旧金山大湾区、东京大湾区之后的另一个世界级的大湾区。《纲要》指出，粤港澳大湾区是"我国开放程度最高、经济活力最强的区域之一，在国家发展大局中具有重要战略地位"。而粤港澳大湾区的建设，"既是新时代推动形成全面开放新格局的新尝试，也是推动'一国两制'事业发展的新实践"，可以"充分发挥粤港澳综合优势，深化内地与港澳合作，进一步提升粤港澳大湾区在国家经济发展和对外开放中的支撑引领作用，支持香港、澳门融入国家发展大局，增进香港、澳门同胞福祉，保持香港、澳门长期繁荣稳定，让港澳同胞同祖国人民共担民族复兴的历史责任、共享祖国繁荣富强的伟大荣光"。

《纲要》将澳门定位为"建设世界旅游休闲中心、中国与葡语国家商贸合作服务平台，促进经济适度多元发展，打造以中华文化为主流、多元文化共存的交流合作基地"。

因此，发挥澳门在粤港澳大湾区建设中的巨大作用，丰富"一国两制"的实践内涵，进一步加强内地与澳门的交流合作，为澳门经济社会发展以及澳门同胞到内地发展提供更多机会，就具有了重大意义。

为了实现《纲要》对澳门的职责定位，在建设粤港澳大湾区时，推动粤港澳三地教育发展，也是《纲要》中极为重要的内容。《纲要》提出了打造粤港澳大湾区教育和人才高地的要求，粤港澳三地要"推动教育合作发展"，"支持大湾区建设国际教育示范区，引进世界知名大学和特色学院，推进世界一流大学和一流学校建设"，"支持澳门建设中葡双语人才培训基地，发挥澳门旅游教育培训和旅游发展经验优势，建设粤港澳大湾区旅游教育培训基地"。

为此，我们要依据习近平总书记关于维护香港、澳门长期繁荣稳定，推进祖国和平统一的重要讲话、重要指示批示精神，根据习近平总书记视察暨南大学时对我们的殷切希望与嘱托，做好澳门教育问题的研究工作。

广东省人文社科重点基地——暨南大学澳门研究院自 2017 年 11 月揭牌以来，一直都致力于澳门问题的研究工作。主动承担国家、省市及特区政府、社会团体所委托的调研任务，提供咨询服务；申报承担国家及省部级研究项目，开展重大理论研究工作；广泛联系学术界，出版相关学术著作及研究史料，目前正在全力打造学术大全——《海上丝绸之路丛刊》大型学术丛刊；积极举办"粤港澳大学生'岭南文化'高级研修班"与"粤港澳中学生'广府文化'学习体验班"等交流活动，在澳门地区青少年中弘扬中华优秀传统文化，增强文化认同感。

在粤港澳大湾区建设进程加快、澳门经济社会面临转型的大环境下，澳门当代教育事业如何为澳门未来发展做好准备？澳门教育事业未来发展走向为何？澳门教育界从业者如何确保澳门教育事业顺利发展？

基于上述问题，我们邀请了一批来自澳门的相关专家学者，与他们一起，就相关问题展开了为期两年的研究工作。这些专家学者，均为澳门地区的资深研究人员，他们有的是高校教师，有的是政府管理部门的专业人士，均学术造诣深厚，研究成果丰硕。

为将他们潜心研究的成果发表，本研究院与相关机构一同完成"海上丝绸之路·粤港澳大湾区教育研究书系·澳门卷"的编撰出版工作。"海上丝绸之路·粤港澳大湾区教育研究书系·澳门卷"由下列著作组成：

（1）胡晓著《澳门高校内地教师的身份叙事》。

《澳门高校内地教师的身份叙事》深度访谈了 10 位在澳内地教师、2 位澳门居民，重写了 8 位与澳门发生关联的高校教师的叙事。以基于访谈的扎根理论回答了内地教师为何选择澳门、个人实践经验如何影响身份认同、澳门职业生涯的困难及其消解等问题，深描了一个持外来雇员身份认别证（俗称"蓝卡"）奔波于澳门—内地城市之间的群体，并将其以类别化与情境化交织的写作形式呈现出来。来澳发展是内地教师个体选择和机构政策互相协商的结果，职业身份是内地教师在澳门高校生存的主导身份，它左右了内地人对澳门的刻板印象。"自我"是一个受到多维度变量、多因素影响的过程，它可以被察觉；"粤港澳大湾区"的概念赋予澳门高校内地教师的身份以多重性和相互交织的可能，并令其在"大湾区"这个民族—国家层面的共同体框架之下展现出复杂的文化面向。澳门高校内地教师的身份叙事是一个值得关注的命题，因为可能启发后来者对移民教师、外来雇员等澳门特色群体中的生存状态和心理感受而进行可持续性探查，甚至引发对澳门教育文化本身的研究及批判。澳门应促进复杂交错的身份认同的产生，在促进身份多元化、个体身份多重性方面成为东亚名片。

（2）高胜文著《澳门非高等持续教育研究》。

回归 20 余年来，澳门特别行政区政府努力贯彻"教育兴澳""人才建澳"的施政理念，使澳门人口素质不断提高，特区竞争力日渐增强。2006 年《非高等教育制度纲要法》颁布实施后，非高等教育明确分为正规教育和持续教育两种类型。持续教育成为澳门发展的重要推动力，在培养本地人才方面发挥着越来越重要的作用。然而，相对于正规教育，澳门持续教育还有待进一步发展与完善。对此，《澳门非高等持续教育研究》对澳门持续教育所涉及的一系列问题，诸如教育政策、相关社会团体、家庭教育、回归教育、社区教育、职业培训以及其他教育活动等方面，作了深入分析及建议。综观全书，内容涉及澳门持续教育的多个热点问题，图文并茂，理论与实际结合。

（3）张红峰著《澳门现代高等教育发展研究：历史逻辑、现实选择与路径分析》。

回归祖国以来，澳门高等教育发展以制度完善、规模普及、横琴决策为标志，在延续和变革中不断提升，呈现出公立私营多元化、制度体系规范化、课程结构多样化、学生规模普及化、质量保障国际化的办学格局。尽管澳门高等教育在诸多方面都已焕然一新，成绩有目共睹，成就显著，但在发展过程中，也存在着以下问题：如以第三产业为主，尤其是以博彩业为支柱的产业结构形态，严重制约着澳门高校的学科发展和专业课程设置，注册商务管理、公共行政以及法律等与澳门社会经济密切相关专业的澳门本地生占澳门高校学生总数的比例已经超过 70% 等。

《澳门现代高等教育发展研究：历史逻辑、现实选择与路径分析》以"历史逻辑—现实选择—路径分析"的逻辑，探寻下列三个方面的问题：①澳门高等教育发展进程在历史发展以及澳门地域及文化特点的影响下出现"路径依赖"或者是不同的"现实选择"，以及在当前粤港澳大湾区建设的大背景下，澳门必然融入其中的真实路径等。②探索澳门高等教育在制度构建、人才培养、学科建设以及国际合作中的现实选择。③在历史、现实及路径的探究基础上，尝试构建"技术—制度—文化"的澳门高等教育发展三维框架，从理论的高度思考澳门高等教育的未来发展，以搭上祖国快速发展的列车。

（4）施雨丹、陈志峰著《澳门回归以来非高等教育的发展》。

澳门回归以来，在"一国两制"的成功实践过程中，特区政府以"教育兴澳""人才建澳"的施政方针为指导，非常重视发展非高等教育，并实现了非高等教育跨越式发展。本书以澳门非高等教育发展的历史维度为纵坐标、非高等教育发展的组织类型和发展现状为横坐标，形成了历史与现实交错的框架体系。写作脉络则从澳门非高等教育发展历史、制度和政策、非高等教育各组成部分发展现状等方面对澳门非高等教育进行了全方位梳理，在总结澳门回归以来非高等教育发展经验的基础上，面向未来提出了发展方向。本书以澳门回归以来的政策、制度文本及各类官方数据为基础，结合实地调研，勾勒了回归后非高等教育发展的图景。全书数据丰富翔实、分析全面深入，立足研究定位的基础性、研究内容的全面性和研究立场的客观性，可为深入了解、探讨研究澳门非高等教育变迁与发展提供专业参考，是内地与澳门学者及团队开展合作研究的重要成果。

"海上丝绸之路·粤港澳大湾区教育研究书系·澳门卷"的书稿即将付梓。自 2020 年开始筹划工作以来，虽然受到新型冠状病毒肺炎疫情的影响，但不论是著者，还是编辑制作人员，均投入了极大的热情，他们积极克服疫情带来的种种困难，最终将著者潜心研究的成果呈现到读者面前。

因此，我们必须向为"海上丝绸之路·粤港澳大湾区教育研究书系·澳门卷"问世做出贡献的人们表达感谢之情：暨南大学澳门研究院叶农先生，暨南大学出版社杜小陆先生，暨南学报编辑部王桃女士、郭晓明先生，澳门理工学院陈志峰先生等。

同时，本书系为"广东省普通高校人文社会科学重点研究基地暨南大学澳门研究院"研究成果，并获得"暨南大学马万祺博士后高水平研究成果奖励基金"资助，在此一并表示感谢！

是为序。

潘启亮　叶　农

书于羊城暨南园

2022 年 5 月 7 日

目　录

总　序　/ 1

第一章　绪　论　/ 1
　　第一节　研究问题和目标　/ 2
　　第二节　文献综述与理论基础　/ 4
　　第三节　研究路径与方法　/ 24

第二章　澳门回归前高等教育发展的历史逻辑　/ 27
　　第一节　传教士兴办的圣保禄学院　/ 29
　　第二节　澳门东亚大学的创办与发展　/ 43
　　第三节　澳门东亚大学转型期：自治与控制的张力　/ 57
　　第四节　后东亚大学时期：澳门高等教育的多元取向　/ 73

第三章　澳门回归以来高等教育发展的现实选择　/ 93
　　第一节　澳门高等教育宏观治理的困境与抉择　/ 95
　　第二节　澳门高等教育人才培养的特征与选择　/ 113
　　第三节　澳门高等教育质量发展的历程与选择　/ 127
　　第四节　澳门高等教育学术研究的发展与选择　/ 141

1

第四章 澳门高等教育未来发展的路径分析 / 167

第一节 粤港澳大湾区建设与澳门高等教育发展 / 168

第二节 澳门高等教育发展配合大湾区核心定位 / 177

第三节 澳门高等教育与粤港澳大湾区创新中心建设 / 184

第四节 澳门高等教育发展中的困境与未来路径 / 202

第一章

绪　论

第一节　研究问题和目标

澳门高等教育起源于耶稣会 1594 年创立的远东第一所西式高等学府——圣保禄学院。因受到葡萄牙政府驱逐耶稣会教士的影响，学院于 1762 年关闭。在经历 200 余年的沉寂后，几位香港商人于 1981 年在澳门建立了第一所由华人创办的东亚大学。澳门现代高等教育的历史虽然很短，但是发展很快。自 1999 年回归祖国以来，澳门高等教育发展以制度完善、规模普及、横琴决策为标志①，在延续和变革中不断提升，呈现出公立私立多元化、制度体系规范化、学生规模普及化、专业结构多样化、学术研究转型化、质量保障国际化的办学格局。

尽管澳门高等教育在诸多方面都焕然一新，成就显著，但在发展过程中，也容易出现一些典型的现象和问题。如以第三产业为主，尤其是以博彩业为支柱的产业结构形态，严重制约着澳门高校的学科发展和专业课程设置，注册商务管理、公共行政以及法律等与澳门社会经济密切相关专业的澳门本地生占比已经超过 70%。又如，微型社会的特点导致澳门高等教育发展过程中的边际效用变化率高。这也意味着，一旦国家或特区政府有什么宏观政策，几乎所有高校都会行动起来，体现出微型社会发展中特区政府的强大动员能力。然而，形式上的配合能否真正提升行动的内涵，仍然是一个值得关注的问题。此外，澳门高等教育发展的文化具有延续性，体现为制度构建中的"依赖性"，而制度的这一特点与现实中的功利取向相结合，又容易导致高等教育制度发展过程中缺少变化的动力。

毋庸置疑，澳门高等教育发展的成绩有目共睹。实际上，从表象看，无论是澳门高等教育发展过程中的依附性、形式化，还是制度发展中的延续性，都能体现出澳门高校为澳门社会经济发展做出了贡献。然而，本书更为关心这些现象和问题的出现有无内在的逻辑和规律；

---

① 张红峰. 澳门回归二十年来高等教育的回顾与展望［J］. 高等教育研究，2019，40（12）：1-8.

澳门高等教育发展进程是否在历史发展以及澳门地域和文化特点的影响下出现"路径依赖"或者是不同的"现实选择";在当前粤港澳大湾区建设的背景下,澳门必然融入其中的真实路径是什么。正是带着这些问题,本书进入了"历史逻辑—现实选择—路径分析"这样一个逻辑自洽的思考过程。

澳门高等教育的历史缺少延续性,有关圣保禄学院的创建与发展过程的史料较为丰富,而关于澳门现代高等教育的先行者——澳门东亚大学的史料却并不多。米勒教授曾经作为亲身经历者和见证者,对澳门东亚大学的创建、筹备、发展、转型有过较为详细的描述。又由于澳门东亚大学的早期发展史本身就可以代表澳门现代高等教育的历史,所以他的著作无疑为澳门现代高等教育史提供了最为宝贵的素材。后来的很多以描述为主的澳门高等教育史中文著作都得益于它,属于对米勒教授观点的重新梳理。当然,还有一些论文和著作,也从米勒的著作中获益良多,在视角和解释上有所突破,是基于历史的一种探究模式。站在前人研究的基础之上,本书不仅着重对于历史事实的描述,更意图站在历史诠释学和历史制度主义的视角对过往的历史加以解释。历史无论长短,事实就摆在那里,其中所隐藏的逻辑和规律是需要深入探究的,当前澳门高等教育中出现的现象和问题或许可以从历史中寻找到答案。

基于历史逻辑的演绎分析,当前高等教育范畴内出现的很多现象背后也会有着某种本质性的东西,这些本质的元素以应然和实然的方式展示出来,表现为澳门高等教育的价值取向和现实选择。所以,现实的选择无疑包括两个层面,一是本质的层面,二是现象的层面。历史的发展必然影响着澳门高等教育领域深层次的价值取向,而这种体现在制度建构、人才培养、质量发展、学术研究及合作中的现实选择为何,它们内部的表现形态是怎样的,无疑成为本书所关注的第二个问题。

无论探讨历史逻辑,还是描述和解释现实中的选择,最终都是为了寻找未来发展的路径。内在的动因固然重要,外部的环境更不可忽视。当前澳门的发展不是孤立的,一体化的理论模式、"一带一路"倡议及"粤港澳大湾区"的国际化、区域化背景已经成为澳门难得的发展机遇。如何搭上祖国快速发展的列车，无疑将成为澳门高等教育发展亟待研究的问题。

机遇和挑战并存，澳门高等教育虽然已经成果卓著，但需要研究的问题还有很多。正如本书书名所表明的那样，本书的研究目标是探究澳门高等教育的历史逻辑，解释澳门高等教育现实发展中诸多层面的选择以及分析澳门高等教育未来发展的路径。在历史探究中，本书旨在分析影响澳门高等教育历史发展的偶然性和必然性因素，进而总结澳门高等教育发展的历史逻辑；在现实选择中，本书基于历史逻辑，阐述受到微型社会典型特征和后发外生型模式影响的澳门高等教育不同范畴的现实选择；而在未来路径分析中，本书重点探讨处在国家战略发展背景之下澳门高等教育的融入发展策略，以及澳门高等教育如何跳出以往发展的困境，引领社会经济的发展，进而构建"技术—制度—文化"的理论分析框架。

第二节　文献综述与理论基础

一、澳门高等教育研究的文献整理与概述

（一）关于澳门圣保禄学院的研究

圣保禄学院作为澳门的第一所高等教育机构，从一个侧面反映了澳门崛起的历程，因此在澳门教育史和整个澳门历史上都占有一席之地，在它存在和活动的岁月里，出于宗教目的和其他原因从事东西方文化交流活动的不少西方传教士，都与这个著名的机构有着密切的关系，所以它也以特定的方式影响了中西文化交流史。① 一个如此重要的文化、教育机构，无疑值得研究者给予关注。而关于这一段历史的研究文献大体可分为整体研究文献和局部研究文献两大类。

实际上，历史上关于澳门教育、宗教和文化的研究，或多或少都

---

① 李向玉. 汉学家的摇篮：澳门圣保禄学院研究［M］. 北京：中华书局，2006：序言（陈胜粦）.

会提到圣保禄学院，这些研究均可以归纳为局部研究的范畴。有关文献主要集中在冯增俊主编的《澳门教育概论》、朱维铮主编的《基督教与近代文化》、刘羡冰的《澳门圣保禄学院历史价值初探》、王文达的《澳门掌故》、林子升的《十六至十八世纪澳门与中国之关系》、龙思泰的《早期澳门史》、迭戈·结成的《澳门圣保禄学院与日本教会》、章文钦的《吴渔山天学诗研究》、马拉斯特塔的《圣保禄学院：宗教与文化的研究院》、黄启臣的《澳门第一所大学：圣保禄学院》、张春申的《圣保禄学院为我们的启示》、阿玛罗的《中医对圣保禄学院药房的影响》、文德泉的《第一个中国耶稣会神父》、曾德昭的《大中国志》、费赖之的《在华耶稣会士列传及书目》、荣振华的《在华耶稣会士列传及书目补编》、利玛窦和金尼阁的《利玛窦中国札记》、方豪的《中西交通史》、印光任和张汝霖的《澳门记略校注》，等等。

　　以上局部研究文献又可以分成两类。一类是在澳门历史、文化、教育的著作中简略提及圣保禄学院的历史地位、价值或办学的一些具体细节。如，冯增俊主编的《澳门教育概论》中指出："400 年前，传教士在澳门创办了远东第一所大学，培养了数百名传教士，澳门教育为东西方文化交流作出了巨大的贡献。"① 瑞典史学家龙思泰在《早期澳门史》中提道："（圣保禄学院）开设了两个拉丁文班，有两个神学教席，一个哲学教席，一个文学教席。学院由一个用作图书馆的大厅、一座用于天文学的建筑和一间施药所环绕而成。"② 另一类则是直接冠以圣保禄学院的标题，从某一个视角切入撰写的研究论文。如，刘羡冰的《澳门圣保禄学院历史价值初探》阐述了耶稣会教育、学院创办的历史、升格的过程、教育教学的欧洲大学模式、课程特色、学院创办的意义（双语精英及教士汉学家队伍）等。③ 该文虽以著作的形式在澳门文化司署出版，但全文仅有数千字，仍然只是一篇论文，属于对圣保禄学院历史办学情况和意义的概述，而对于细节未能面面俱到。又如，日本长崎殉道者博物馆馆长迭戈·结成的《澳门圣保禄学院与

---

①　冯增俊.澳门教育概论［M］.广州：广东教育出版社，1999：序言（颜泽贤）.

②　龙思泰.早期澳门史［M］.吴义雄，等译.北京：东方出版社，1997：51.

③　刘羡冰.澳门圣保禄学院历史价值初探［M］.澳门：澳门文化司署，1994.

日本教会》较为细致地谈到圣保禄学院及其教堂与日本教会之间的关系，也提及范礼安神父制订的传教士培养计划"将导致澳门和日本之间海上来往的增加，并将加强圣保禄学院和日本教会的联系"①。

到目前为止，关于澳门圣保禄学院的整体研究文献主要有三部，按出版时间的顺序分别是葡萄牙学者多明戈斯·马乌里西奥·戈麦斯·多斯·桑托斯（Domingos Maurício Gomes dos Santos）的《澳门：远东第一所西方大学》、李向玉的《汉学家的摇篮：澳门圣保禄学院研究》以及戚印平的《澳门圣保禄学院研究：兼谈耶稣会在东方的教育机构》。

桑托斯所著《澳门：远东第一所西方大学》分为五个部分：耶稣会教士在澳门、基础教育和未成年人的学习、初等及高等课程的重新组织、远东第一所西方大学、变迁与人才输送。② 该著作的篇幅不长，但其结构较为完整，且在学院创建来源、教育教学方面属于第一部描述较为详细的著作。该书从培莱斯神父在澳门修建长久性寓所的思考写起，到视察员范礼安为创建圣保禄神学院所做出的一系列努力，再到对学院建成后神学、伦理、艺术以及初级拉丁课程教育形式和教学方法的详细描述，最后提到圣保禄学院为葡萄牙和国际输送人才的历史贡献，几乎每一段文字都标明详尽的原始文献出处，属于研究圣保禄学院的早期开创性文献。

李向玉所著《汉学家的摇篮：澳门圣保禄学院研究》是第一部全面、系统、深入研究圣保禄学院的专著。鉴于中文资料的零散琐碎，作者曾多次访问葡萄牙的阿儒达王室图书馆，查询耶稣会士留存的第一手葡文文献，尤其是翻译并研究了以古葡文写成的《澳门圣保禄学院年报》。正是建立在这些原始文献的基础上，作者完成了对澳门圣保禄学院的系统研究。该书包括五章：澳门圣保禄学院始末、澳门圣保禄学院的教学与管理制度、澳门圣保禄学院的教师与学生、澳门圣保

---

① 迭戈·结成．澳门圣保禄学院与日本教会 [M] //李向玉．汉学家的摇篮：澳门圣保禄学院研究．北京：中华书局，2006：17.

② 多明戈斯·马乌里西奥·戈麦斯·多斯·桑托斯．澳门：远东第一所西方大学 [M]．孙成敖，译．澳门：澳门基金会，1994.

禄学院的附属机构、澳门圣保禄学院与中西文化交流。① 书中阐明的一些创新性观点包括：第一，通过直接的证据印证了圣保禄学院关闭的时间为 1762 年；第二，论述了创办圣保禄学院的真正原因；第三，通过具体的史料介绍了天主教华人教徒吴渔山和陆希言在圣保禄学院学习时的情况，证实了学院内部高等课程和小学课程并存的史实；第四，通过史料与逻辑的结合，认为学院大学部没有设置中文课程，这一观点有别于以往关于圣保禄学院研究的中文著述中的观点；第五，详尽展示了学院内部的"辩论"教学方法和"石头试"的考试管理制度，并与科英布拉大学的教学管理模式做出比较；第六，根据《澳门圣保禄学院年报》的记载和相关史料，首次在关于圣保禄学院的研究中列出学院的校长、教师、中国学生等具体情况；第七，阐述了学院对于中西文化交流的贡献：远东传教士的摇篮、西学东渐的基地以及对欧洲中国学的影响。该书在大量葡文原始档案的基础上，对圣保禄学院进行系统研究，就圣保禄学院在澳门的早期历史、中国教育史、中西文化交流史以及中国天主教历史上的地位与影响进行分析与阐述，进而推动相关学术领域的研究。②

戚印平所著《澳门圣保禄学院研究：兼谈耶稣会在东方的教育机构》在写作架构上与前两本著作大体相近，分为五章：绪论、澳门圣保禄学院的建立及其相关争议、澳门圣保禄学院的人员构成及其组织机制、澳门圣保禄学院的教学体制、澳门圣保禄学院的财务问题。③ 书中所涉及的几个方面在李向玉的著作中都曾提及，两者的不同之处在于，论证所采用的史料依据和详略方面。该书主要引用大量的日本原始文献，包括高濑弘一郎的《基督教时代的文化与诸相》《基督教时代对外关系的研究》及其编译的《耶稣会与日本》；松田毅一的《日本巡查记·解题Ⅱ》译注的《十六、十七世纪耶稣会日本报告集》；井手胜美的《基督教思想史研究叙说》；村上直次郎译注的《耶稣会士日本

---

① 李向玉. 汉学家的摇篮：澳门圣保禄学院研究［M］. 北京：中华书局，2006.
② 李向玉. 汉学家的摇篮：澳门圣保禄学院研究［M］. 北京：中华书局，2006：222.
③ 戚印平. 澳门圣保禄学院研究：兼谈耶稣会在东方的教育机构［M］. 北京：社会科学文献出版社，2013.

通信》；尾原悟的《基督教时代的科学思想——戈麦斯著〈天球论〉的研究》；罗耀拉著、中井允译的《耶稣会会宪》；沙勿略著、河野纯德译的《沙勿略全书简》；范礼安著、高桥裕史译的《东印度巡查记》等。这些出自日本的文献详细记载了澳门圣保禄学院建立的缘由、相关争议以及一些教育和财政方面的内容，为作者开展研究提供了便利。该书正文部分的大部分原始资料，如范礼安信函中论证在澳门建立耶稣会神学院的理由、建设独立神学院的计划、果阿教区的反对态度与理由、孟三德等内部人士的反对意见、神学院的建筑工程及资金来源、日本禁教前后学院学生情况、学院院长名录、神学院与当地修院的关系、神学院的主要教学科目和内容、不同科目的教学模式、神学院的资金来源、负责财务的神学院管区代表规则等，皆出自高濑弘一郎的《基督教时代的文化与诸相》一书。作者对这些原始资料加以详尽地解释和创新性地分析，形成了关于澳门圣保禄学院起源与发展最为详细的研究。

（二）关于澳门东亚大学的研究

20 世纪初曾经有过一段短暂的内地高等学校南迁澳门办学的历史，这一过程可以参见刘羡冰的《澳门教育史》[①]。1981 年，几位香港有志商人来到澳门创办了第一所具有现代意义的本地高等学府——澳门东亚大学。关于澳门东亚大学的研究，最原始且具体的文献当属伯纳德·米勒（Bernard Mellor）以英文写就的《东亚大学：起源与概览》（*The University of East Asia*：*Origin and Outlook*）。米勒是原香港大学的教务长，在澳门东亚大学筹建时期担任筹备办公室主任。所以，对于米勒而言，他既是研究者，又是亲历者和管理者，属于澳门东亚大学历史的一部分。该书采取编年体的写法，略带文学色彩，大体按照时间的顺序分主题详细描述了澳门东亚大学的历史开端、筹备阶段、任务确定、早期规划、预科学院、本科学术架构、图书馆建立、章程草拟、校园建设、后期规划、教师招募、创校典礼、远程教育、捐助与捐赠、办校困境、图书馆使用、继续教育学院、英语远程教育、与英

---

① 刘羡冰. 澳门教育史［M］. 北京：人民教育出版社，2002.

联邦联系、中文远程教育、规模扩张、本地学生情况、国际认可与合作、本科学院发展、研究院开办、英语教学模式、教材出版、与内地联系、分散管理、合并管理、配合过渡期发展、在香港发展前景、中葡联合声明影响、加强葡语、优先发展策略、资金限制、私立到公立转型等内容。① 该书为澳门东亚大学创建、发展和转型初期的历程提供了具体而翔实的素材，也为以后有关澳门东亚大学的研究打下了坚实的基础。

李向玉、谢安邦主编的《澳门现代高等教育的发轫——东亚大学的创立和发展（1981—1991）》《澳门现代高等教育的转制变革——过渡期澳门高校的发展（1987—1999）》是两部专门撰写回归前澳门东亚大学和回归后澳门东亚大学时期历史的著作。编写组成员通过收集资料、访谈当事人，将澳门东亚大学的历史过程记录下来，尤其是深入澳门各大图书馆，利用缩微胶片机查看、复制 20 世纪八九十年代的原始报刊文献，取得了大量第一手的文献资料。前者以米勒专著中的历史资料为根，改变了原书的框架结构，按照澳门东亚大学创建缘由、建立过程、发展过程、转型过程几个部分进行梳理，辅以收集的文献资料和访谈文本，对这一段历史过程做出重新编排和整理。② 后者由不同的研究人员对后东亚大学时期各个院校的起源和发展做出详细的描述和整理，不同章节的风格虽有不同，但大体遵循以史实记述为主、史论结合为辅的原则，是目前唯一的一部记录回归过渡期间澳门高等教育史的编著。③

基于澳门东亚大学的史料而做出的探索性研究见于张红峰的几篇论文：《大学的自为与依附——澳门现代高等教育发展历程研究》《澳门东亚大学章程的变迁及对内地高校章程建设的启示》《澳门东亚大学转型与变迁考述：利益博弈与文化传承》。这几篇论文在充分利用大量

---

① MELLOR B. The University of East Asia：origin and outlook ［M］. Hong Kong：UEA Press Ltd. ，1988.

② 李向玉，谢安邦. 澳门现代高等教育的发轫：东亚大学的创立和发展（1981—1991）［M］. 北京：高等教育出版社，2017.

③ 李向玉，谢安邦. 澳门现代高等教育的转制变革：过渡期澳门高校的发展（1987—1999）［M］. 广州：广东高等教育出版社，2020.

历史文献和访谈文本的基础上，均提出了进一步的论述和分析：澳门高等教育发展中的"自为"是引领社会职能的有效前提①，澳门东亚大学制度构建体现了大学"内生"的学术诉求及"外生"的博弈结果②，澳门东亚大学转型与变迁过程中利益博弈与文化传承之间的关系③。

（三）关于回归以后澳门高等教育的研究

1. 澳门高等教育的发展概论

回归前后，许多学者围绕澳门高等教育的未来发展路向进行了研究。李向玉指出，澳门回归意味着历史赋予澳门高等教育更高的使命，高等教育需要进一步重视与葡萄牙的联系、健全领导体制、提升院校管理水平和师资队伍素质、撰写专业教材。④ 余振认为，需要建立一个以澳门大学为重点大学的多元高等教育体制，使澳门大学具有国际学术水平，成为真正的"大"学。⑤ 葡萄牙理工学院协调委员会原主席科斯塔（Antônio de Almeida Costa）撰文指出，澳门高等教育得益于中葡双语的基础，但仍需加强科研和教育方面的研究。⑥ 这与马丁（José A. Roque Martins）认为澳门高等教育需要提升教育质量的观点不谋而合。⑦ 而周经桂则从经济的视角出发，提出了教育成为澳门产业的观点，以此带动旅游之外的经济发展。⑧

实际上，回归以前，澳门高等教育已经形成以公立为主、私立为辅的多元化办学格局，澳门高等教育也在适应中不断延续和拓展，成

---

① 张红峰. 大学的自为与依附：澳门现代高等教育发展历程研究 [J]. 高等教育研究，2014，35（12）.

② 张红峰. 澳门东亚大学章程的变迁及对内地高校章程建设的启示 [J]. 复旦教育论坛，2014，12（5）.

③ 张红峰. 澳门东亚大学转型与变迁考述：利益博弈与文化传承 [J]. 现代大学教育，2017（1）.

④ 李向玉. 回归后澳门高等教育的发展路向初探 [J]. 中国高等教育，2000（8）：38-40.

⑤ 余振. 澳门高等教育的发展路向：建立一所具有国际学术水平的重点大学 [J]. 广西民族学院学报（哲学社会科学版），2001，23（3）：107-114.

⑥ DE ALMEIDA COSTA A. Ensino superior em Macau [J]. 澳门理工学报，1999（2）：5-14.

⑦ ROQUE MARTINS J A. O Ensino superior em Macau：que futuro? [J]. 澳门理工学报，2000（2）：161-175.

⑧ 周经桂. 在新经济形势下澳门高等教育的发展探讨 [J]. 澳门理工学报，2002（1）：3-8.

为"非常历史时刻一起承担的责任"。① 回归以后，澳门高等教育的发展经历了平稳过渡、跳跃发展、停顿回落、稳定发展四个阶段，这种非匀速、有波折的曲线发展是外在环境影响，政府调控政策变化，办学机构、方式多元以及生源结构变动等多种因素综合作用的结果。② 也有学者从办学结构、生源结构、科类结构、层次结构对澳门高等教育的特点进行总结，并将回归前五年总结为"延续"与"改善"，发展逐渐陷入困局;③ 回归后五年特区政府适时推出"改革"与"发展"对策，采取多种措施重构澳门高等教育。④ 所以，澳门高校需要规划设计，尤其需要考虑澳门转化效应快的特点，将规划和质量保障结合起来，认真思考高校内部机构建设和机制完善的问题。⑤ 回归以来，澳门高等教育一直存在由边际效用变化快而引致的发展受限、制度陈旧呆板、课程设置有限、合作创新不足等问题，需要在总体规划、制度建设、引领社会、国际合作等方面做出深入的思考。⑥

关于回归以后澳门高等教育研究的著作或博士论文主要有 4 部。张红峰的《微型社会与澳门高等教育发展研究》探讨了澳门微型社会的特征——开放多元、依赖性强、敏感性高、边际效用变化率大、利益保护等，并对高等教育的发展规划、人才培养、质量保障、治理财政、文化制度等方面产生的正向或负面的显著影响以及相关的对策作了分析。⑦ 焦磊的博士论文总结了中国澳门、香港和马耳他三个微型地区的高等教育发展路径，就三个地方的共性困境及理路进行总结，并在法律制度、规模效益、国际化、质量保障、回馈机制等方面提出具体的发展策略。⑧ 王银花的博士论文基于澳门高校与城市互动，建立城

①　张红峰. 大学的自为与依附:澳门现代高等教育发展历程研究 [J]. 高等教育研究, 2014, 35 (12): 82 – 88.

②　谢安邦, 张红峰. 澳门回归十年高等教育的发展历程研究 [J]. 高教探索, 2009 (12).

③　马早明. 回归后的澳门高等教育发展与变革 [J]. 比较教育研究, 2009 (11).

④　马早明. 回归后的澳门高等教育:问题与对策 [J]. 江苏高教, 2010 (2).

⑤　张红峰. 澳门高校战略规划设计的路径选择 [N]. 澳门日报, 2013 – 03 – 13 (D8).

⑥　张红峰. 回归 15 年澳门高等教育的回顾与展望 [J]. 广东社会科学, 2014 (6).

⑦　张红峰. 微型社会与澳门高等教育发展研究 [M]. 广州:广东高等教育出版社, 2019.

⑧　焦磊. 微型社会高等教育发展比较研究:兼论澳门高等教育发展策略 [D]. 上海:华东师范大学, 2013.

市环境与结构—动因—互动边界—互动模式的分析框架，提出澳门经济与高等教育之间所具有的决定和促进关系，两者之间的互动模式属于非对称性互惠共生。① 庞川、马早明、林广志等的《澳门高等教育研究》是从发展历程、制度政策、规模结构、招生、科研、国际化、融入国家发展等方面对澳门高等教育做出的全面资料整理和概述。②

2. 澳门高校人才培养的研究

澳门微型社会的特征对高校人才培养的影响很大，在这样的背景下，澳门大学逐渐形成"四位一体"、澳门理工学院③基于国际质量保障、澳门科技大学则是研究带动教育的不同人才培养模式。④ 而在研究生人才培养方面取得的成就包括：完成了研究生培养本土化体系的改造、建立研究生培养体系以及形成开放办学的培养模式。⑤ 澳门高校人才培养虽具有一定特色，但刘祖云、孙秀兰认为，澳门教育受博彩业影响，同时存在纵向层次结构和横向专业结构的失衡。⑥ 在此背景下，高校人才培养是"随行就市"，还是"引领发展"，一直以来都是人们争论不休的课题。全国政协委员李向玉在接受记者采访的时候谈到，"大学不可以只看到眼前，还要放眼大局建设，满足社会需求不仅是同期性的，也是长远性的"。人才培养的长效机制正是如此，既要适应当前发展，又要引领未来发展，从根本上满足澳门经济适度多元发展的要求。⑦ 在适应和引领社会的同时，澳门高校还应当以学生为本。澳门理工学院在 2014 年顺利通过 QAA 的质量评估，主要就是贯穿了"以生为本"的理念。这一理念包括：高度重视学生的参与度、保证学生获得高质量的学习机会、从关注"质量保证"转向"质量提升"，其

① 王银花. 澳门高等教育扩展的逻辑：基于高校与城市互动关系的视角 [D]. 上海：华东师范大学，2014.

② 庞川，马早明，林广志. 澳门高等教育研究 [M]. 澳门：文化公所，2019.

③ 澳门理工学院已于 2022 年 3 月 1 日更名为"澳门理工大学"。因本书主要内容成稿于 2022 年 3 月 1 日之前，故书中该校称谓仍为"澳门理工学院"。

④ 张红峰. 微型社会与澳门高校人才培养 [J]. 澳门理工学报，2017（4）：190 – 197.

⑤ 王贞惠，王战军. 回归 20 年澳门研究生教育的成就与展望 [J]. 学位与研究生教育，2019，(11)：63 – 70.

⑥ 刘祖云，孙秀兰. 澳门经济结构与教育结构失衡研究 [J]. 亚太经济，2012（5）：144 – 148.

⑦ 张红峰. 高教育才宜适应引领并举 [N]. 澳门日报，2013 – 11 – 20（F1）.

中又包括关注学生学习效果（learning outcomes）、信息公开及建立恒常的内部质量保障机制。① 然而以生为本并不仅停留在质量保证方面，张红峰利用质性研究方法考察了澳门高校内部师生、生生之间组成的"学习共同体"如何更好地促进学生学习能力提升，如何真正实现价值增值等问题。② 此外，美国文理学院的教育模式亦能为澳门高校人才培养带来启示。参考美国文理学院的文理课程、低师生比、小班授课、寄宿制以及学院之间形成联盟等特点，澳门高校要逐渐重视博雅教育以及院校之间的教育资源整合。③ 同时，应利用浓厚的中葡"混合文化"环境，深入挖掘自由、包容、开放的中外文化优秀基因，发挥教育国际化的制度优势，优化国际化师生来源结构。④

3. 澳门高等教育质量发展的研究

政策上的自主和独特的地理环境促成了澳门微型社会的典型特点：策划者可较清晰地了解其决策对于人的影响，革新"推广效应"快。⑤ "推广效应"快也就意味着接受方的反应要快，无论在政治、文化、经济等各个层面都需要有相当的反应速度。在一个许多方面都能够描绘得比较清楚的社会，高等教育需要对它任何一个细微的变化予以关注，并且要对快速产生的结果负责。⑥ 澳门高等教育是一个微型、开放的系统，每一所高等院校能否长期正常而稳健地运作，要根据它是否可以感知和响应内外活动过程中产生的微妙变化而定。⑦ 澳门高等教育质量保证体系区别于世界上其他地区的特色在于：第一，该体系由特区政府负责制定实施，政府在高等教育质量保证中起督促作用，扮演支援

---

① 张红峰. 澳门高教评鉴须以生为本［N］. 澳门日报，2014 - 03 - 26（E8）.
② 张红峰. 学习共同体促进学生认知能力发展的质性研究［J］. 教育学术月刊，2016（8）：59 - 66.
③ 张红峰，刘懿德. 坚守与超越：美国文理学院的发展模式及对澳门的启示［J］. 澳门高等教育杂志，2015（11）：6 - 11.
④ 张萌，方晓田. 行稳致远：澳门高等教育发展的回顾与前瞻［J］. 河北师范大学学报（教育科学版），2020，22（3）：7 - 16.
⑤ BRAY M. 澳门高等教育新纪元策略性发展咨询研究报告［R］. 澳门：中华人民共和国澳门特别行政区政府，2001：3 - 4.
⑥ 张红峰. 微型开放系统中澳门高等教育质量的保障［J］. 当代教育科学，2012（1）：53 - 56.
⑦ 张红峰. 大学的自为与依附：澳门现代高等教育发展历程研究［J］. 高等教育研究，2014，35（12）：82 - 88.

高校的角色；第二，该体系并无规定性的指标，而是给出相关工作的指引性文件；第三，为保证评审的公平与公正，评审机构并非本地区的第三方组织，而是从世界各地邀请来的知名专业评审机构。① 澳门高等教育评估中，政府对高校放手而不放任的策略，堪称政府与高校在教育质量评估中关系平衡的典范。② 基于此，澳门高等教育质量保障体系形成了外部问责的灵动反应机制，及内部质量保障的循环系统。③ 澳门第一所接受国际质量评审的院校是澳门理工学院，该学院通过了QAA 的院校评审。其质量检视机制特别关注学生，体现在重视学生的参与度、保证学生获得高质量学习机会、促进学生获得丰富的学习体验以及从关注质量保证转向质量提升等方面。④ 澳门城市大学不仅积极引进外部学术品质评鉴，同时加大了内部品质保障制度的建设，逐步建立一套教学品质标准和品质保障体系。⑤ 整体而言，高等教育质量保障体系还需借鉴美国"目标＋认证"以及英国"标准＋核证"的模式，树理念、立规范、强多元以及重回馈。⑥ 而从院校内部而言，则形成整体教与学策略、课程监察结构、视学评教、校外评审、激励机制、拓展技术、回馈机制以及监察策略等一整套循环体系。⑦ 对澳门高等教育未来的质量发展而言，仍需正确处理现有学科与未来经济、自主办学与政府管理的关系，建立科学合理的效能评价指标体系。⑧

4. 澳门高等教育治理与财政的研究

澳门高等教育制度具有独特性，如曾经形成了《高等教育制度》

① 李树英，胡波. 澳门高等教育的发展与品质保证研究［J］. 湖南师范大学教育科学学报，2016，15（5）：120－123.

② 张运红，马早明. 澳门高等教育质量评估中政府、社会、高校三者关系探讨［J］. 大学·研究与评价，2009（7/8）：106－111.

③ 张红峰. 微型开放系统中澳门高等教育质量的保障［J］. 当代教育科学，2012（1）：53－56.

④ 张红峰. 澳门高评评鉴须以生为本［N］. 澳门日报，2014－03－26（E8）.

⑤ 李树英，胡波. 澳门高等教育的发展与品质保证研究［J］. 湖南师范大学教育科学学报，2016，15（5）：120－123.

⑥ 张红峰. 高教品质保障模式的比较与抉择［N］. 澳门日报，2012－11－07（E6）.

⑦ 张红峰. 微型社会与澳门高等教育发展研究［M］. 广州：广东高等教育出版社，2019：112－122.

⑧ 袁长青，江健. 回顾与展望：澳门高等教育质量保障与提升的战略思考［J］. 江苏教育研究，2012（7A）：19－22.

和《澳门大学法律制度》并行的制度体系。澳门高等教育治理的特点在于：外部治理是名义上的自治与实质上的不自治，以及内部治理形成了以决策为边界的组织架构。[①] 澳门高等教育管治体系的主体以特区政府辖下的高等教育辅助办公室（现"教育及青年发展局"）为主，但其宏观管理效力弱化。[②] 与内地高校治理机制相比，澳门高校治理在制度、参与及权力的范畴内，是以场域形塑的惯习，在章程治理架构、委员会构成、行政设置上，基本体现出决策和操作的区别，治理主体能拥有相应的决策权限和内涵。[③] 从英国高校治理来看，基本上形成政府和高校之间的博弈均衡，治理结构也是利益相关者持续参与的过程，所以，澳门高校治理需要重构政府和大学之间的关系、建立第三方中介组织以及重视社会的参与合作。[④] 在澳门高校经费投入方面，当前存在的问题是：财权和事权的分离导致高等教育缺乏宏观调控的机制、高校经费缺少可控的投入模式、政府的经费投入缺少标准和依据。这些问题可以通过设立高等教育基金统筹协调、建立统一可控的拨款机制、树立以产出为导向的经费筹措观念等方式予以解决。[⑤] 经费投入的基础是"生均成本"的计算，而当前澳门高等教育局和各高校对此的计算尚存在误区，如将建立在高校实际支出基础上的成本核算作为唯一的生均成本概念。张红峰提出了两种高等教育成本的概念。[⑥] 第一类基于投入的生均成本与政府经费投入和学费密切相关，而第二类基于实际产出的生均成本仅对强化高校内部管理、优化资源分配起到效力。明晰了这两类生均成本，将更加利于厘清高等教育经费投入的方式和使用效率。

5. 澳门高等教育文化制度的研究

一般认为，澳门作为东西方文化汇聚之所，两种文化应该能够很

---

① 张红峰. 回归15年澳门高教治理的回顾与展望 [J]. 中国高教研究，2014（12）：28 - 32.

② 谢安邦，焦磊. 微型国家与地区高等教育管治体系研究 [J]. 中国高教研究，2013（11）：46 - 50.

③ 张红峰. 制度、参与和权力：内地与澳门高校内部治理的比较研究 [J]. 高教探索，2015（9）：76 - 82.

④ 张红峰. 英国高教管治模式及对澳门的启示 [N]. 澳门日报，2013 - 05 - 01（F2）.

⑤ 张红峰. 英国高教经费投入的思考与展望 [N]. 澳门日报，2017 - 04 - 12（E6）.

⑥ 张红峰. 微型社会与澳门高等教育发展研究 [M]. 广州：广东高等教育出版社，2019：159 - 164.

好地交融。事实上，两种文化在接触中可共存但未必能走到一起，差别很大。双方甚至从排斥走向区域上的划分，形成"基督教洋人区"和"华人区"，这表现出中华文明对西方文明的传入保持着理性的思索和过滤性的接受。这也说明在澳门这样的跨文化地区，文化和利益总是相互交织在一起，并由此深入社会生活的各个领域。① 王银花认为澳门高等教育与城市之间存在着同源共生、间歇共生以及多元共生的关系，这种共生关系是在澳门高校与城市中的教会、政府、产业和社团在开埠时中世纪学院与城市基于宗教的结缘、过渡期间现代高等教育与城市勃兴以及回归后现代高等教育与城市共荣等不同时期的互动基础上形成和发展起来的。② 张红峰认为，在澳门东亚大学初创的时候，就从单纯的相容并包的文化信念转向利益平衡；转型期更是不断出现政府和大学之间的利益博弈；在回归过渡期间，澳葡政府虽然有着自己的利益，但大学还拥有自身的学术属性，势必将这种利益转变为适合那一历史时期的文化特征——文化的多元发展及教育文化之间的合作。③ 实际上，在这样的文化背景下，澳门东亚大学的制度也体现出自己的特色。制度建设体现出本地区的特色和高校内外基本要求的平衡，制度重点体现的是"治理"而不是"管理"，制度同时表现为高校的"内生"要求和"外生"的结果。④ 张红峰还运用质性观察和访谈的方法考察了高校内部的制度和利益，认为高校内部利益冲突的解决方式基本都是寻找博弈的"聚点"。虽然在动态的博弈过程中以诸如"标杆"或者关注"核心利益"作为此类问题的最终结果也未必能够实现，但它可以成为较多已经为实践所证明的"聚点"的均衡。⑤

① 张红峰. 澳门东亚大学转型与变迁考述：利益博弈与文化传承 [J]. 现代大学教育，2017（1）：62 – 70.

② 王银花. 澳门高等教育与城市之间的互动共生关系研究 [J]. 高校教育管理，2015，9（5）：57 – 62.

③ 张红峰. 澳门东亚大学转型与变迁考述：利益博弈与文化传承 [J]. 现代大学教育，2017（1）：62 – 70.

④ 张红峰. 澳门东亚大学章程的变迁及对内地高校章程建设的启示 [J]. 复旦教育论坛，2014，12（5）：70 – 76.

⑤ 张红峰. 高校组织变革中利益博弈的聚点效应分析：以澳门一所高校为例 [J]. 清华大学教育研究，2012（6）：119 – 124.

6. 关于粤港澳大湾区背景下高等教育可持续发展与合作的研究

贝磊教授认为，澳门高等教育已经与全球高等教育系统融为一体了，高等教育成为一种社会建制（an institution of society），而不仅是社会中的一个机构（an institution in society）。① 这也意味着，高等教育需要为全社会的发展做出努力，而不仅是完成一些特定的使命。焦磊从澳门具有的微型社会开放特质出发，认为澳门高等院校与社会之间联系较为紧密，需要增强高等教育的社会适应性。② 张红峰则认为，澳门高等院校的"依附"价值趋势可以成为澳门社会发展的动力所在，但是，一旦这样的价值观成为澳门地区高等教育的核心价值，那么势必导致真理和价值的相对主义，所谓学术上的优秀只不过是在功用的范围内更令政府或者社会机构满意而已。③ 又如，张红峰认为，高等教育的内在属性决定了高等教育引领社会是逻辑的使然，当然，引领并非天马行空，需要我们深入地思考，广泛地求证。④ 高等院校不能短视，尤其是澳门微型社会的边际效用的变化率更高，要避免边际效应的加速变化和利益的自我保护相结合对澳门高等教育可持续发展带来的不利影响。⑤ 所以，澳门高等教育应有超越微型地域的视野，更加开放多元，积极实施基于"互联网＋"的"泛在"远程学习模式。⑥

融入粤港澳大湾区是澳门高等教育可持续发展的一个主要战略方向。自《粤港澳大湾区发展规划纲要》出台以后，大湾区内部高校合作研究成为热点议题。以澳门的视角来看，卢晓中认为，澳门高校体量较小、整体实力偏弱，但有一些适应区域需求的特色学科发展较好，澳门大学正呈现良好发展势头，有助于教育合作的优势互补。⑦ 粤港澳

---

① 贝磊，古鼎仪. 香港和澳门的教育：从比较的角度看延续与变化［M］. 北京：人民教育出版社，2006：73 – 74.

② 焦磊. 澳门高等教育社会适应机制探究［J］. 高教发展与评估，2015（3）：70 – 77.

③ 张红峰. 大学的自为与依附：澳门现代高等教育发展历程研究［J］. 高等教育研究，2014，35（12）：82 – 88.

④ 张红峰. 高教育才宜适应引领并举［N］. 澳门日报，2013 – 11 – 20（F1）.

⑤ 张红峰. 微型社会与澳门高等教育发展研究［M］. 广州：广东高等教育出版社，2019：前言.

⑥ 张红峰. 澳门远程高等教育的起源与变迁：从利益权衡到跨文化整合［J］. 现代远程教育研究，2019（2）：50 – 58.

⑦ 卢晓中. 推动粤港澳大湾区教育合作发展的思考［J］. 中国高教研究，2019（5）：54 – 57.

三地在不同社会制度、历史条件下发展出的高等教育体系各具特色，为合作提供了良好基础。不少研究中也提出了在合作规划、协调、经费过境、法律制度、知识产权等方面存在的问题。① 对于澳门而言，地域的局限性不仅限制了资源向高等院校的输入，也限制了高等院校人才向澳门本地的输出，所以，澳门高校需要创造机会去获取大湾区内高等教育的优质资源，获得更大发展空间。② 具体策略方面，澳门高等教育需要围绕"一中心、一平台、一基地"三大核心定位，融入大湾区发展，推动澳葡高校合作及政商学结合、促进大湾区西部产业升级改造，将大湾区变成汇聚全球精英人才的磁石。③

二、理论基础

本书试图在前人研究的基础上，根据提出的问题，建立一个澳门高等教育整体研究和概述的框架。这一框架与以往的整体概论有所不同，是在描述历史和现实的基础上，对前人研究的文献加以解释和分析，从相关理论出发，最后提出本书的逻辑和观点。基于整体性概述框架，本书根据不同的研究问题主要结合以下理论加以分析。

（一）历史诠释学

诠释学是在对新、旧《圣经》理念之间的紧张关系做出解释的过程中产生的。传统的诠释学无论是对现实生活世界的普遍诠释（施莱尔马赫），还是对精神科学的生命理想性的反观（狄尔泰），都只是一种技艺的学问，没有脱离方法论和认识论的范畴。以近代唯理论的哲学思想来看，主体的"我"是理解的基础，"我思故我在"，不论理解为何，都离不开主客二分的境地。

海德格尔则将理解上升到本体的层次，他的基本观点就是"我在，故我思"，我首先"存在"在那里，然后才会有为什么存在和存在什么

---

① 蔡炜，耿丹青. 粤港澳大湾区高等教育合作发展体系建设结合点的思考 [J]. 高教探索，2019（12）：42 - 47.

② 马早明，俞凌云，杨励. 粤港澳大湾区视域下澳门高等教育发展：机遇、挑战与应对策略 [J]. 华南师范大学学报，2019（5）：12 - 17.

③ 张红峰. 澳门回归二十年来高等教育的回顾与展望 [J]. 高等教育研究，2019，40（12）：1 - 8.

的概念。在此，关于存在的诠释和存在融为一体了，任何理解活动都是人的存在——"此在"的前结构，理解活动成为此在的前结构如何谋划未来的方式。假设有一种因果关系，以海德格尔的观点看来，因和果本属同一个结构，有因才有果，而不是由果溯因，因是果的筹划方式。海德格尔对人类此在的时间性分析清楚地表明，理解不属于主体的行为方式，而是此在本身的存在方式。[①] 当研究者解释某事件或事物的时候，海德格尔思想中的"解释者"总是通过先行具有、先行视见和先行掌握来与事件或事物的"结果"相联系的。对任何事件或事物而言，解释都是先前给定的，即使是所谓的"根据"，也是"解释者"本身自带的见解——即我愿意让理解朝向我意愿的方向。"准确的经典注疏可以拿来当作解释的一种特殊的具体化，它固然喜欢援引'有典可稽'的东西，然而最先的'有典可稽'的东西，原不过是解释者的不言而喻、无可争议的先入之见。任何解释工作之初都必然有这种先入之见，它作为随着解释就已经'设定了的'东西是先行给定的，这就是说，是在先行具有、先行视见和先行掌握中先行给定的。"[②]

因此，一切诠释学条件中的最首要的条件总是前理解，正是这种前理解规定了什么可以作为统一的意义被实现，从而规定了对完全性的先把握的应用。[③] 所谓诠释，就是要揭示这种前理解的结构。在具体的解释开始之前，解释的结果已经在我们的观念之中。这一观念包括前有（解释者的文化背景、生活空间、传统思想、风俗习惯、知识水平、心理结构，等等）、前见（解释者从某一个特定的视角出发，也称"视域"）、前设（解释时给予被解释者的假定）。当诠释者理解和解释时，实际上是在理解和解释已经存在的东西，也就是进入存在本体的"诠释学循环"。[④]

---

① 汉斯－格奥尔格·伽达默尔. 诠释学 I：真理与方法 [M]. 洪汉鼎，译. 北京：商务印书馆，2019：译者序言.
② 马丁·海德格尔. 存在与时间 [M]. 陈嘉映，等译. 北京：生活·读书·新知三联书店，2014：176.
③ 汉斯－格奥尔格·伽达默尔. 诠释学 I：真理与方法 [M]. 洪汉鼎，译. 北京：商务印书馆，2019：译者序言.
④ 马丁·海德格尔. 存在与时间 [M]. 陈嘉映，等译. 北京：生活·读书·新知三联书店，2014：178－179.

伽达默尔秉承海德格尔的诠释学循环方法，将诠释学发展成为一个完整的哲学体系，并探究诠释学"本体论上的彻底化倾向是否有益于构造某种历史诠释学"①，尤其是要摆脱诠释学作为技艺学的性质。伽达默尔借鉴并发展了海德格尔提出的前见中的"视域"概念。他认为，无论前有和前见都不是孤立存在的，每一种视域都有其存在的价值，但每一种视域又都有发展的可能性，视域之间是彼此交往的过程。当理解者和解释者站在某一视域观察现象和问题时，会在特定的本体范畴揭示理解的前结构。而当这一视域与其他视域相通、交融，就形成了新的理解，这就是伽达默尔所称的"视域融合"。② 理解其实总是这样一些被误认为是独自存在的视域的融合过程。③ 视域融合既是共时性的，也是历时性的，如何理解历史进程中的各种视域，这些视域如何与当前理解者的视域融合，也许是伽达默尔诠释学中的关键问题。通过视域融合，历史就能够达到一种实在性，即所谓的"效果历史"。理解按其本性乃是一种效果历史事件。④ 脱离了效果历史意识，我们便无从去理解，更无从在历史中获得认识和真理了。⑤ 在效果历史的发现中，本书关于历史事件的解释正是要试图突破"理解的历史性"。所谓理解的历史性，主要指的是理解者所处的不同于理解对象的特定历史环境、历史条件和历史地位，这些因素必然要影响和制约他对文本的理解。⑥ 而伽达默尔认为"视域融合"才是达到效果历史的有效途径。历史性是人类存在的基本事实，理解者不是要克服历史性，而是要适应它并与历史过程中不同的视域相融合。虽然，历史解释需要以客观的史料和事实为基础，但解释它们则可能进入理解者的合乎逻辑的框架之中。本书在面对历史过程中发生的某些事件时，会尊重以往研究

---

① 汉斯-格奥尔格·伽达默尔. 诠释学 I：真理与方法 [M]. 洪汉鼎，译. 北京：商务印书馆，2019：374.

② 严平. 走向解释学的真理：伽达默尔哲学述评 [M]. 北京：东方出版社，1998：131.

③ 汉斯-格奥尔格·伽达默尔. 诠释学 I：真理与方法 [M]. 洪汉鼎，译. 北京：商务印书馆，2019：433.

④ 汉斯-格奥尔格·伽达默尔. 诠释学 I：真理与方法 [M]. 洪汉鼎，译. 北京：商务印书馆，2019：424.

⑤ 严平. 走向解释学的真理：伽达默尔哲学述评 [M]. 北京：东方出版社，1998：133.

⑥ 刘放桐. 新编现代西方哲学 [M]. 北京：人民出版社，2000：496.

者的史料解读结论，但也会以新的视域看待史料所呈现出的表象，最终达至视域融合，力图发现历史的实在性。

（二）历史制度主义

20 世纪 80 年代，新制度主义逐渐成为政治科学研究中的主流理论。新制度主义重点在于强调制度是影响个人行为、政府行为、组织行为、社会现象的重要因素。但在什么是制度、制度如何影响个人的行为、制度如何存在和变化等问题上，各有不同的解释。[①] 一般认为，新制度主义包括三个主要流派：历史制度主义、理性选择制度主义、社会学制度主义。

历史制度主义结合制度分析方法和历史分析方法，从中观的制度层面入手，对政策和政策过程进行重新诠释，为政策研究提供解释性意义、描述性意义和建构性意义。[②] 从理论特征上看，与旧制度主义相比，历史制度主义的制度是动态的，随时间的变化而变化；与社会学制度主义相比，历史制度主义的制度具有连续性，不强调制度的同行性；与理性选择制度主义相比，历史制度主义的制度并不是外于个人策略性行为，而是嵌入个人行为的独立性因素。[③]

历史制度主义的实用价值首先表现在其结构观对政策制定、组织模式和社会现象的影响。制度在社会中的主要作用是通过建立一个人们互动的稳定（但不一定是有效的）结构来减少不确定性的。[④] 在现实世界中，为什么同一种类型的政策在不同的国家会产生不同的结果呢？这涉及不同国家制度结构的安排。同样，在任意一个中观的社会领域都会出现这样的情况。如果政府和教育系统之间的关系比较松散，教育机构处在相对自由的环境，那么当地政府出台的教育政策会趋向于宏观引导；反之，政策会具有直接管理的特点。出现国家政策模式

---

① 吴锡泓，金荣枰. 政策学的主要理论 [M]. 金东日，译. 上海：复旦大学出版社，2005：97.

② 庄德水. 论历史制度主义对政策研究的三重意义 [J]. 理论探讨，2008 (8)：142 - 146.

③ 庄德水. 论历史制度主义对政策研究的三重意义 [J]. 理论探讨，2008 (8)：142 - 146.

④ 道格拉斯 C 诺思. 制度、制度变迁与经济绩效 [M]. 杭行，译. 上海：上海人民出版社，2014：6.

差异的原因在于"这些国家中连接国家和社会的政策网络"不同，[①] 在这些网络中，利益、权力、行为与制度背景、政策取向等交织在一起，形成历史制度主义结构分析的主要路径。

历史制度主义的另一重要意义上的结构观则主要强调的是影响政治结果的各政治变量之间的结构关系或者说变量之间的排列方式。[②] 豪尔和泰勒认为，历史制度主义虽然非常强调制度对政治过程的影响，但是也承认其他一些变量，如社会经济的发展和观念的传播等，在政治生活中起到的作用，所有变量一起处于因果链之中。[③] 无论是经济还是观念，都很容易受到外部其他因素的影响。所以，政治结果的影响变量是一个更广泛、更具层次的综合体，尤其在一个微型社会中，这样的影响因素需要在历史制度主义分析框架下给予更大的关注，以此辨析高等教育领域发展的历史逻辑。

在制度研究的历史分析范畴，有两个值得探讨的问题，第一是制度或政策何以稳定，第二是制度或政策又何以变动。这两个问题可以归纳为历史制度主义涉及的核心议题：路径依赖与制度变迁。从历史制度主义的概念内涵看，它更加关注以追寻历史进程的方式来寻求对社会事件、现象和各种行为做出解释，并突出外部影响因素的偶然性和事件发展过程中的本质属性。制度与行为的交互作用是历史制度主义关注的重点，其中，在"分析制度的建立和运作过程中强调路径依赖和出现的意外结果"[④]。而作为历史制度主义重要概念的路径依赖，实际上能够同变迁中的能动性相互兼容——能动性既可以发生在路径创立阶段，也可以表现为人们对制度变迁施加的压力。[⑤] 历史制度主义同时认为，影响变迁的最重要的制度性因素是"否决点"或"否决

① 庄德水. 论历史制度主义对政策研究的三重意义 [J]. 理论探讨, 2008 (8)：142 - 146.

② 何俊志. 结构、历史与行为 [J]. 国外社会科学, 2002 (5)：25 - 33.

③ HALL P A, TAYLOR R C R. Political science and the three new institutionalism [J]. Political studies, 1996 (XLIV)：942.

④ HALL P A, TAYLOR R C R. Political science and the three new institutionalism [J]. Political studies, 1996 (XLIV)：938.

⑤ 伊丽莎白·桑德斯. 历史制度主义：分析框架、三种变体与动力机制 [J]. 张贤明, 译. 学习与探索, 2017 (1)：42 - 49.

者"的分布结构。① 本书将在把握历史制度主义理论的几个核心要素——制度以外的其他偶然性影响因素、路径依赖与政策结果的关系、作为导致路径依赖的关键性节点的基础上，力图发现澳门高等教育历史进程和现实选择中的问题和解决的路径。

（三）博弈论

本质上来说，博弈论是一种策略理论或者关系理论。博弈的特点在于对策略的选择，并且这种选择建立在针对对手的选择进行分析的基础上。参与者的行为就像是在棋盘上布局，根据规则和他者的棋路，仔细地揣摩，互相牵制，争取最大的胜算。由此可见，博弈是参与主体在相互制约、相互影响的依存关系中，面对一定的环境条件，在一定的规则下，理性地选择自己的策略行为，尽可能地扩大得益，从而达到相应均衡的过程。②

应该说，博弈论对于分析、解释主体之间的关系而言是一种有力的工具，并且在博弈分析的基础上，能够反映出参与主体均衡失范的问题。借助其他理论和逻辑推理，博弈论能够更加深入、清晰地认识一定规则下这些均衡失范问题的成因，根据均衡结果和期望目标针对性地解决问题。

一般而言，博弈论中参与主体的人性假设是理性的，所以博弈论主要被用在基于同样人性假设的经济学中。然而，一些研究发现，亚当·斯密的"看不见的手"并不是调节所有社会互动结果的原因。个体与他者的互动，很可能受到一些不经意的影响，从而形成很多远离个体意图的集合均衡点（collective equilibria）。如，你之所以在微信朋友圈里给别人点赞，很可能是因为别人昨天也在你的朋友圈中点了赞。经济学一般假定个人的行为累积（summation）和推知（extrapolation）而决定整体性结果的情况。③ 正如司机晚上开车灯的情形一样，开车灯好像只受到自己的决定影响，黑了就开车灯。实际上，在天色将黑的

---

① 庄德水. 论历史制度主义对政策研究的三重意义 ［J］. 理论探讨，2008（8）：142－146.
② 张红峰. 大学组织变革中的博弈分析：利益、选择与均衡 ［M］. 北京：教育科学出版社，2015：13.
③ 吴锡泓，金荣枰. 政策学的主要理论 ［M］. 金东日，译. 上海：复旦大学出版社，2005：105.

时候，司机开车灯很可能是受到周围环境中迎面而来的车辆有多少开车灯的比例影响。如果是后者，就需要新的分析框架。本书在一些问题的解决上，会基于博弈论的互动思维和均衡模型，考虑博弈均衡之后的"临界质量"（critical mass），即特定现象为具有自力更生的力量而要达到的最低限度的临界状态。正如任意一个原子反应堆或原子弹中，必须有一个最小数值的裂变性物质，以使压缩状态下产生的系列反应能够持续下去。① 借助临界质量和翻转的思维，本书在处理博弈困境的问题时，能够更有效地找到解决问题的方案。

第三节　研究路径与方法

一、研究路径设计

正如第一节的研究问题中所述，本书的研究路径是一个沿着"历史逻辑—现实选择—路径分析"的发展框架，力图发现问题并解决问题，详见图 1 – 1。

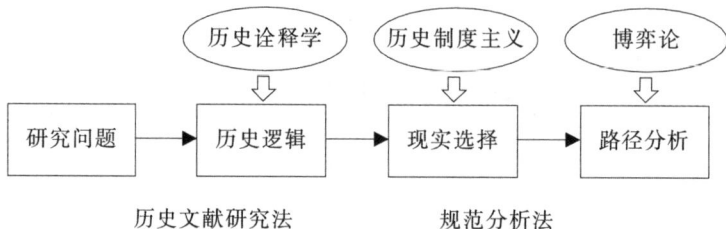

图 1 – 1　本书研究路线导图

首先，历史是一个具有逻辑性的发展过程。基于历史诠释学的发现，澳门微型社会之中存在着很多偶然性因素，这些因素影响着澳门圣保禄学院、澳门东亚大学及后东亚大学时期的历史进程。然而，高

———————————

① SCHELLING T C. Micromotives and macrobehavior［M］. New York：W. W. Norton & Company, 1978：89 – 91.

等教育的学术本质决定着所有的偶然性必将朝向总体的必然性发展。这一历史逻辑过程亦展示了黑格尔的存在之理的逻辑。

其次，受到历史逻辑的影响，澳门高等教育的现实选择呈现出如历史制度主义所言的"路径依赖"，在法律制度的构建、人才培养和质量的发展以及学术研究的动向方面，都能体察到既往发展模式和外围影响因素的烙印。所以，澳门高等教育的现实选择不仅是一个适应或依附的过程，还应该具有反思性和批判性，这些将是引领澳门未来高等教育发展路径的重要思想根基。

最后，对澳门高等教育未来发展的路径分析应具有反思和批判的意识。澳门微型社会拥有一些优势，但更容易带来诸如形式化和表面化的问题。所以，澳门高等教育的未来发展需要建构一个"技术—制度—文化"的三重路径。技术是肉，制度是骨，文化是髓。靓丽的技术性指标是一个微型社会学术主体很容易发展的价值取向，但在利益驱动的策略博弈之下，各学术主体又容易陷入困境。所以，澳门高等教育需要做出融入粤港澳大湾区的战略调整和系统化的体制安排。从技术和制度的发展到文化的形成，将是澳门高等教育产生质的飞跃过程。只有在积极融入国家发展战略的过程中，形成中华文化的主流意识、创新文化意识等，将内生文化和熏习文化作为高等教育未来发展的"道"与"路"，澳门高等教育的发展才能真正具有可持续性。

二、研究方法

本书在上述研究框架之下，主要采用历史文献研究法和规范分析法两种方法。

（一）历史文献研究法

依据本书的研究框架，历史文献研究法是非常必要的。历史文献研究法的主要意涵是让历史显露"意义"和"道理"。纯粹的历史研究一般更倾向于"实然"的研究，注重提供史实，而很少作出评价。但是，无论研究者是否对历史事件做出解释和评价，研究者选择哪些历史事实而放弃哪些历史事实，研究者怎样把这些历史事实按照某种脉络连接起来，这里面就已经隐含了研究者的"理解"和"立场"。①
就澳门圣保禄学院的研究而言，一些学者已经进行了规范、严谨的史
学研究。本书在这一领域的研究目的主要有两个：一是通过对前人研
究文献的整理，使之成为澳门高等教育概论的一个重要组成部分；二
是同样基于前人研究的原始文献资料，本研究基于历史诠释学提出视
域融合理念，试图在某些历史的关键点上提供相应的"效果历史"。

（二）规范分析法

在历史逻辑、现实选择以及未来路径分析的过程中，本书重点采
用规范分析的方法。所谓规范分析，是指从一些前人研究的文献或某
些较为可靠的假设出发，通过逻辑演绎形成某种结论。本书认为，规
范分析的重点在于具有逻辑性的"证据链"。所以，无论是历史的证据
链分析，还是现实中的澳门制度研究，逻辑和演绎都必不可少。本书
在描述和解释澳门东亚大学历史的过程中，采用访谈的资料收集方法，
先后在中国内地、中国香港、中国澳门，以及加拿大等地访谈了原东
亚大学、原东亚公开学院、原澳门大学、原亚洲（澳门）国际公开大
学的创办人、校长、副校长、主管、校领导遗孀等，这些访谈资料、
开学典礼致辞、年报、前人著述等文本均为本书的规范分析提供了可
靠的证据；在澳门高等教育未来路径分析中，基于博弈分析的方法也
属于典型的规范分析法，从博弈均衡和临界反转中，分析出未来的制
度和文化安排。总之，在一个"历史逻辑—现实选择—路径分析"的
研究框架下，本书力图通过一些具有解释力的研究方法，以实现概述
并分析澳门高等教育的目的。

---

① 刘良华. 教育研究方法：专题与案例［M］. 上海：华东师范大学出版社，2007：106 – 107.

第二章

澳门回归前高等教育发展的历史逻辑

　　任何一段历史都有着自身的发展脉络和轨迹，尤其当我们回顾历史的时候，似乎很容易看到历史进程中由一个个历史事件串联而成的逻辑体系。历史肯定存在各种偶然性，然而历史的偶然性并不会轻易地否定必然性，反而可能在更大的范围内促成某种必然性。展开历史书卷的前端，也就是当人们可以展望历史过程的时候，对于一种思想、一种文化甚至一个大的事件的发展，都会在理性动力的基础上表达出它应有的逻辑规律。如，对于西方理性精神自身的发展而言，即使是中世纪过后的文艺复兴和宗教改革都无法促成理性的必然发展，甚至两种运动是反理性的，这无疑成了理性进程中的偶然性因素。然而，正是因为宗教改革中新教的伦理观，赋予资本主义萌芽过程中"有责任增长他自己的资本，并将资本增长视作最终的目的"的观念。① 而资本的运作和发展必然需要借助科学理性的推动，于是进入 17 世纪，无论是理性的科学精神还是理性认识论的哲学都得到了蓬勃的发展。因此，在理性的取向上，任何偶然性的事件反而变成了理性必然发展的铺路石。

　　在黑格尔看来，历史的发展既然存在必然性，那么历史和逻辑在根本上是一回事。黑格尔关心的历史不是作为具体事件之链的历史，而是作为存在之理展现的历史；他所讲的逻辑也不是作为主观思维规则的任何逻辑，而是作为存在之理的逻辑。② 澳门现代高等教育的历史较短，仅有 40 年的时间。回首澳门第一所具有现代意义的大学——澳门东亚大学创建之前的 20 世纪 70 年代，一些主观和偶然因素促成了大学的成立，即哈罗德·珀金（Harold J. Perkin）所言的"偶然产物"。但是当大学在构建和酝酿之时，澳门的地理环境、文化特点、经济因素等都将变成推动澳门东亚大学创建和发展模式的外部力量，而在此历史进程中形成的逻辑，不仅造就了澳门高等教育独特的历史事实，而且也为澳门高等教育的未来发展提供了反思的基础和启示。

---

　　① 马克斯·韦伯. 新教伦理与资本主义精神［M］. 马奇炎，陈婧，译. 北京：北京大学出版社，2012：46.

　　② 庄振华. 历史的逻辑性与逻辑的历史性：论黑格尔历史哲学的逻辑学基础［J］. 江汉学术，2017（3）：94－105.

本章梳理了回归以前的澳门高等教育历史，尤其是圣保禄学院以及 1981 年澳门东亚大学建立以后到回归之前近 20 年的历史，探寻澳门高等教育历史发展进程中的逻辑规律。通过办学、文化、定位、制度、教育、国际化等方面的深入探究，借助诠释学、历史制度主义的理论加以解释，在流动多变的历史进程中，发现影响当代澳门高等教育发展动力的内在因素。

第一节　传教士兴办的圣保禄学院

一、作为贸易中心与"圣名之城"的澳门

16 世纪中叶，葡萄牙人进入中国南部沿海的一个偏僻渔村——"澳门"（Macau）。据部分史料记载，葡萄牙人在 1557 年袭击并打败了不断骚扰中国南部地区的倭寇，正是由于这一贡献，葡人得以获取在澳门的长久居留权。[①]

定居澳门的葡萄牙人，开始扮演着在珠江口沿海一带从事贸易活动以及在远东范围内传教的角色。开埠以来，澳门一直被富有的买办或商业小集团控制。商业的不断扩张、人口的增长需要发展出更复杂的行政体系，以适应澳门作为国际贸易中心的新身份。[②] 在 18 世纪之前的很长一段时间里，澳门管治体系中存在着不同角色的冲突：议事会及检察官与王朝政府的县官、教会与中国官员之间的职能重叠与权力冲突。而自从 1623 年以后，由于荷兰人的入侵，葡萄牙在澳门任命了第一任总督。澳门的政治权、行政权、司法权开始走向分离，居民在澳门能够得到法律的保障，并享有自在的生活。自此，澳门似乎已经从亲近于中国传统的宗法社会走了出来，逐渐迈向公民社会。公民在法律权利（包括明示权和默示权）范围内的自由交往形成了特定的

---

①　徐萨斯. 历史上的澳门 [M]. 黄鸿钊，李保平，译. 澳门：澳门基金会，2000：14.

②　杰弗里 C 冈恩. 澳门史 [M]. 秦传安，译. 北京：中央编译出版社，2009：50.

社会生活领域。①

自从拥有澳门这一块存留之地后，葡萄牙人在印度的属地开始走向没落，而在澳门则达到了繁华的顶峰。1569 年，日本长崎向葡萄牙商人开放以后，澳门在联结伊比利亚半岛、印度以及日本之间贸易活动的作用愈来愈突出和重要。从欧洲和印度运来的艺术品、古董、火器、绘画、香料、葡萄酒、羊毛衣料等，以及中国的丝绸等，几乎都经由澳门交易或中转后运往长崎，从那里换取大量的黄金和白银。葡萄牙历史学家徐萨斯（Montalto de Jesus）在其著述中这样描写道："远东与欧洲的贸易为葡萄牙王室所垄断。一支王家船队每年从里斯本起航，通常满载着羊毛织品、大红布料、水晶和玻璃制品、英国造的时钟、佛兰德造的产品，还有葡萄牙出产的酒。船队用这些产品在各个停靠的港口换取其他产品，船队由果阿去科钦，以便购买香料和宝石，再从那里驶向马六甲，购买其他品种的香料，再从巽他群岛购买檀香木。然后船队在澳门将货物卖掉，买进丝绸，再将这些连同剩余的货物一起在日本卖掉，换取金银锭。这是一种能使所投资本成 2 倍或 3 倍增长的投机买卖。船队在澳门逗留数月后，从澳门带着金银、丝绸、麝香、珍珠、象牙和木雕艺术品、漆器、瓷器回国。葡萄牙国王为自己保留了东方贸易中最大的特权。他给予有功大臣的最大实惠就是准许他们用一两艘大帆船运来东方商品，卖给里斯本的商人，以获巨大利润。"② 毋庸置疑，澳门已经成为葡萄牙联系远东贸易的中心城市。在澳门商业走向繁荣的同时，葡萄牙的传教士也将其信奉的天主教教义带到了澳门。

1586 年，由于在天主教传教中的重要地位，澳门被葡萄牙人称为"圣名之城"，并在 1596 年被授予了与印度科钦的圣克鲁斯城同等的、葡萄牙埃武拉市特许状的条例所规定的责任和特权。③ 尽管当时澳门的城市建设依然十分粗陋，但是这一"圣名之城"的称号已经开始向世

---

① 潘佳铭. 从宗法社会到公民社会：法治建设的逻辑进程 [J]. 法制与社会发展，2006 (5)：46 – 50.

② 徐萨斯. 历史上的澳门 [M]. 黄鸿钊，李保平，译. 澳门：澳门基金会，2000：40.

③ 杰弗里 C 冈恩. 澳门史 [M]. 秦传安，译. 北京：中央编译出版社，2009：51.

人昭示，澳门不仅是来往于伊比利亚半岛和东亚的贸易枢纽之地，也同样意味着中世纪的天主教传统已经在远东开始生根发芽。

从 16 世纪末到 17 世纪末的百余年间，虽然澳门的发展经历过兴衰起伏的曲折历程，但天主教在澳门一直处于持续发展之中，成为澳门天主教发展史上的"黄金时代"。① 几乎从开埠之初，澳门就已经建立了教堂。1575 年，教皇格里高利十三世（Pope Gregory XIII）创立了澳门主教座堂，管辖着中国、日本和朝鲜等地的传教事务，使得澳门成为天主教在远东的传播中心。随着澳门主教辖区的建立，澳门教会不仅是中国到日本传教活动的焦点，而且也凭借自己的资质，成了一股与政府平起平坐的势力。② 1588 年，耶稣会教士在澳门创建了圣安东尼教堂。紧接着，圣方济各会、多明我会、奥古斯丁教派等都设立了教堂，在狭窄的澳门街道两旁，教堂随处可见。

伴随着澳门的贸易职能的扩大化，耶稣会士也随着商船来到了澳门，并承担起为在澳门往来经商人士、定居葡人以及信奉天主教本地人士的教化事宜。同时，这些耶稣会士创立了一所名为"耶稣会之家"的公学，专门负责葡人子女的教育，由葡萄牙在东南亚和远东的贸易中抽取一部分税费作为办学的开支。有了商业和基础教育学校作为支持，耶稣会士开始利用澳门的特殊地理位置，向中国内地和远东其他地区传播天主教。然而，这一传教过程并不是非常顺利。也正是因为传教中所遇到的种种困难以及耶稣会在远东传教的整体布局，耶稣会开始思考在澳门如何进一步发展的问题。

二、圣保禄学院创建缘由辨析：赴日传教与经费考量

1565 年，培莱斯（Francisco Perez）神父依照上级教会训令，修建了耶稣会设在澳门的传教驻所——天主圣母堂寓所。建立这个寓所的目的非常明确："一、成为前往日本的遥远旅程中一个中途休息的场所；二、成为等候适当机会进入中国的前厅；三、成为（澳门）这座

---

① 汤开建. 明清时期澳门天主教的发展与兴衰［C］//澳门基金会. 澳门史新编：第四册. 澳门：澳门基金会，2008：1093.

② 杰弗里 C 冈恩. 澳门史［M］. 秦传安，译. 北京：中央编译出版社，2009：56.

新兴城市的传教中心。"① 至 1572 年，天主圣母堂寓所同时成了"耶稣会之家"公学的开办之地。

1573 年，范礼安（Alessandro Valignano）神父被任命为耶稣会亚洲观察员。他在耶稣会由一个充满个人魅力的教士群体蜕变成一个以传教和教育为目标、组织严密有序的机构之后，很快加入其中，并作为耶稣会会长的全权代表视察亚洲的传教情况。② 16 世纪 90 年代，由于耶稣会传教范围的扩大，范礼安不可能对整个亚洲的传教事务进行监督，所以他的视察范围被限制在东亚。正是在远东视察期间，范礼安针对传教在中国受到的语言阻碍，特别提出要向赴日本的耶稣会传教士学习，把语言学习当作传教的头等大事。

由此可见，范礼安对于赴日本的传教精神和传教事务是非常认同的。1592 年，范礼安在日本长崎举行的第一届省区副会长会议期间，提出有必要在日本境外创办一所学校，招收日本耶稣会会员。在 1593 年 1 月写给总会长的信中，范礼安洋洋洒洒地论证了在澳门申办耶稣会神学院的六大理由。这些理由可被归纳为：第一，印度和日本之间路途遥远，往返都要三年，为了便于传教，非常有必要在中国南方的港口建造可供补给与教育学习的神学院；第二，日本常年战乱不断，必须在日本以外设立学习点，供日本本土修士心无旁骛地学习；第三，日本本土文化的根基很深，为了使传教达到效果，必须有这样的一间学校，使日本本土人士可以全身心地投入教会的文化环境中；第四，日本与葡萄牙习惯和行为方式不同，在语言和行为习惯上更偏向在澳门设立神学院，日本修士能够耳濡目染，愿意更好地学习教义；第五，如在日本设立神学院，日本修士会处在复杂的同胞关系中，而在澳门，则可以体验不同的人际交往，并做到禁欲；第六，在澳门设立神学院，有利于来自欧洲和印度的传教士进行分流，这更利于日本以后成为独

---

① 多明戈斯·马乌里西奥·戈麦斯·多斯·桑托斯. 澳门：远东第一所西方大学［M］. 孙成敖，译. 澳门：澳门基金会，1994：40.

② 柏里安. 东游记：耶稣会在华传教史（1579—1724）［M］. 陈玉芳，译. 澳门：澳门大学，2014：21.

立管区（教会），也利于向中国传教。①

在范礼安看来，在澳门设立神学院具有非常重要的意义，一个是传教上的，另一个则是语言上的。以上几点也都表明了，澳门具有葡萄牙人生活的氛围，具有欧洲人的语言、生活习俗。以澳门为中心，作为连接印度、东南亚和日本的纽带，神学院的设立必然能发挥巨大的作用。李向玉认为，创办澳门圣保禄学院的真正原因，至少可以说它开设的初衷是着眼于日本的传教活动。② 显然，这一分析非常有道理，从范礼安的申办理据中也能清晰地看出来。只是范礼安之所以如此强调日本，很可能是因为他一方面正在重点视察日本的传教事务，希望汲取更多的日本传教经验；另一方面则是经费来源。日本在当时与伊比利亚半岛的贸易交往上占有很重要的地位，每年又由于耶稣会准管区的地位能得到教皇的固定拨款，以日本作为申办神学院理据更能够获得总会长的批准。

早在 1542 年，耶稣会传教士沙勿略（San Francisco Xavier）已抵达印度果阿开始传教活动，不久就兴办了"果阿圣保禄学院"。这所学院面向印度乃至马六甲、摩鹿加以及东非和埃塞俄比亚开设，澳门人甚至把来自果阿圣保禄学院的耶稣会教士称为"保禄院士"。在同一精神的鼓舞下，兴建一所足够宽敞的学校（神学院），不仅能够满足澳门人要为当地青年开设更多课程的渴望，而且可以使天主圣母堂成为一个培养从日本到中国、到越南东京（Tonquim）以及这一世界尽头的其他国家的传教士中心。③

事实上，1593 年，范礼安在申办学院的同时已经先斩后奏，着手实施建立神学院的计划，并且在学院的组织领导配备和人员行程上做出相应指引："神学院中至少要有了解日本语言和习俗的院长和副院长……定期商船在三月从日本来到中国，七月初又有其他定期商船返

① 申办耶稣会神学院的理由参见：高瀬弘一郎 . 基督教时代的文化与诸相 ［M］// 戚印平 . 澳门圣保禄学院研究：兼谈耶稣会在东方的教育机构 . 北京：社会科学文献出版社，2013：57 - 60.

② 李向玉 . 汉学家的摇篮：澳门圣保禄学院研究 ［M］. 北京：中华书局，2006：21.

③ 多明戈斯·马乌里西奥·戈麦斯·多斯·桑托斯 . 澳门：远东第一所西方大学 ［M］. 孙成敖，译 . 澳门：澳门基金会，1994：42.

回日本。此举会使我们在中国和日本之间进行密切的人员交流。"① 而在范礼安给总会长信函的最后表述中，也从一个侧面反映出他为什么执着地将神学院设在澳门，而又不断地以赴日本传教作为设立神学院的理由："我始终相信，与其说缺乏养活他们的必要经费，人员的缺乏更让人担忧。因为尽管我们不指望国王陛下会给予该神学院经费，阁下也会送他们来此。请不必担心此事，如果教皇圣下能保证给予日本的 6 000 杜卡多的固定资产，我就能指望神必定会为支持该神学院想方设法，每年会从这笔年金中给他们 500 杜卡多。因为神学院属于日本，他们只是在当地消费了应该在日本消费的经费。"② 可见，范礼安非常担心神学院能否正常运营的问题。在海外航道中心的澳门设立神学院意义很大，但没有让教皇拨款维持其正常运营的理由，因为总会可以说印度果阿已经拥有一所神学院，澳门建立与否并不关键。而以日本传教为由，却能够从教皇给日本的拨款中分出 500 杜卡多，作为澳门神学院运营资金。显然这是一石二鸟之策。

为了证明这一点，可以从以下几点予以分析。第一，印度与日本之间往来贸易费时，加上路途遥远，往返需要 3 年，但是澳门和日本之间的贸易加行程何尝不耗时呢？前后也需要 2 年。为了缩短 1 年的时间而在澳门设立神学院赴日本传教，显然不能成为理由。何况果阿同样有着当地的文化习惯和生活习俗，为什么可以在果阿设立神学院，而不能在日本设立呢？第二，范礼安在申办澳门神学院的信函中，提到要在澳门神学院中选派日本的院长和副院长，但当神学院如期运作以后，范礼安选派了原"耶稣会之家"公学的孟三德（Duarte de Sande）神父延续担任神学院院长，继孟三德以后的院长也并不都是从日本辗转而来的葡籍人士，更不是日籍神父，这应该也不是偶然之故，只能说明范礼安赴日本传教更多是为了将神学院先筹办起来。第三，范礼安申办时坚持澳门的神学院和修道院要分开设立（欧洲中世纪的

---

① 戚印平. 澳门圣保禄学院研究：兼谈耶稣会在东方的教育机构 [M]. 北京：社会科学文献出版社，2013：67.
② 高濑弘一郎. 基督教时代的文化与诸相 [M] //戚印平. 澳门圣保禄学院研究：兼谈耶稣会在东方的教育机构. 北京：社会科学文献出版社，2013：69-70.

修道院和大学大多是合二为一的），其根本原因在于修道院和神学院的
经费来源不同，修道院依靠当地捐赠，而神学院（假如符合范礼安预
期）日常运转则要靠日本固定资产的一部分。[①] 如果两者合二为一，那
么耶稣会教务与教育容易混淆在一起，以日本资产作为经费供养澳门
当地的神职人员也会被人当作驳斥开办神学院的理由。故此，本书认
为，范礼安在澳门开设圣保禄学院的缘由是开辟一个连接伊比利亚半
岛、印度、越南东京、中国、日本的传教和教育中心，而赴日本传教
则是一个具有说服力和考虑经费因素的表面理由。

在范礼安提出申办神学院的理由后以及正在兴办该神学院之时，
印度果阿教区和澳门教区的内部人士都提出了反对意见。在果阿的反
对意见中，前两条就是关于经费和办学不便的质疑。[②] 即便范礼安已经
说明了澳门神学院的日常固定经费来源，果阿的神父们依然依据《耶
稣会会宪》认为新设立的神学院不可能拥有固定资产，更无法筹措到
人员经费，教皇也不可能为之建立巨额基金；同时，办学需要从日本
调用大量管理人员、神父及教师，这些人由于属于日本还必须返回，
这将极大地损害日本教区的圣务。澳门教区的孟三德神父也对神学院
的建设目的颇具微词，他本人出于作为中国教区上长的职责，抱怨视
察员（范礼安）只是考虑到日本，并且担心神学院的建立会给中国教
区的未来造成不利影响。[③]

在不同方面都向耶稣总会发出建议和意见的时候，1594 年 10 月，
经历一年多一点的时间后，学院的工程建设便全部完成，而这项工程
没有花费日本和耶稣会的一分钱。[④] 也许正是因为这个理由，加上印度
果阿教区对学院工程也没有实质性的阻碍，耶稣总会最终批准了澳门
圣保禄学院的建立。范礼安遵从兴建学院前的想法，将新建工程的天

---

① 高濑弘一郎. 基督教时代的文化与诸相 [M] //戚印平. 澳门圣保禄学院研究：兼谈耶
稣会在东方的教育机构. 北京：社会科学文献出版社，2013：65 - 66.

② 戚印平. 澳门圣保禄学院研究：兼谈耶稣会在东方的教育机构 [M]. 北京：社会科学文
献出版社，2013：71 - 72.

③ 戚印平. 澳门圣保禄学院研究：兼谈耶稣会在东方的教育机构 [M]. 北京：社会科学文
献出版社，2013：85.

④ 多明戈斯·马乌里西奥·戈麦斯·多斯·桑托斯. 澳门：远东第一所西方大学 [M]. 孙
成敖，译. 澳门：澳门基金会，1994：43 - 44.

主教圣母堂寓所（修道院）和圣保禄学院分开（1597 年两所机构合并），学院首任院长是孟三德神父。1594 年 10 月 21 日，两个机构成立的仪式正式举行，范礼安出席；同年 11 月，范礼安返回果阿；同年 12 月 1 日学院开始在新的校址上课。① 而 1594 年 12 月 1 日这个日期也被中外史学界公认为圣保禄学院的开办日期。②

三、圣保禄学院的运作与历史作用

从欧洲基督教发展史看，耶稣会是伴随着中世纪宗教改革的浪潮应运而生的，这一诞生于天主教内部的新生修会，除了力图改变中世纪天主教内部出现的种种弊端，起到纯洁信仰、传播教义的作用之外，还有就是要通过教育培养忠诚于上帝和耶稣的信徒。所以，热衷于在海外兴办高等神学院，以达到传播教义和普及神学教育的目的，是耶稣会的特点之一。不仅如此，耶稣会还专门制定《耶稣会会宪》对学生需要学习的科目和要求予以规范。范礼安在 1597 年从果阿返回澳门以后，正是以《耶稣会会宪》为基础，同时又参考了哥英布拉大学艺术学院制定的章程，对澳门圣保禄学院的组织体制和教学制度加以规范。

1597 年 10 月，范礼安以创办人的身份为学院制定了一个新的章程，阐明了制定规章、约束学院教师行为的意义："本学院课程行将开始，但却无规定规章可循。在本院任课之教师及就读之耶稣兄弟来自不同省区，而不同省区之学校在做法上有着不同之习惯，因此，如果不硬性制定固定的规章便易造成极大混乱并年年都得改换。"③ 如果桑托斯的这份记述是确实无误的，那么我们有理由认为真正的高等教育课程开设是从 1597 年才开始的，而 1594 年 12 月 1 日至 1597 年 9 月之间开设的课程又是什么呢？

研究发现，很多中外史学者对圣保禄学院开办之初究竟开设了哪

---

① 多明戈斯·马乌里西奥·戈麦斯·多斯·桑托斯. 澳门：远东第一所西方大学 [M]. 孙成敖，译. 澳门：澳门基金会，1994：44 – 45.
② 李向玉. 汉学家的摇篮：澳门圣保禄学院研究 [M]. 北京：中华书局，2006：37.
③ 多明戈斯·马乌里西奥·戈麦斯·多斯·桑托斯. 澳门：远东第一所西方大学 [M]. 孙成敖，译. 澳门：澳门基金会，1994：46.

些课程众口不一。比如，一些专家不约而同都提到了，学院开办之初，开设了"文法""修辞""古典学"等课程①，而且皆有出处。显然，这些课程确实都于1594—1597年在圣保禄学院开设。然而，回顾圣保禄学院的发展历史，就可以知道这些可能全是小学或者中学教育的课程，而非高等教育课程。圣保禄学院的校址是新建的，但是学院内部的体制和教育是从原来的"耶稣会之家"公学转变而来。学院的设立并没有取消原有的公学教育。如桑托斯在其著述中谈道："1594年10月28日以前，学院设有四种课程：1. 阅读和书写，计有250多名儿童入学；2. 文法；3. 人文学（新设）；4. 伦理神学个案班。"②这和李向玉提到《澳门圣保禄学院年报》中记载的"阅读、写字的儿童学部""文法学部""人文学部""伦理神学部"一致③；也和戚印平考证的四个班级"读写、文法、古典（人文学）、伦理神学"相一致。结合范礼安1597年订立的章程，以及桑托斯提到的1597年9月15日进行的开学礼④，本书有理由相信圣保禄学院的高等课程是从1597年才正式开始的。初始开设的高等课程包括：拉丁文、哲学、伦理神学、教义神学⑤，这些课程都有着详尽的课程安排。

圣保禄学院自正式运作以来，创办人范礼安一直面临着外界所给予的巨大压力，且主要来自日本教区。如日本教会的巴范济神父（Pasio Francisco）在1596年写给耶稣总会会长的信中，就表达了强烈的不满，认为在日本开设神学院比在澳门更好，并认为澳门（在当时）既

---

① 李向玉. 汉学家的摇篮：澳门圣保禄学院研究 [M]. 北京：中华书局, 2006：50 - 51；戚印平. 澳门圣保禄学院研究：兼谈耶稣会在东方的教育机构 [M]. 北京：社会科学文献出版社, 2013：137 - 138.

② 多明戈斯·马乌里西奥·戈麦斯·多斯·桑托斯. 澳门：远东第一所西方大学 [M]. 孙成敖, 译. 澳门：澳门基金会, 1994：45.

③ 李向玉. 汉学家的摇篮：澳门圣保禄学院研究 [M]. 北京：中华书局, 2006：50 - 51.

④ 多明戈斯·马乌里西奥·戈麦斯·多斯·桑托斯. 澳门：远东第一所西方大学 [M]. 孙成敖, 译. 澳门：澳门基金会, 1994：46.

⑤ 教义神学亦可称为理论神学。此外，许多专家在圣保禄学院历史研究中提到的"艺术""教养""自然哲学"，实际就是"哲学"课程。因为在中世纪，现代意义上的哲学基本仰承神学的鼻息，并不作为一门单独的课程开设。而"艺术""教养"等课程中涉及的逻辑学、自然物理、形而上学，以及思辨、答问的教育形式，实际上正是中世纪无所不包的哲学内容（自然科学尚未从哲学中分化出来）。

没有裁判权，也没有统治权，是一个充斥着混乱和麻烦的地方。① 而到了 1605 年，在日本长崎举行的协议会上，与会的神父们一致反对总会为原属日本准管区的中国等地另行委派上长的方案，主要目的就是试图阻止总会为原属日本教区管辖的中国等地另行派遣上长，以免两地分而治之，甚至产生分庭抗礼的不利局面，这会进一步削弱正江河日下的日本准管区。② 从澳门圣保禄学院建立以后的反对声中可以看出，日本教会对这所澳门神学院的建立充满了焦虑，主要是担心神学院的各项职能的发挥导致其教区权力的降低。

正因如此，在圣保禄学院创办以后的运作过程中，依然遵循着如其申办理由中所提出的一些做法：

首先，从 1594 年创建学院开始，每年都会要求日本教会选派数名学生来到圣保禄学院学习。当然，除了日本学生，也会有从印度送来的学生修士；以后还陆续有西班牙学生、意大利学生及葡萄牙学生等。这一方面表明圣保禄学院的教育范围一定会有日本籍学生，另一方面又自然体现出圣保禄学院既然建立在澳门，其发挥的作用就绝对不可能只面向日本教区。

其次，尽管圣保禄学院第一任院长是澳门教区的孟三德神父，但在后来的院长中有一些也是从日本传教回来的葡籍神父。如，第三任院长卡瓦略（Valentim Carvalho）曾于 1598 年赴日本传教近两年后，返回澳门任学院院长；第四任院长帕切科（Francesco Pacheco）也在 1604 年到日本传教四年后，于 1608 年任院长；而最后一个在日本禁教以后返回澳门任院长的神父是卢塞纳—马恩省（Afonso de Lucena，1621—1622）。③ 从院长的安排能够看出，是否曾经赴日本传教，也许是出任圣保禄学院院长的潜在条件之一。但在日本禁教以后，即使有这样的条件，也已不复执行。此外，从时间顺序上说，学院早期的几

---

① 戚印平. 澳门圣保禄学院研究：兼谈耶稣会在东方的教育机构 [M]. 北京：社会科学文献出版社，2013：86.

② 戚印平. 澳门圣保禄学院研究：兼谈耶稣会在东方的教育机构 [M]. 北京：社会科学文献出版社，2013：91 – 93.

③ 戚印平. 澳门圣保禄学院研究：兼谈耶稣会在东方的教育机构 [M]. 北京：社会科学文献出版社，2013：109 – 111.

位院长与中国教区的关系较为密切，如孟三德神父、李玛诺（Manuel Dias）神父和骆入禄（Jeronimo Rodrigues）神父，都曾进入内地传教多年。[①] 可见，圣保禄学院在建院以后，对于中国内地教区的事务亦非常重视，也同时说明了圣保禄学院存在的价值远不止在日本教区的传教事务。

最后，前面曾经提到，范礼安在圣保禄学院创建工程结束后，将天主教圣母堂寓所（修会）与圣保禄学院分成两个机构。其中，修会属于澳门当地的传教机构，而神学院（圣保禄学院）则是日本（教会）的一个机构。这样做的目的，就是要将两个地理位置连在一起的机构的职责和业权分离。或许是担心予人口实，也或许是真正想把圣保禄学院完全变成日本教会的附属机构，范礼安还专门为这所神学院订立了应尽的责任：第一，让为在日本生活而从印度送往日本的修士和其他人获得良好教育，并按日本准管区的指示管理神学院；第二，打开中国的门户，尽力推进中国内地神父们的传教；第三，支持负责日本物质补给的驻澳门管区代表。[②] 从这份看似以日本为重心的办学责任中，透露着范礼安全面、深入思考的办学思路：印度—中国澳门—中国内地—日本，同时保证日本资产经澳门的妥善安排，由此可见圣保禄学院作为传教和教育中心的责任重大而艰巨。

圣保禄学院在运作过程中，无论是组织体制、师生构成，还是机构设置，似乎都指向范礼安申办圣保禄学院的动因是"赴日本传教"。然而，当我们认真回味这个过程的时候，却更愿意将这一系列过程看成基于圣保禄学院真正创办原因之上发展出来的结果。显然，这样的态度不是传统诠释学意义上的解释方法。历史研究应当发展一种与直接指向理解作品的探究完全不相关的效果历史的探究。[③] 正如本书理论基础中所指出的那样，效果历史实际上就是突破"理解历史性"的视

---

① 戚印平. 澳门圣保禄学院研究：兼谈耶稣会在东方的教育机构［M］. 北京：社会科学文献出版社，2013：112.

② 戚印平. 澳门圣保禄学院研究：兼谈耶稣会在东方的教育机构［M］. 北京：社会科学文献出版社，2013：113.

③ 汉斯 - 格奥尔格·伽达默尔. 诠释学 I：真理与方法［M］. 洪汉鼎，译. 北京：商务印书馆，2019：425.

域融合。传统诠释学方法试图建立在历史资料基础上，得出"客观"的结论。（这种）历史客观主义虽然通过其批判方法从根本上消除了与过去实际接触的任意性和随意性，但是它以此安然自得地否认了那些支配它自身理解的并非任意的根本性前提，因而就未能达到真理，实际上尽管我们的理解有限，这种真理仍然是可达到的。① 历史解释需要以客观的史料和事实为基础，但解释它们则需要进入理解者的合乎逻辑的框架之中，成为本体论意义上的"根本性前提"。于是，本书以范礼安的处境为出发点，发展出一种新的视域，以期实现视域融合。为了让澳门圣保禄学院成为葡萄牙远东传教与教育的中心，以具备耶稣会准管区地位的日本作为申办澳门神学院的理由倒不失为一个万全之策。

实际上，从圣保禄学院开办后的经费状况来看，范礼安冀望获得的固定资产一直都没有着落。直到 1604 年，范礼安还在给耶稣总会的信件中提到，"必须要为该神学院建立基金，因为它会是这个管区的真实支柱……只要有国王陛下和教皇圣下在 20 年间给予某个主教或大修道院的年金 3 000 杜卡多，澳门的神学院也可以建立起确定的基金"。② 直至生命的最后数年，范礼安神父依然在忧虑着圣保禄学院固定收入来源的问题。即便如此，在范礼安与总会的交涉中，申请基金的请求都未能如愿。设想范礼安以澳门作为日本附属管区的地位为由去申请学院的经费，那将更是难上加难。正是由于范礼安的努力和远见，直到他去世 10 年后，时任日本及中国教区观察员的维埃拉（Francisco Vieira）还在为圣保禄学院无固定基金和日常运作经费的事情与总会交涉；也正是因为范礼安前期的铺垫，圣保禄学院可以依靠日本管区的钱来维持学院的日常运转。

不论怎样，圣保禄学院的创立和运作都正在沿着范礼安的设想发展下去。除此之外，可能连范礼安自己都没有想到，后面发生的事情更加证明了将圣保禄学院设在澳门的英明之处。1614 年 11 月，日本幕

---

① 汉斯-格奥尔格·伽达默尔. 诠释学 I：真理与方法 [M]. 洪汉鼎，译. 北京：商务印书馆，2019：425 - 426.

② 高瀬弘一郎. 基督教时代的文化与诸相 [M] //戚印平. 澳门圣保禄学院研究：兼谈耶稣会在东方的教育机构. 北京：社会科学文献出版社，2013：179.

府颁布了严厉的禁教令，大量耶稣会教士被驱逐，而正是圣保禄学院作为耶稣会日本管区的附属单位收留了这批落难的教士。如果当初按照日本教会的意愿，将这所神学院建立在日本，那可能连神学院自身都要关闭，更不会有这些耶稣会教士的容纳之所了。也恰恰由于上述的背景，圣保禄学院中学生的人数显得比学院内的教士少了许多。据戚印平分析，这一看似怪异的人员构成恰恰说明了一个事实，即圣保禄学院从来都不是一所单纯的教育机构，它同时也是一所规模更大且兼具多种使命的大型综合修道院。①

尽管如此，圣保禄学院仍然应当被称为大学。正如桑托斯所述："它不是一所完全的宗教大学，因为显然它没有设置天主教法典的课程。它更不是一所像哥英布拉那类开设有全部课程的常规大学，例如它未设置民法和医学专业。但毋庸置疑，它确实是一个真正的高等教育机构，因为它可以授予学位。"② 关于圣保禄学院开设的课程，除了拉丁文、哲学、伦理神学、教义神学之外，基于赴日本传教以及开辟中国内地教区通道的原因，日文和中文肯定也是圣保禄学院所关注的课程。遗憾的是，现有的史料，仅能够证明学院在 1620 年开设了日语③，但还没有明确的证据说明学院有正式的中文教学。李向玉曾经根据罗明坚（Michele Ruggieri）、利玛窦（Matteo Ricci）神父在澳门学习中文，后进入中国内地传教的历史事实，证明传教士在圣保禄学院学习中文是一件颇为普遍的事情。④ 但综合历史资料来看，赴中国内地传教人员的中文未必是从圣保禄学院的正式课程中学习的，倒是有可能来自与澳门当地传教士的口头交流及耳濡目染。目前所能证实的是，推进中国内地的传教本身就是学院的办学目标之一。至于学习中文采取何种方式，还需要通过更多的历史发现予以证实。

总之，历史已经向我们证明，圣保禄学院作为远东传教与教育的

---

① 戚印平. 澳门圣保禄学院研究：兼谈耶稣会在东方的教育机构［M］. 北京：社会科学文献出版社，2013：105.

② 多明戈斯·马乌里西奥·戈麦斯·多斯·桑托斯. 澳门：远东第一所西方大学［M］. 孙成敖，译. 澳门：澳门基金会，1994：53.

③ 李向玉. 汉学家的摇篮：澳门圣保禄学院研究［M］. 北京：中华书局，2006：51 – 52.

④ 李向玉. 汉学家的摇篮：澳门圣保禄学院研究［M］. 北京：中华书局，2006：56 – 60.

中心，一直扮演着东西方文化交流基地的角色。李向玉在其著述中，用"远东传教士的摇篮""西学东渐""欧洲中国汉学"等短语高度概括了圣保禄学院的历史和文化作用。事实上，"圣保禄学院对发展与中国的关系和加强在那里所进行的宗教与科学传播也提供了大量的服务。几代传教士，尤其是从利玛窦到埃斯皮尼亚（Jose de Espinha）、罗德里格斯（Andre Rodrigues）和阿尔梅达（Jose Bernardo de Almeida），他们在北京皇宫均致力于这一工作，直至这种努力仿佛违背了罗马教廷的指示为止"。① 而在中学西传方面，圣保禄学院对欧洲汉学的诞生起到了一定的推动作用：第一，很多早期的传教士如罗明坚、利玛窦等知名神父，均在圣保禄学院学习过中文，为他们打下了汉语基础，然后才能入华传教，并研究中国文化；第二，圣保禄学院汇集了大批欧洲学者、科学家，他们在学院著书立说、研究交流，翻译了大量中国典籍，推动中国儒家经典在欧洲的传播，并激起欧洲知识文化界的"中国热"；第三，圣保禄学院作为耶稣会在远东的基地，还担负着驿站的责任，正是通过这样一条通道，很多中国典籍得以传播到欧洲。② 毋庸置疑，圣保禄学院以传教和教育的方式在中西方文化交流中架起了一座桥梁。尽管圣保禄学院在创办伊始和运行过程中，也始终面临着种种压力和阻碍，甚至一度因经费问题而束手无策，苦苦与上级周旋，但是历史的发展终将证明，一切都将回归本源。一所大学的本质就在于教育、学术和文化，任何经济纷争或世俗利益终将融入大学的本质属性之内，成为解读其文化特色的历史佐证。

1762 年，圣保禄学院因受葡萄牙政府驱逐耶稣会教士的命令影响而关闭，教学活动就此终止。而教堂和学院的建筑大都在 1835 年的一场大火中焚烧殆尽，只留下现在圣保禄教堂的前壁遗址——大三巴牌坊。然而，历史不会忘记，这座庄严巍峨的前壁曾经代表着远东第一所西式高等学府的光彩历程，也同样记载着澳门圣保禄学院在中西文化交流中所起到的重要历史作用。

---

① 多明戈斯·马乌里西奥·戈麦斯·多斯·桑托斯. 澳门：远东第一所西方大学［M］. 孙成敖，译. 澳门：澳门基金会，1994：56.

② 李向玉. 汉学家的摇篮：澳门圣保禄学院研究［M］. 北京：中华书局，2006：213 - 216.

第二节　澳门东亚大学的创办与发展

圣保禄学院于 1762 年关闭以后，澳门高等教育的历史一度沉寂一百余年，20 世纪上半叶曾有内地的院校，如格致书院、越海文商学院、华侨大学、华南大学、中山教育学院搬迁至澳门办学，但始终未得到澳葡政府的认可，提供学位教育，办学过程皆是昙花一现。[①] 1981 年，对于澳门高等教育的历史而言，具有非常重大的意义。这一年，澳门在圣保禄学院关闭二百多年以后，终于在本地自主创建了第一所具有现代意义的大学——澳门东亚大学。这所私立大学在短短的十年之中，经历了从初创时的艰辛，到逐步的发展完善，再到公立化的转型，最后为澳门高等教育多元化格局的形成打下坚实的基础，可谓一波三折，以一所大学的兴衰变化书写了一个地区高等教育发展的阶段史。对于任何一间高等教育机构，尤其是一所新创立的高校或教育机构而言，它们都可以从澳门东亚大学的发展历程中获得激励和启示，因为澳门东亚大学的发展史本身就具有独特的魅力和许多值得回味的特点。

一、澳门东亚大学创立：后发外生与实用取向

在澳门创立一所大学并不是规划的产物，而是一个偶然的结果。20 世纪七八十年代，中国内地逐步开始改革开放，并在与香港、澳门毗邻的南部沿海城市深圳、珠海建立经济特区。由于内地筹划着港澳未来回归的过渡问题，所以面对港澳的政策相对比较宽松。这一时期，港澳的经济都有了较快的发展。

1978 年，几位香港的有志之士黄景强、胡百熙、吴毓璘相聚一起，看准香港的发展机遇，拟在当地申办一所高等院校。20 世纪 70 年代末，香港仅有香港大学和香港中文大学两间学校，而港府实行的是精英教育政策，当时只有少数的香港中学生能够升读大学。经过筹划以

---

① 刘羡冰. 澳门教育史 [M]. 北京：人民教育出版社，2002：73－76.

后，黄景强等人向香港政府提出申请，然而被政府以"香港暂时没有这个需要"为由拒绝了。据黄景强后来回忆，"香港教育法案（Education Ordinance）当时也不允许在香港申办能够颁授学位的私立教育机构"。① 于是，这一想法只得作罢。

然而，正是因为有过这样一次申请办学的想法，使得黄景强等人在另一次偶然的机会中从澳门实现了这一有益于社会和公众的愿望。20 世纪 70 年代末，澳门总督李安道（José Eduardo Martinho Garcia Leandro）利用比邻内地、市场前景远大的机会，开始着手基础工程建设、兴办新酒店、扩建港口、进行环境规划、开发城市旅游设施，实行与现代服务业相配套的一系列新模式。澳门工务局当时正巧聘请土建工程师黄景强担任顾问，希望他能够提交一份提案，吸引香港的投资者来澳门投资经济领域。这是一个难得的机遇。"1978 年春季，黄景强、胡百熙、吴毓璘三人提交了一份提案，希望得到澳门氹仔和路环两个小岛之间的海滩地，建设一个工业园区。在当时的澳门，园区的发展模式还没有多少人知道。"② 然而，随后的发展有了一些变化，由于澳门的法律并不限制私立高等教育机构的设立，黄景强等人越来越有意将开办一所高等院校作为其工业投资打包计划的一部分，"依靠已有土地开发项目的盈利支持教育和培训的发展"。③

李安道总督对开办高等院校的想法非常感兴趣，强调两个项目可以不打包在一起，教育单独并优先考虑。④ 从 20 世纪 70 年代澳门周边地区高等教育的发展来看，中国内地、中国香港，新加坡、马来西亚都没有设立私立高等院校，而澳门更是根本没有任何高等教育性质的学校。所以，黄景强等以西岛发展有限公司的名义投资开办一所国际性私立高等院校的想法很快得到了响应，这样的提案对澳葡政府来说无疑是雨露甘霖，也很快获得了批准。

---

① 访谈澳门东亚大学创始人之一黄景强博士（FT20101216）。

② MELLOR B. The University of East Asia：origin and outlook ［M］. Hong Kong：UEA Press Ltd. , 1988：4.

③ MELLOR B. The University of East Asia：origin and outlook ［M］. Hong Kong：UEA Press Ltd. , 1988：4.

④ 访谈澳门东亚大学创始人之一黄景强博士（FT20101216）。

创立一所崭新的私立大学是极其艰难的事情。创办人之一的黄景强博士就曾经形容过，"办大学是一个系统工程，学生、老师还有社会，每个人都会对你有期望"。① 当然，真正令创始人关心的是如何具体规划一所大学的使命和愿景。澳门是一个小而微的地域，人口仅有几十万，私立大学如果想依托学费支撑整个学术体系，就必须要放眼世界，拥有国际视野。"一所真正意义的国际化教育机构可以从更大的范围吸纳学生以达到规模效益，不仅能惠及澳门本地学生，还能服务于社会及公共事务，政府则通过提供奖学金的方式予以回报。"② 此外，配合招收学生的国际化，教师也必须要国际化，教学语言应该以英文为主，最终目标是使大学的毕业生能够进入更广阔的商业和社会领域发展。基于以上考虑，怀着对未来的憧憬，1981 年 3 月 28 日，大学被命名为意义深远的"东亚大学"，并举行了盛况空前的创校典礼。③ 筹办大学的各领域筹备小组主要由英国、马来西亚、美国、葡萄牙及中国香港的专家组成。1978 年年底，在澳督李安道离职以前，他签署了发展规划和大学办学地租赁的两个官方同意案，从而开启了大学最初的 10 年。

对于新创办的大学而言，发展定位无疑非常重要。澳门是一个商业社会，在漫长的历史进程中，澳门一直能够利用海上贸易据点的优势，针对世界经济不断变化的市场环境做出反应。④ 近代以来，澳门从依赖赌博、娼妓、苦力贸易等特殊行业到 20 世纪七八十年代的制造业出口、土地利用、城市文化遗产开发，一直依赖着商业贸易所带来的收益。就教育而言，澳门的商业培训也开始得较早，甚至早过香港着重发展的医学培训。早在 1878 年，澳门华人教育促进协会曾开办第一所商业学校，并且坚持了几十年之久。⑤ 澳葡政府基于澳门和葡萄牙的

---

① 开启基业　弦歌不辍 [N]. 时事新闻报，2011 - 10 - 27（6）.

② MELLOR B. The University of East Asia：origin and outlook [M]. Hong Kong：UEA Press Ltd. , 1988：5 - 6.

③ 东亚大学成立　盛况空前 [N]. 澳门日报，1981 - 03 - 29（4）.

④ 杰弗里 C 冈恩. 澳门史 [M]. 秦传安，译. 北京：中央编译出版社，2009：47.

⑤ MELLOR B. The University of East Asia：origin and outlook [M]. Hong Kong：UEA Press Ltd. , 1988：5.

利益，首先考虑的也是在与中国政府的广泛贸易协定中获益。李安道总督在20世纪70年代致力于澳门的大都市发展规划，鼓励外商投资商业，提升旅游质素和经济发展的多元化。[①] 这也意味着必须大力提升澳门的公共服务设施、商业与管理、银行、会计、保险和语言培训等领域的水平。

无疑，一所实用取向的大学对于实现上述目标卓有帮助。实际上，以学科教育为典型特征的大学起源于欧洲中世纪。大学在中世纪被称作"stadium generale"，这一称呼显示了大学所具有的国际性、综合性和权威性的特征。[②] 早期的大学学科并不多，如萨来诺（Salerno）大学只有一个医学学科，但仍然被称作"stadium generale"，体现了大学宽、深、广的学术特性。工业革命之前，大学更强调博雅教育而不是专业教育，而正是大学自身具有的学科分类属性，间接促成了工业科技的发明与生产领域的变革，人类才逐渐从农耕社会转向工业文明。随着工业社会的到来，西方大学中的文理教育与专业教育也在相互博弈中不断走向均衡。而工业革命之后，一些国家开始兴办大学，这一时期的大学多为实用取向，反而文理教育、宽口径人才培养成为平衡实用型专业的教育理念。澳门也不例外，澳门东亚大学同样具有后发外生型的大学特征，自创办之日起就以实用性、贴近社会为主要目标，并以多语言、多文化、开放性作为国际化发展根基。[③] 显然，建立一所以实用为内涵的高等教育机构的前景还是可以预见的，学科则集中在管理、金融、会计、银行和语言（以英语为主）等领域，保持着国际性特征，初始面向包括中国内地、中国香港、马来西亚等地，以后将逐渐放眼世界。无论如何，这既是澳门东亚大学迎来的机遇，也是其面临的巨大挑战。

二、澳门东亚大学的发展：学术与利益的权衡

大学筹备工作组在确定了资金筹募、师生规模方案、教师薪酬和

---

① 黄鸿钊. 澳门史［M］. 香港：商务印书馆，1987：198.
② 张磊. 欧洲中世纪大学［M］. 北京：商务印书馆，2010：15–16.
③ 访谈东亚大学创始人之一吴毓璘博士（FT20110706）。

服务年限以及校园建设等工作之外，最为重要的是确定学术发展架构和学科规划。由于澳门东亚大学国际化的发展目标，以及第一批筹备项目的负责人大多是从英国和中国香港等地聘请而来，澳门东亚大学不出意外地采取了英国大学三年学制的学术安排。然而，三年制的大学学术体系并不能适合澳门本土学生的入学需求，所以，创校校长薛寿生博士早在大学开办前就已经规划出三个平行的学院联盟架构：预科学院、本科学院及持续教育学院[①]。预科学院是为了促进大学入学标准的一致性，本科学院则追求学术多元及社会实用性，持续教育学院重在回馈社群的诉求。[②]

在大学的布局上，澳门东亚大学并不遵循以往所有大学的办学模式。形式上，澳门东亚大学有点像英格兰的学院制大学，每所学院自成一体，办学目标也不一样，这一点在第四、第五个学院（公开学院、研究院）建立以后体现得更加明显；内涵上，几所学院代表着不同的教育类型：预科、本科高等院校、成人高等院校、远程高等院校以及研究生学院。也许正是因为澳门太小，所以任何高等教育的形式、范畴都能够集中在一间大学之中，彼此之间相互支持，而又不显得唐突和拥挤。

毋庸置疑，本科学院（University College）是澳门东亚大学初始办学的核心，其他两个学院则是筹备委员会和校长经过细致考察和周密思考以后的产物，而这两所学院也分别从入学标准和资源供给两方面为本科学院的开办提供支持。

（一）预科学院和持续教育学院

在本科学院学术框架形成之前，筹备委员会首先要思考两个问题。第一个问题是入学标准问题。大学开办的是三年制学士学位高等课程，入学的中学毕业生首先应该达到等同于英制七年制中等教育的学业水平，这样才能保证学生在入读大学以后能够跟上高等课程的进度。然而，澳门非高等教育除了少部分使用葡萄牙语教学的公立学校之外，

---

① 访谈东亚大学第一任校长薛寿生博士（FT20110707）。
② 张红峰. 澳门远程高等教育的起源与变迁：从利益权衡到跨文化整合［J］. 现代远程教育研究，2019（2）：50－58.

绝大部分是私立学校，这些学校分别采用广东话、普通话、英文三种教学语言，以及中国内地、中国台湾、中国香港和美国的毕业考试要求，而且这些学校学生的英文水平参差不齐，显然不能同时保证一所三年制英制大学的入学要求。鉴于此，澳门东亚大学需要考虑设立一所预科学院（Junior College），以保证进入大学的学生能够具有相应的学习能力和知识储备来适应未来的高等课程。同时，澳门东亚大学还与英国的剑桥考试中心协商，邀请中心从 1981 年 6 月开始在澳门东亚大学内设立考点①，目的就是提升澳门学生的英文水平。

第二个问题则是资源平衡方面的问题。尽管澳门东亚大学的创始人之一胡百熙在大学的筹划期，就借助工业园区的打包计划，吸引了不少来自东南亚、中国香港、中国澳门、北美的一些工商企业集团和银行的"金主"。②然而，"金主"的初期投入都是趋向规避风险的，它们非常希望大学的建设项目能够保证资金的安全，并希望获得合理的回报。所以，学位课程的规划还必须通过其他渠道来保证学术发展没有"后顾之忧"，即"提供学位课程的学院是主体，它处于大学的核心位置，可以被看作是一种'非营利'的实体，其支出可以通过其他活动的收益来平衡。允许获益的活动包括：师生的食宿、运动设施、大学的其他办学活动以及任何以后可以考虑到的补充项目。投资方能够预期，经过一段时间的发展，可以从'非营利'以外的活动中获取合理的投资回报"③。

于是，在澳门东亚大学本科学院、预科学院尚未开始之前，1981年 3 月，大学落成典礼期间，持续教育学院（College for Continuing Education）就已经开始招生，主要开设英文培训和办公技能培训的夜班课程，同时为那些已经中学毕业而又准备升读大学的社会人士提供高级考试课程和英语的培训。1981 年秋季，大学整体运行起来以后，持续教育学院又增加了葡语和管理课程的培训，弥补政府机构在这些

---

① MELLOR B. The University of East Asia：origin and outlook［M］. Hong Kong：UEA Press Ltd.，1988：16.

② 访谈东亚大学创始人之一胡百熙博士（FT20101221）。

③ MELLOR B. The University of East Asia：origin and outlook［M］. Hong Kong：UEA Press Ltd.，1988：22.

领域培训的不足。由于语言培训备受市民欢迎，学院又租用澳门一些中小学（鲍思高粤华小学、培道中学等）的教室，相继开设了广东话、普通话、英语、法语、日语的培训。持续教育学院招生的持续火爆，不仅使得大学整体的运营在收支上有所平衡，而且实实在在地满足了广大澳门市民的需求。持续教育学院的院长汤姆士博士对学院教育目标的实现深感骄傲，认为"学院的培训已经成为市民生活不可缺少的一部分"①。

有了澳门本地培训的基础，学院开始将眼光转向一些针对特定群体和特定任务的培训，如，为珠海经济特区培训市场经营人才，面向本地记者群体开设高级新闻证书课程，以及为博彩业职工、中学教师和银行职员培训计算机课程，等等。持续教育学院短、平、快的运转节奏，使得学院名声在外，并与地区性的计算机协会建立了紧密的联系。至1985年，两年制的文凭课程入学人数达到了170，获得文凭证书的毕业生也很容易在银行、酒店、旅行社、工厂、计算机行业、会计与咨询公司、国外大学、巴士公司找到合适的工作。②

随着20世纪80年代中后期外部培训机构数量的增加，持续教育学院意识到必须通过转型才能获得新的发展机遇。所以，学院的发展重心开始偏向于更加专业化和技术化，基本上在培训领域做到人无我有、人有我精，从一般性操作层次转向具备理论基础的技术层次。如，学院在计算机课程上开始聚焦于研究课题，并开始设计教师教育培训和酒店管理方面的课程。基于这样的转型，持续教育学院于1986年1月在课程架构和内涵上进行了重组，并重新命名为理工学院（Polytechnic College），这个学院后来也成为独立建制的澳门理工学院（Macao Polytechnic Institute）的一部分。由持续教育学院的发展过程可以看出，大学在初创和发展期总是需要在学术和利益上做出平衡，所以持续教育学院的出现既属偶然，也是必然，后期的发展变化正是学术内部的

①　MELLOR B. The University of East Asia: origin and outlook ［M］. Hong Kong: UEA Press Ltd., 1988: 54.

②　MELLOR B. The University of East Asia: origin and outlook ［M］. Hong Kong: UEA Press Ltd., 1988: 56.

规律使然，让一件具有偶然性质的平衡任务顺利变成必然的学术发展趋势。

（二）本科学院

澳门东亚大学在发展的过程中，本科学院无疑是三所初办学院的核心，也是一个机构之所以被称作大学的根本理由。本科学院的发展经历了巩固期和拓展期两个阶段，并体现出国际性与地方性并重、市场导向与实践需求相结合的特点。

本科学院主要由文学院、社会科学学院以及工商管理学院构成，提供全日制学士学位教育。在学院发展的巩固期，澳门东亚大学有着明显的国际化特征，突出表现在学术领导层的国际化、师资构成的国际化、学制和课程体系的国际化，等等。在创校典礼之时，澳门东亚大学就抓住了英联邦大学协会在香港举行正式例会的机会，邀请139个协会大学领导成员于1981年3月28日来澳门参加澳门东亚大学的落成典礼。如此盛大的典礼不仅为澳门东亚大学的创立增添了非凡的荣耀，更为关键的是，澳门东亚大学可以在创校之初就跻身于英联邦大学协会组织的行列，为其以后在院校和专业层面的国际认可打下基础。澳门东亚大学在最初的五年发展中，曾积极地与内地的北京大学、复旦大学、中山大学、深圳大学、华南师范大学，以及英国开放大学、澳大利亚皇家墨尔本学院、英属哥伦比亚公开大学（BCOU）、温哥华社区大学、加拿大开放学习学院、新西兰梅西大学，同时还和剑桥与伦敦的考试机构、澳门与加拿大的专业协会以及香港计算机公司等，建立了一系列合作关系。[①]

正是因为澳门东亚大学所表现出的国际性特征，本科学院属下的文学院英语专业的责任变得非常重大。英语专业在发展巩固期起到专业教育和通识教育的双重作用。一方面要承担英文的学士学位课程教学，并需设立相应的专业分级标准；另一方面则要负责本科学院其他所有专业的公共课教学，以及社会科学学院、工商管理学院高年级学生提升英文水平的选修课教学。进入拓展期后，这一阶段并没有明确

---

① MELLOR B. The University of East Asia: origin and outlook [M]. Hong Kong: UEA Press Ltd., 1988: 71.

的时间划分，一般认为是从本科学院开办两年以后开始，学院的各个专业对外的辐射力显著加强。实践能力的增强来源于课程体系的改变，专业的基础课程、理论课程、实用课程以及各类交叉课程开始得到加强。另外，由于澳门东亚大学对外交流的拓展，许多英语考试中心得以在本科学院设立（如伦敦语言学研究所设立的考试中心），本科学院对外的影响力逐渐增大。

为了适应澳门本地中小学英语教师缺乏培训的现状，从 1983 年开始，每年暑期都有 50 组政府指定和支持的教师接受英文培训课程；同时，澳门东亚大学回应社会的即时利益诉求，与澳门管理专业协会合作设计了商务英语课程，吸引大量当地工商企业界人士参与其中。① 除了英语专业对外培训力度的增强以外，本科学院其他两个学院（社会科学学院、工商管理学院）则明显受到市场的限制。如社会科学学院的资源大多投放到经济学和公共行政学②专业上，而地理学、心理学、社会学专业则只能作为选修。因为办学者和管理者都清楚地知道，这些无法直接对澳门的商业社会产生推动作用的专业，在市场没有广泛形成之前，是不可能作为主要招生专业开设的。

工商管理学院的专业招生更加印证了上述情况。1981 年，考入本科学院的三分之二学生都选择了工商管理的会计学、市场学等专业，而到了 1986 年，这一比例甚至增大到五分之四。原因很明显，澳门一直都是以第三产业为主，长期以来都是重商社会，到了现代，一个 30多平方公里且又高度自治的地区也不可能再发展第一和第二产业。于是，经济和商科的学生基本上是门庭若市，而其余专业则是门可罗雀，师生比在不同的专业上出现倒挂。虽然市场的导向对年轻的澳门东亚大学影响很大，但是经过一段时间的发展仍然能看出专业设置的广博性带来的优势。其一，一些修读了"冷门"专业的学生虽然未必在本地社会存有一席之地，但很容易升读国外的其他卓有声望的大学研究生专业；其二，由于专业没有被市场完全因势利导，澳门东亚大学的很多专业能够得到国际上专业协会组织的认可。这表现在它们认可澳

---

① 访谈原亚洲（澳门）国际公开大学副校长许毓彬博士（FT20160526）。
② 也被翻译成"政府学"。

门东亚大学的课程并给予考试豁免权；澳门东亚大学的毕业生可报考其他大学的研究生；几所机构和质量保证组织与澳门东亚大学有着密切的合作等。① 从这些优势来看，澳门东亚大学的发展有赖于高层管理者的眼界。如此众多的学生选择了工商管理专业，不断增长的压力曾迫使人文、社会领域的资源遭到消减，但澳门东亚大学两任校长（薛寿生、林达光）的眼光是长远的，他们认为一所大学应该保持各个学科的平衡发展，并且要寻找机会拓展新的领域，不仅要为眼前而且要着眼于未来谋求利益。②

总体而言，本科学院、预科学院、持续教育学院意在追求学术上的高标准、国际性和适应性，却很难在创校之初维持收支上的平衡。黄景强博士曾经追忆：管理一间学校，就得学会搞经济，如何平衡教学上的要求和财政上的限制，是最大的难题。③ 事实上，20 世纪 80 年代澳门东亚大学成立后，尽管依靠三所学院学费的支持，财政收入上能够摆脱拮据，但三所学院毕竟要以教育发展为首要目标，不能将经济回报摆在首位。在中英《关于香港问题的联合声明》签署的背景下，一些香港投资者开始从澳门东亚大学撤资，学校那时仅能依靠何贤先生捐助的 300 万元发放教师薪酬，经济上陷入窘境。④

（三）公开学院与研究院

毋庸置疑，任何一所新办的大学在追求学术发展的同时，同样需要兼顾财政上的收支平衡。在创校之初，澳门东亚大学筹备委员会开会时就已经开始讨论"基于当前已经拟定的学术架构，需要成立一个函授部，参照本科学院的课程设置，通过引进和改编已有的函授教材供港澳学生远程学习"⑤ 的构想。1983 年 3 月，这一构想变成了现实。筹备小组前期访问了英国公开大学，并聘请英国公开大学校长斯威夫

---

① MELLOR B. The University of East Asia：origin and outlook ［M］. Hong Kong：UEA Press Ltd. ，1988：70.

② 张红峰. 大学的自为与依附：澳门现代高等教育发展历程研究 ［J］. 高等教育研究，2014，35 （12）：82 – 88.

③ 开启基业　弦歌不辍 ［N］. 时事新闻报，2013 – 09 – 26 （6）.

④ 访谈东亚大学创始人之一胡百熙博士（FT20101221）。

⑤ MELLOR B. The University of East Asia：origin and outlook ［M］. Hong Kong：UEA Press Ltd. ，1988：38.

特教授担任新建澳门东亚大学第四所学院——公开学院的首任院长。按照原先的设想，澳门东亚大学公开学院完全采用了开放入学以及远程教学模式，并且成为第三代远程高等院校的开创者。

三代远程高等院校的划分主要根据视听教材选、编、用的方式。①英国公开大学无疑属于第一代，课程规划详尽、文本资料齐备，同时配有相应的录音磁带以及全国范围内的广播电视系统，适当的时候还会利用现场设备或教材教具。所有的教师都经过教学方法的培训，采取函授与面授相结合的教学方式，每年还会有一段时间在家里的面对面授课。评价是自评与导师评定相结合，学生可以根据自己的时间掌控学习的节奏，全日制三年或最长不超过七年时间的业余时间学习就能够完成全部学业。第二代如美国和东南亚的一些大学。这些大学受到英国公开大学的影响，运行规模庞大，面向普通民众，尤其是为那些未能在精英高等教育中取得一席之地的学生提供机会。一般而言，此类公开大学基本上复制英国公开大学的模式，直接将开放远程学习引入已经存在的教育机构中，根据当地需要将教材和视听资料略加改编加以使用。澳门东亚大学公开学院则引领了第三代公开大学的模式，从第一代和第二代公开大学已经开设的课程、教材中进行点餐式（menu à la carte）的选购，然后根据当地的教育及专业的需求加以改编和增补，这其中的关键是翻印、改编教材的版权问题，通过与相应第一、二代公开大学的谈判，确保版权期限和发行期的合法性。② 第三代远程高教的模式也是一种"依附"模式，通过经营关系为院校节约了成本，学生也易于接受。

澳门东亚大学公开学院在 1983 年春季首先开设了英文远程教育专业，并从英国公开大学和新西兰梅西大学等处聘请了大量在人文、数学、科学、商业等领域精于远程教学的专家顾问，这使第一年英文专

---

① 学界对远程教育的划分一般依据伽利森等的三代远程教育和泰勒的五代远程教育划分方式。而本研究提出的划分则主要根据视听教材选、编、用的方式，这也是原澳门东亚大学筹办公室主任米勒（Mellor）教授提出的划分方式。为了避免与上面提到的划分相混淆，本书采取一代、二代、三代远程高等院校，而不是远程高等教育的提法。

② MELLOR B. The University of East Asia：origin and outlook ［M］. Hong Kong：UEA Press Ltd. ，1988：40 –41.

业顺利招募到 1 000 名学生注册。然而，令人沮丧的是，接下来学生的学业不合格率及辍学率非常之高。原因在于：一方面，香港并没有明确公开学院未来颁授学位的合法性，导致香港潜在生源的缺失；此外，学院曾经向政府申请在港岛、九龙和新界设立一些澳门东亚大学公开学院的学习中心，但遭到了拒绝，这对潜在的香港生源而言是类似官方的回应，可能意味着学院学位不被香港公共部门承认。另一方面，英文远程教学对于母语为中文的学生来说，缺少足够的影响力，学生往往需要学习指导中心的帮助才能继续学业。① 于是，创办者、大学校长及筹备委员会开始思考并设计中文函授课程，加强对中华地区学生的吸引力。

中文远程教育专业从 1983 年春季开始筹划，经过半年的准备，第一批专业作为实验项目于秋季开始招生，这比台湾空中大学的课程早了三年。专业设置在本科学院专业的基础上有所拓展，形成了中国文学与历史系、工商管理系、应用数学系三大学习系列。② 中文课程的教学方式取经自英文课程，但又有所不同，专业体系更加结构化和更具逻辑性。教育实行导师制，导师负责给学生的作业打分，并通过电话讨论学生提出的问题。周末在澳门定期举行面授，每个学习单元将会有一次集中授课，所有注册学生根据自己的意愿选择是否参加。年终的论文评核主要由外部和独立的专业人士做出审核。中文专业的首次注册就达到了出乎意料的 2 000 名学生，学生的报读志向与大学整体的实用取向一致，每年约有 60% 的学生希望获得工商管理学位。大约四分之一的学员能够在第二年顺利进入到下一阶段的学习。1985—1986 年，公开学院又增设了新闻传播、社会科学以及通识教育三个系。1986 年，55 名学生以最短的时间顺利完成所有课程学习，与平行开办的公开学院英文教学专业的第一批毕业生同时获得了学位。公开学院的中、英文专业在保持学业质量的同时，其函授教学的灵活性、多样性以及高注册人数，也为澳门东亚大学整体运营提供实际的支持。

---

① 访谈东亚大学校务主任张仲明先生（FT20110407）。

② MELLOR B. The University of East Asia: origin and outlook [M]. Hong Kong: UEA Press Ltd., 1988: 63.

与公开学院有所不同，1984 年 3 月研究院（Graduate College）的成立则不只是大学创建之初的构想，而且是土地租赁条款中承诺开办研究生教育的一部分。[①] 或许是因为大学创办之初，对潜在生源市场的不确定，所以研究生专业的开设才被搁置下来。随着大学的进程，一个研究生管理中心首先成立，并开设了工商管理硕士（MBA）的试点课程。出乎意料的是，1983 年秋季，竟有多达 348 名学生注册了该课程，其中大部分来自香港，少量来自澳门。紧接着，针对与日俱增的公共行政部门人员提升学历的需求，研究生管理中心又开始了管理学硕士的试点。而随着本科学院属下几个学院的学生临近毕业，即将取得学士学位，澳门东亚大学董事会批准设立了第五个学院——研究院，与本科学院的三个学院对接，研究院同样设立了文学院、社会科学学院和工商管理学院。虽然研究院和本科学院在教育上彼此对接，但是在管理运营上，各自独立，互不影响，成为澳门东亚大学联合体中的最后一个组成部分。值得注意的是，类似硕士专业和远程教育专业一般都收取高额学费，这无疑为澳门东亚大学带来经营上的活力，使其财政稳健，筹资方也能利用收支上的盈余高薪聘请海外知名的教师，以平衡大学的整体发展。此外，高学费还带来另外一个意想不到的优势，即在保持较低的退学率方面起到了关键的作用，因为学生更容易将高投入看成获取成功（高回报）的原始动力，所以学生会更加珍惜已经拥有的学习机会。

基于五个学院的建立，从 1984 年以后，澳门东亚大学的学术组织架构和专业体系已经形成（图 2－1），澳门东亚大学的发展过程也充分体现出学术和利益平衡的过程。无论大学的创建是如何令人振奋和艰辛，也无论在大学办学之中有多少外部因素在左右着大学的进程，最终支持院校前行的动力仍然是大学内在的学术规律。任何利益因素与院校发展的过程"和则相济"，甚至可以让学术发展呈现出多元化的样态，这也许正是澳门东亚大学初期的发展带给我们的启示。

---

① 访谈东亚大学创始人之一吴毓璘博士（FT20110706）。

本科学院 三年制大学课程	文学院	中国语文、英国语文、葡国语文、日本语文、法国语文
	工商管理学院	会计、商业信息系统、市场学、人事管理
	社会科学院	经济学、政府学、地区研究学、社会学

公开学院 英文学位课程 中文学位课程	文学院	历史、文学、哲学
	工商管理学院	会计及财务、企业信息系统、经济学、市场学、人事管理
	数学院	纯数学及应用数学 数学及计算机计算
	理学院	理科课程
		中国文史、工商管理、应用数学、新闻传播、社会科学、通才教育

研究院	文学院	文学硕士课程（呈缴论文方式）
	管理学院	工商管理硕士课程（周末上课方式） — 管理学及人力资源管理文凭课程（周末上课方式）
		管理学硕士课程（呈缴论文方式）
		加拿大公认会计师公会课程（周末上课方式）
	社会科学院	社会科学硕士课程（呈缴论文方式）
	中国法律文凭课程	

预科学院 大学预科课程	普遍教育文凭	为中五及中六毕业生而设 — 毕业生可升学本科学院或其他大学一年级
	特别班	为英语较弱中五毕业生而设
	集中一年制	为非英语中六毕业生而设 — 毕业生可升学本科学院
	副学士课程	为中六毕业生而设 — 毕业生可升学本科学院二年级或美加大学三年级或英国澳洲大学

理工学院 兼读课程暨专业文凭及高级文凭	校外课程	语文、文化及职业课程
	专业文凭课程	计算机文凭及高级文凭课程
		酒店管理文凭及高级文凭课程

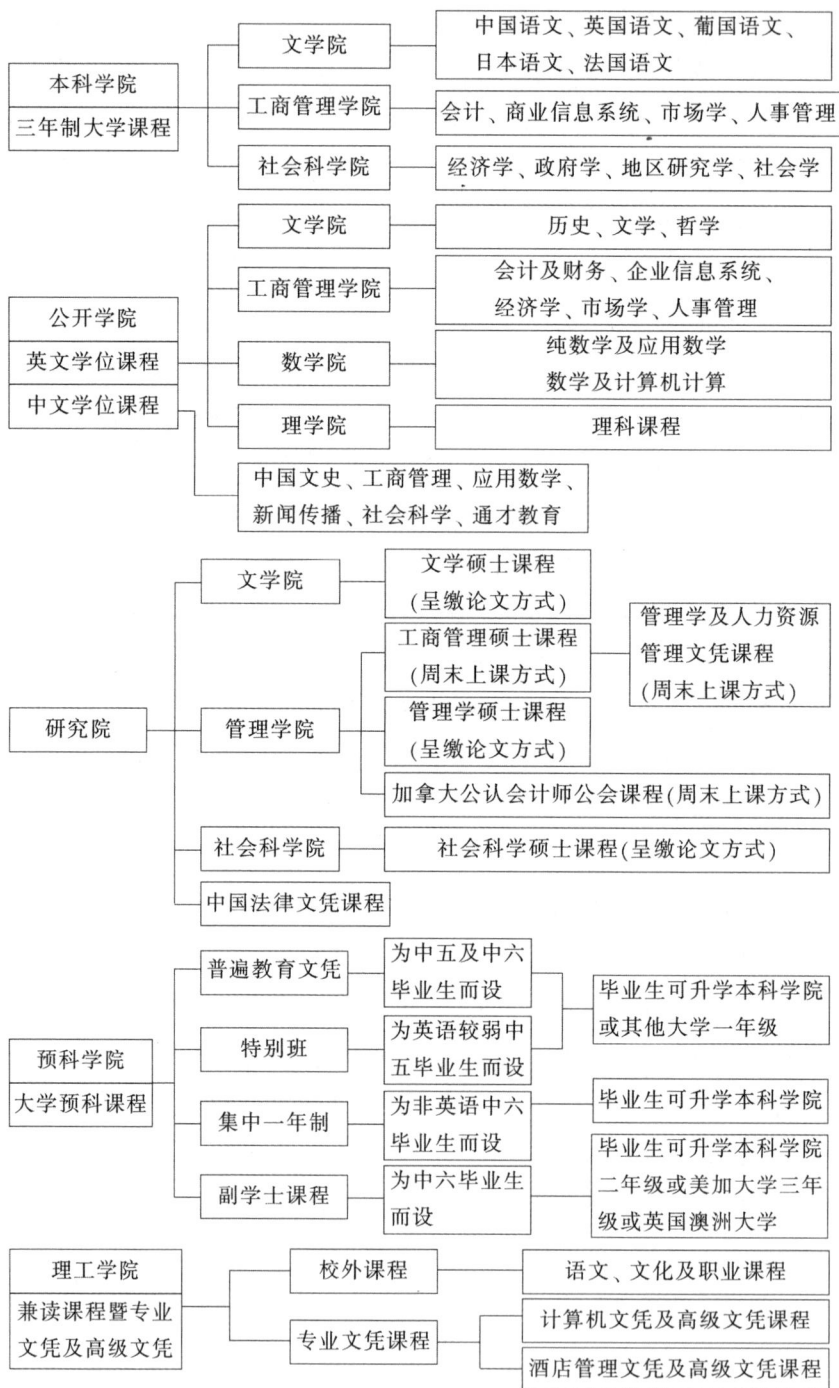

图2-1　澳门东亚大学学术组织架构及专业一览

第三节　澳门东亚大学转型期：自治与控制的张力

一、《中华人民共和国政府和葡萄牙共和国政府关于澳门问题的联合声明》的签署与澳门东亚大学的配合

1987 年 4 月，《中华人民共和国政府和葡萄牙共和国政府关于澳门问题的联合声明》（以下称《中葡联合声明》）在北京签署。《中葡联合声明》指出，中华人民共和国将在 1999 年 12 月 20 日对澳门恢复行使主权，设立中华人民共和国澳门特别行政区，在"一个国家、两种制度"的方针下，澳门特别行政区享有高度的自治权。《中葡联合声明》还特别提到，"澳门特别行政区政府和澳门特别行政区立法机关均由当地人组成"以及"澳门特别行政区政府机关、立法机关和法院，除使用中文外，还可使用葡文"，并在附件中具体说明"澳门特别行政区自行制定有关文化、教育和科技政策，诸如教学语言（包括葡语）的政策和学术资格与承认学位级别的制度。各类学校均可继续开办，保留其自主性，并可继续从澳门以外招聘教职员和选用教材"。①

基于《中葡联合声明》，澳门需要在过渡期为"公务员本地化、法律本地化、中文官语化"培养大量的本地化人才。而澳门东亚大学是当时澳门唯一的一所本地私立大学，政府自然寄予厚望。《中葡联合声明》签署后，新上任的澳门总督文礼治（Carlos Montez Melancia）就呼吁应该立即采取行动，将澳门东亚大学变成一所既扎根于本土又能放眼国际的知名大学。在被任命为澳门东亚大学的校监后，文礼治的致辞又一次清楚地阐述了这一点："为确保各种条件，使大学于过渡时期前后在教学、科研领域，尤其是在法律课程和研究领域，以及其他与培训公职人员有关的领域为本土的利益服务……假如我们不致力于它

---

① 《中华人民共和国政府和葡萄牙共和国政府关于澳门问题的联合声明》（1987 - 04 - 13）[EB/OL].［2020 - 07 - 15］. http：//www. fmcoprc. gov. mo/chn/yglz/zplhsm/t49179. htm.

的可行和为它将来做出的准备的话，历史将永远不会饶恕我们。"① 然而，澳门东亚大学自创办以来，主要收取香港学生，招收的澳门学生人数始终有限。关于这一点，澳督文礼治在澳门东亚大学八周年校庆（1989 年 4 月 1 日）之时，曾经对此表示出极大的不满："一间几乎（由）全部非本地居民学生就读的私立大学，不论是学术或技术的课程均不获行政当局认可，而且全部课程均以英语教授；对培训（适应）本地区需求的人才无任何相应的课程计划，甚至无任何有系统的实用研究。"② 由此可见，当时澳葡政府在公开场合，对私立高等院校能否承担起过渡期间人才培养的重任，就已经表示了怀疑。

而在澳门东亚大学看来，回归过渡期的首要职责是政府应当制定好激励本地人士晋升至政府高阶层次的政策，并且需要分成四步完成："第一，为学校教师提供更好的培训、待遇和工作条件。第二，为本地学生入读大学提供高额资助，包括为学业优秀的学生提供特别奖学金。大学自身必须坚持从多种渠道募集奖助学金基金。第三，在行政管理过程中有意增加中文的使用。最后，确保政府公共行政上层的晋升通道开放且有制度保证。"③

1986 年 10 月，林达光继任澳门东亚大学第二任校长以后，在诸多方面进行了变革，同时为培养过渡时期的人才实现了一些突破。

第一，依照面向澳门发展需要的政策，澳门东亚大学创办了澳门研究所。1987 年暑期，澳门东亚大学已经组织部分专家、教授开展研究工作，系统研究五大课题：澳门法制、澳门行政管理制度、澳门经济结构与发展方向、澳门教育制度、澳门历史与文化背景以及文化的发展；系统地进行一些咨询活动，如接受政府、企业以及一些机构的咨询要求，提供服务。同时，澳门东亚大学从 1987 年开始就积极与葡萄牙里斯本大学联系探讨并筹备法律课程，培训澳门本地的法律专业人才。

---

① MELLOR B. The University of East Asia：origin and outlook ［M］. Hong Kong：UEA Press Ltd. ，1988：110 – 114.

② 澳门总督文礼治在东亚大学八周年校庆典礼上的致辞（澳门华务司译本）［R］. 澳门：东亚大学，1989 – 04 – 01.

③ MELLOR B. The University of East Asia：origin and outlook ［M］. Hong Kong：UEA Press Ltd. ，1988：104.

第二，培训了澳门中小学的师资。澳门东亚大学创立前后，澳门的中小学基本上都是私立的，这些私立学校的学生占到澳门全部学生的93.5%，但是私立学校所获得的财政预算不超过基础教育财政预算的三分之一，教师的薪酬还不如葡语公立学校教师薪酬的五分之一。微薄的财政预算导致私立学校的教学质量和师资水平出现问题，只有极少数的中等教育教师接受过正式的师资培训。许多中小学教师一般由本地的中学毕业生担任，这些毕业生没有接受过师范训练，尤其是高等师范训练。① 同时，（澳门）中小学私立学校没有经过核准的课程计划，因此亦没有在学历或职业方面被行政当局正式认可的课程。②

于是，澳门东亚大学与澳葡政府达成协议，在1987年10月开设了教师专业训练二年制课程，主要目标是培养澳门的幼儿园和小学教师。③ 开班以后，课程先培训了120名在职教师，然后又于1989年9月正式成立了教育学院，招收全日制攻读学位的学生，同时也培训在职教师，两方面同时进行。教育学院即期开设职前教育文凭课程（小、幼）和高级教育证书课程（小、幼），其中后者为一年补充课程（与圣约瑟中学夜间二年师范科相衔接），获得证书的教师达63名。④ 澳门东亚大学的目标是争取在20世纪90年代中期，使澳门中小学、学前教育的教师全部专业化。教师训练课程和教育学院的设立经费由政府全部资助，应该说这项工作具有历史性的意义，奠定了澳门整个培养人才计划的基础。1987年，在私立澳门东亚大学学院联盟的组织架构基础上，澳门东亚大学与澳葡政府曾经协议将未来成立的教育学院变为学院联盟的第六个组成部分，后来该学院因为澳门东亚大学转型而成为澳门东亚大学的一个二级学院（院系制）。

① 傅洁玉．教师教育的回顾与前瞻［M］//古鼎仪，马庆堂．澳门教育：抉择与自由．澳门：澳门基金会，1994：102.

② 澳门总督文礼治在东亚大学八周年校庆典礼上的致辞（澳门华务司译本）［R］．澳门：东亚大学，1989－04－01.

③ 林达光校长在东亚大学教师专业训练课程成立典礼上的致辞［R］．澳门：东亚大学，1987－10－14.

④ 张红峰．澳门教师教育的发展历程研究［J］．教师教育研究，2015，27（1）：52－59.

第三，建立了葡萄牙文化语言研究中心。自 1987 年 4 月《中葡联合声明》签署以后，社会上就已经开始关心与语言相关的问题，尤其是澳门东亚大学应当在过渡时期为语言学习和应用承担什么样的责任。随着澳门与内地贸易往来逐渐加大，澳门政府管理者和公司经营者迫切需要葡语和中文之间的翻译。1987 年末，澳门政府曾经考虑设立一个"翻译及口译中心"，目标是促进跨文化交流，提供各种正规的语言培训和语言教育。然而，从满足过渡期需求，尤其是澳门政府需求的角度而言，开设相应的葡语和文化专业，以及葡萄牙语言文化研究中心更为合适。实际上，早在澳门东亚大学创建时与政府签订的合约上，就已经写上了成立葡萄牙研究中心的条款，并且计划开设一系列葡萄牙语言学、文法、修辞、文化、历史等方面的课程。当时，这一条款由于受经费方面的限制，没有能够实现。而在《中葡联合声明》签署后，这一条款终于变成了现实。1987 年 11 月，澳门东亚大学积极寻求里斯本大学、葡萄牙文化语言研究所、葡萄牙大学校长委员会以及高秉根基金会的合作，成立了"葡萄牙文化语言研究中心"，目的是"通过推进葡萄牙文化的研究，为东亚大学的学术专业和课程做出贡献"。①

二、东亚大学转型期的外部控制

20 世纪 80 年代以前，葡萄牙人在澳门已经居住了 400 多年，在澳门留下许多欧式风格的建筑和天主教堂，并一直将澳门视为远东传播天主教教义和文化教育的中心城市。所以，澳葡政府非常希望在回归过渡以后，澳门依然能够成为葡萄牙的文化基地。正如澳门总督文礼治在澳门东亚大学七周年校庆（1988 年 3 月）时所说："葡萄牙在一个世纪前（1865 年）有能力在华南沿岸兴建第一座灯塔，今天它仍为沿岸航行服务，他们必然有能力在二十世纪将东亚大学转变为一座二十一世纪的文化灯塔。"②

---

① MELLOR B. The University of East Asia: origin and outlook [M]. Hong Kong: UEA Press Ltd., 1988: 107.

② 澳门总督文礼治在东亚大学七周年校庆暨第十二届颁授学位典礼上的致辞 [R]. 澳门: 东亚大学，1988 – 03 – 26.

然而，澳门东亚大学毕竟是一所私立大学，经费自筹，招收学生依然以香港学生为主。虽然澳门东亚大学在《中葡联合声明》签署以后，已经实实在在地为培养澳人治澳的人才做出许多努力，如培训澳门中小学师资、开办澳门研究所、建立葡萄牙文化语言研究中心等，但是这仍然无法满足澳葡政府想在回归之前达到的目标和要求。所以，澳督文礼治希望能从澳门东亚大学创办人那里收购这所大学，以确保持续稳定地服务于澳门利益所需的条件。①

1987 年 10 月，澳督文礼治在澳门东亚大学的学位典礼上表达了这一愿望："Ricci Island West 有限公司是兴建大学的土地承批人，从开始就负责大学的管理运作。在此，本人欲提出其努力的方向——为响应大学提出的呼吁，政府开始进行一项协商方案，目的是与其共同寻找一项解决办法，容许稳定地、连续地和有效地为大学的未来发展确保一些更佳的条件，使其结构及课程适应本澳现实的需求和未来数十年的发展，并特别注意到我们将生活于其中的（这段）过渡期。担任大学校监的职务，就是立刻要紧密地和更加关心地追随大学的活动……由于作为一间拥有私人财产的私立机构，在扩展的可能性方面受到限制。为应付应对这个历史性时刻给大家带来的挑战与资源不足。因此，我们认为将大学隶属于一个主体设在澳门、公用及非牟利的基金会，将是最为恰当及宜于运作的解决办法。这个解决办法的参与人有本地区政府、确保财政上作出支持的公司以及保证教育质素和颁授学位的学术机构。"②

针对澳葡政府收购的想法，澳门东亚大学的几位创办人意识到，如果澳门东亚大学继续维持私立的性质，将缺少政府公共资金的支持，况且澳门东亚大学近期试图开设的许多新专业也很难在如此小的地区吸引到学生。至为关键的是，澳葡政府规定澳门东亚大学的毕业生不能进入政府部门工作，即使政府录用了也要先送到葡萄牙学习三年，

① MELLOR B. The University of East Asia：origin and outlook ［M］. Hong Kong：UEA Press Ltd. , 1988：110.

② 本段为澳门总督致辞的华务司译文，笔者尽可能保持文字原貌，仅对少数不通顺词句进行了调整。参见：澳门总督文礼治在澳门东亚大学第十届颁授学位典礼上的致辞（澳门华务司译本）［R］. 澳门：东亚大学, 1987 – 10 – 06.

如果不同意政府的收购要求，澳门东亚大学的毕业生很难有出路。① 而澳门东亚大学经由政府接手，显然能够有效解决上述问题，澳门东亚大学也能更好地服务于澳门本地，尤其是满足过渡期间特定的历史需求。

经过澳门东亚大学创办人与澳葡政府广泛而深入的协商以后，1987 年 12 月 19 日，澳督文礼治以澳门基金会主席的身份与澳门东亚大学的三位创办人签署了一项协议，由政府近期新组建的澳门基金会以 1.3 亿港币向香港西岛发展有限公司收购澳门东亚大学的业权，并承担澳门东亚大学日后的财政。② 收购资金分别由澳门政府负责 0.78亿港币，澳门娱乐有限公司负责 0.26 亿港币，其余由代表澳门的经济利益团体（中总、厂商会、银行工会、建置商会、酒店业工会）负责0.26 亿港币（分五期支付，以半年为一期）。1988 年 2 月 19 日，澳门基金会主席与创办人又签署了具体的收购条款协议书。根据协议，澳门基金会将拥有澳门东亚大学创办者在澳门本地办学的几个学院（本科学院、理工学院、预科学院）的资产管控权，而香港和其他地区的学院（公开学院、研究院）资产仍归原创办人持有。

实际上，政府收购的是澳门东亚大学非营利的几个学院的有形资产，而营利的公开学院和研究院仍然为创办人所保留。除了财产分割和地理位置的原因外，创办人保留这两所学院还有一个重要的原因：澳门东亚大学的营利机构主要是指向本地以外的市场（中国内地和香港，以及东南亚的学生居多），创办者对机构内的学生和教师必然有着相应的承诺和义务，而澳葡政府对公开学院和研究院所开办的专业以及由此产生的相关活动并没有多少兴趣。

澳门东亚大学在公立化以后，于 1988 年 7 月获澳门基金会批准颁布了新章程，正式由澳门基金会负责澳门东亚大学的托管权。澳门基金会于 1984 年由时任澳门总督的高士德成立，开始只是一个独立的慈善机构。1987 年 12 月，澳门政府赋予基金会最高级别公共基金会的荣

① 龚映杉. 为奠定澳门高等教育的千秋基业：访澳门大学创始人、香港新标志集团董事长黄景强博士 [J]. 中国高等教育，1999（23）：16 - 18.

② 澳督昨于创办者签协议书 澳门基金会正式收购东大 [N]. 华侨报，1987 - 12 - 20（6）.

誉。重组后的澳门基金会在收购澳门东亚大学以后，开始在转型以后的澳门东亚大学发展过程中扮演非常重要的角色。

澳门东亚大学公立化前后，澳葡政府最为关心的就是葡萄牙语言和文化发展的问题。早在收购前，时任澳督兼大学校监的文礼治就已经对葡语现状表示了担忧，并做出了规划："（东亚大学）在众多课程仍以英文授课的情况下，我们建议要有葡语和中文授课的课程。一如本月开始并成为政府和大学首项重大创举的教师培训课程那样，此项创举主要是为教师能够在澳门展开设立条件。而新课程（葡语和中文），其内容注重实用并符合澳门需求的，也可以同时计划，而大学方面同样要推进市民的文化塑造和专业价值的提高，并建立文化延续和技术进修的有效方式，累积了多年的经验和克服如此多的波折后，希望东亚大学能够进入巩固和结构改革的旅程，使澳门人从今往后感觉到它是属于自己的。这个愿望亦有赖于大学现在的出资人和本地区的经济团体。希望在我们的共同努力下，大学能取得其应有的地位。在过渡期间，把所拥有的声誉、能力和知识贡献给承继几个世纪的文化、文明汇集的社会的建造，而这些文明和文化正是现实独特的澳门的形象和灵魂。"① 不难看出，澳督尤其关心几个世纪以来葡萄牙在澳门留下的文明与文化的重要性，他认为这是"澳门的形象和灵魂"，同时，澳门东亚大学应该担负起"市民的文化塑造和专业价值的提高"的重任，让澳门人真切地感受到"东亚大学是澳门人自己的大学"。

如果说收购以前，澳督的讲话致辞还不断用一些"文化""文明""价值"等字眼对推广葡语的计划做出一些修饰的话，在收购以后，他的发言明显就更为具体化了："中文私校仅有少量的葡文教育，学生人数不及百分之五；即使具有中葡官方教育的重要经验——要求中文学校义务教授葡语——但基于某些原因在本地区得不到尊重。"② 显而易见，澳督的发言透露出一种担忧，感觉到澳门社会的葡语普及化程度

---

① 本段为澳门总督致辞的华务司译文，笔者尽可能保持文字原貌，仅对少数不通顺词句进行了调整。参见：澳门总督文礼治在澳门东亚大学第十届颁授学位典礼上的致辞（澳门华务司译本）[R]. 澳门：东亚大学，1987 – 10 – 06.

② 澳门总督文礼治在东亚大学八周年校庆典礼上的致辞（澳门华务司译本）[R]. 澳门：东亚大学，1989 – 04 – 01.

不够。实际上，在1987年10月，葡国总统苏亚雷斯夫人来澳门的时候，就已经感受到这一点：澳门懂葡语的人如此之少，这将成为未来传承葡萄牙语言和文化的阻碍。①

时任澳门基金会行政管理委员会主席的黎祖智（Jorge Rangel）在一次讲演中谈道："渊源于对经商、传播宗教和总体文化起着极其重要枢纽作用的葡萄牙与东方的历史关系，产生出异常丰富的一份遗产。这份遗产从石头建筑到语言，宗教，风俗习惯，无所不包，如今已薄弱而分散。……因此，需要特别注意。因为，如果说葡语在世界的某一个地区还（需要）得到敬重，那么，这个地区主要在亚洲。"② 所以，澳葡政府非常希望借助澳门东亚大学的转型，将葡萄牙文化留存在澳门乃至亚洲的土地上。

"东亚大学——一所外国高等学府，但是本澳唯一的一间——划归到澳门基金会属下，由澳门基金会承担起特殊的责任，令她适应本地需要，重点为澳门服务，为未来培养必需的人材并更新他们的知识，赋予她活力，进行文化活动和面向澳门问题的科学研究，让越来越多的合格的中葡学者和技术人员参与大学事务，已经迈出了极其重要的一步。然而，是设置一个新的机构的时候了。这一机构，最好由一个基金会来维持，技术上由本国的机构支持，专责传播葡萄牙文化价值，促进葡萄牙文化与那些跟葡国多个世纪来保持文化关系或仅是商业和共处关系的东方民族的文化的对话，研究关于葡萄牙和澳门与该地区的人民和国家的文化、社会直至经济问题，透过真正的文化代理人而不仅仅是讲师来协调语言和文化领域的行动，推动与其他文化、科学机构的合作，加强葡语文化社团的团结以及在葡国和通过葡国在欧洲传播东方各国文化。"③

显然，澳门基金会认为以前的私立东亚大学是"一所外国高等院校"，不足以担当起传播葡萄牙文化的重任。所以澳门东亚大学必须"公立化"，通过"基金会"来维持运作，而在技术上应当由"葡国的

---

① 葡总统夫人盼本地培养更多葡语人才 [N]. 澳门日报，1987-10-29（4）.
② 黎祖智. 澳门在与东方的文化交流中的角色 [J]. 行政，1989，2（1/2）：209.
③ 黎祖智. 澳门在与东方的文化交流中的角色 [J]. 行政，1989，2（1/2）：208.

学术机构给以支持"，以此传播"葡萄牙文化价值"。接下来，"以葡语教授或葡国学术参与更多的新的课程正在推出……时间不容我们等候更理想的条件来完美地推出每一个新的课程，因此，果断决定开设这些课程。我们虽然冒着课程可能轮廓未清的危险，但我们情愿避开过分的谨慎指引的平坦道路而大胆回应。因为过分的谨慎，可能延缓昨天应该诞生的创举……大学应有一个葡萄牙学教研室，由一个能够赋予其形式和内容、完成传播语言和文化的使命并持续而有效地与同类大学和机构建立交流关系的、知名的葡国学者来指导"。①

基于这样的设想，在回归过渡期间，澳葡政府不可能不对澳门东亚大学施加外部的控制和引导。首先，负责收购澳门东亚大学的澳门基金会设有信托委员会、咨询委员会、行政管理委员会及监事会，在行政和财政方面代替了原澳门东亚大学内部的董事会、执行委员会及监事会等机构，而大学校长林达光却并不在基金会的任何一个机构中。这些基金会的管治机构原则上只负责行政和财政，并不过问学术事务。然而，大学内部没有单纯的学术工作，如果一项关于大学发展的学术规划不被基金会认可，那么大学也就不会得到相应的财政支持。这也就意味着，大学内部的最高决策权不再由大学自己控制，而是被澳门基金会行政管理委员会掌控。

其次，对本地化的政策而言，法律是当时最重要的课程（专业）。② 此外，还有一个重要的课程是公共行政课程（专业）。这两类专业培养的人才将是未来"澳人治澳"的关键。"目前澳门这所大学（东亚大学）开设新课程显然切合本地区即时及未来的需要。法律课程将培训律师和法律专家，同时建立澳门的法律内容，将本地法律与源自葡国的法律合而为一，使之获得法律上的一致性，公共行政课程将明确有助于培训有质素的技术和行政人员，并使他们定居于澳门。"③或许是考虑到法律和公共行政课程的重要性，1988 年 5 月，新开设的

①　黎祖智. 澳门在与东方的文化交流中的角色［J］. 行政，1989，2（1/2）：208.
②　DE OLIVEIRA DIAS L. 澳门高等教育的现实及前景［J］. 行政，1993，6（4）：977 - 982.
③　澳门总督文礼治在东亚大学八周年校庆典礼上的致辞（澳门华务司译本）［R］. 澳门：东亚大学，1989 - 04 - 01.

法律及公共行政课程竟然不是由澳门东亚大学负责，而是由"澳门政府法律及公共行政办公室"负责招生。此举在当时也遭到来自澳门东亚大学内部的批评。按照澳葡政府的思路，开办新的课程必然要由葡国的学术机构给予支持。1988 年 9 月，课程开始运作之时，由葡萄牙里斯本大学法学院负责学术指导，而到了 1989 年，则变成科英布拉大学法学院选派人员跟进。①

最后，通过各种方式促进葡语及相应机构在大学内部的发展。第一，通过教研的安排，从葡萄牙选派大学或学术机构的教师来澳门东亚大学指导。"透过加入国际葡语大学协会和其他学术及教学团体，加强与其他大学和学术机构的交流。在此范围内，开展了联合国大学、葡国科研学会、基金会以及其他中葡机构的合作，这些机构将向澳门派遣合资格的教师，协助东亚大学的研究工作。葡国科研学会还准备在东亚大学设立一个中心，（澳门）本地技术员可在葡国专业人士的指导下在中心里从事研究工作。"② 第二，建立符合葡国教育体系安排的各项制度，如，将大学的三年英制学制改成四年，使澳门东亚大学的学术课程能与葡萄牙大学相接轨。第三，1990 年开设了葡文系（1992年又升格成为单独的葡文学院），这是一个承担着葡萄牙文化、语言、历史、社会、政治等全面教学及研究的学术单位。葡文学院的课程被看作是最高成就、最值得尊敬的工具。③

澳葡政府对于澳门东亚大学的控制，一方面确实为回归过渡期人才培训提供了系统化的安排，但另一方面也侵犯到大学本身应拥有的自治权。而在大学与政府博弈的过程中，由学术本质所产生的自治要求必然会形成一种张力。

三、校长的理念与学术自治的张力

《中葡联合声明》签署以后，澳门东亚大学积极配合回归过渡期的发展，做出许多努力，如创办了澳门研究所，建立了葡萄牙文化语言

---

① 访谈东亚大学第一任校长薛寿生博士（FT20110707）。
② 黎祖智．东亚大学在"本地化"过程中的角色 [J]．行政，1989，2（4）：819－823.
③ DE OLIVEIRA DIAS L．澳门高等教育的现实及前景 [J]．行政，1993，6（4）：977－982.

研究中心，开设了教师专业训练课程。然而，面对《中葡联合声明》条款提出的诸多议题，学校领导层也需要面对外部提出的种种问题。如，作为澳门唯一的一所私立国际化大学，是否依然要加强和世界上很多英语系国家的联系，或者说这种联系能为澳门回归的过渡期带来什么？此外，回归过渡期需要完成的一系列紧迫任务与当前财政约束之间的矛盾如何解决？学校和政府之间的关系要向什么方向发展？当然，在政府决定收购澳门东亚大学之后，大学更要思考在为澳门的将来考虑时，一所公立大学能否比一所私立大学做得更好。①

带着这些疑问，校长林达光将澳门东亚大学首先定位为一所"澳门的大学"。但是，他同时认为，"东亚大学不仅是澳门的大学，而且也是一所国际性的大学，应该接受各国、各地区，特别是东南亚地区的学生和学者，来参与教育事业。同时，大学已经和欧洲、加拿大、美国的大学有新的合作关系。这种国际性的学术活动，只能对澳门有益。此外，大学重视加强同中国其他地区高等院校的合作，已经同北京大学、复旦大学、中山大学、华南师范大学等多间学府进行具体的合作交流项目，并希望建立一个中国经济研究所，帮助国外、国内人士，加深对中国经济发展战略以及外贸等问题的认识"。②

与政府思考的角度不同，林达光更加看重澳门东亚大学作为一所国际性大学的发展方向。国际性包括内容和地区两个方面：内容就是面向全世界，有丰富的国际性学习和研究内容；地区就是将来和全世界学术界保持联系，欢迎不同学者来学习和研究。③ 长期而言，林达光的愿望是将澳门东亚大学办成像哈佛、剑桥和巴黎大学那样的大学，尽管首先要做的是为澳门本地培养人才。

然而，林达光发现澳门东亚大学当时的学科发展状况并不乐观，甚至有些让人失望，主要表现在大学的学科专业过于狭窄即偏向于专业培训，尤其是工商管理方面。这和澳门的特点有着密切关联，从某

---

① 访谈东亚大学第二任校长林达光（已故）的遗孀陈恕女士（FT20110706）。

② 林达光校长在澳门东亚大学第九届颁授学位典礼上的致辞［R］. 澳门：东亚大学，1987－09－12.

③ 林达光. 服务本澳的国际性大学［J］. 东大学生报，1987（1）：8.

种角度而言，这是好现象，很实际，能解决本地区的现代化及社会的稳定繁荣问题，也反映了家长、学生对高等教育的实际需求，发挥这些专业的作用也是非常必要的。但是，如此狭窄的学科方向根本无法配得上国际性大学的称号，应该有基本的教育哲学思想来指导大学的发展，争取进行全人教育。

一所大学不能仅从实用的专业出发，她应同时是给每位学生一个机会，可以在几年学习生活里，完整地考虑自己工作与生活的意义，换句话说，应该引导青年人认识这个历史时代，考虑在此历史时代可以贡献些什么及以什么价值观来做出贡献。这样就给他提供些条件，使他走出校门后，能发挥出更大作用。从整体来认识，大学生除了研究自己的专业之外，还应对其他部门的知识，例如文化、历史等有所提高，这样丰富他的精神生活。上述要求，今天在港澳地区来说，是特别及时的。我相信，过去青年人受高等教育，没有必要去更广泛地教育自己，更深刻地体会高等教育对他完整成长的重要性。但是在今天，时代已开始提出一个更高的要求，二十一世纪港澳地区将成为港人、澳人自己管理自己的事业，自己掌握自己前途的地方，在新颖的、史无前例的"一国两制"之下，将容许我们做出伟大的事业，也就是说，我们作为主人来主宰港澳的命运。这些要求，并非完全是技术性或专业性的。最大的考验、最大的挑战性问题，是如何在相对独立的情况下，使得每个人能发挥其个人的作用，使得他的个人利益和社会进展结合起来，使得将来的社会体制能充分发挥民主，同时又保持一种发展共同事业所需的纪律。①

全人教育是林达光办学的指导思想和理念。他真切感受到澳门的学生比较现实，希望学到的东西可以即时运用，喜欢深入一个专业，而其他范围的知识所知不多，眼界不够广，理论性、分析方法比较缺乏。在社会工作、技术性问题方面，澳门的学生比较容易过关，而创

---

① 林达光校长在澳门东亚大学第九届颁授学位典礼上的致辞［R］．澳门：东亚大学，1987－09－12.

造性问题则很难解决，能力较差。所谓全人教育，在林达光看来，就是"一专多能"，提高整个人的精神面貌和素质。一般人误以为通才教育会削弱专才教育的质素，其实通才教育不仅不会削弱专才教育的效果，反而因为通才教育的基础广博，在面对一些特别的学问时，能够增加突破成功的机会。① 为了达至全人教育，澳门东亚大学希望在学术方面能有多维度的发展空间。"尤其是东大在自然科学、人文科学及社会科学等课程还存在着一些空白点，有必要去弥补。"②

然而，面对发展，大学首要的任务就是要募集到资金。私立大学经费的主要来源就是学费和资助，学费相对固定，也不可能短期内调升，而资助是一个未知数，存在着不确定性。受到经费约束，澳门东亚大学自然要将目光转向政府的公共资金。然而，政府的资助并非无缘无故，尤其是在回归过渡期间，政府的任何一项资助都可能指向那些与澳门迫切需求密切相关的课程的设立，并且要进行相应的监督和控制。而林达光却在思考着如何将政府提供的资金和大学的学术自治权相分离的问题。在这方面，北美大学的经验可以提供参考。"在北美，政府也会基于一些特殊的利益在大学内设置课程，一般而言，资助的经费会通过单独设立基金会的渠道进入大学；其他来源的资金，如捐赠，也可以被引导进入同一个基金会。这样做，正是为了保障私立的大学可以接受政府资金的公共资助，但又不用担心危及大学的自治权。"③

然而，处于转型期的澳葡政府思考问题的角度与此不同，并且已经着手对澳门东亚大学进行收购。诚然，澳葡政府也是通过重组后的基金会收购了澳门东亚大学，但是基金会发挥的作用并不仅是充当政府和大学之间的中介，而是要对大学进行直接的指导。也许政府是想通过直接对大学的管治，尽快达成过渡期培养各类人才以及传播葡萄牙语言和文化的目的，所以在管治架构、课程设置、交流合作、学制

---

① 林达光. 服务本澳的国际性大学 [J]. 东大学生报，1987（1）：8.

② 林达光校长在澳门东亚大学七周年校庆暨第十二届颁授学位典礼上的致辞 [R]. 澳门：东亚大学，1988 - 03 - 26.

③ MELLOR B. The University of East Asia: origin and outlook [M]. Hong Kong: UEA Press Ltd, 1988: 109.

安排等方面采取了一系列的措施。这些举措显然与校长的治校理念存在冲突。在林达光看来，大学和社会之间的联系经常存在着两个问题：自由和义务。

"自由是指学术自由。一所真正的大学必须履行寻求真理的最基本任务，不应该依附任何政治或经济势力，因而有必要具备足够的管理自主权，关于这个问题，历史上曾经有过许多争论。在葡萄牙，也进行过这种争论，其结果是大学的自主权受到共和国宪法的第七十六条的保障。[①] 大学的义务是，遵循大的方针政策，并在财政预算范围之内进行工作。为了使一所大学能健康地成长，充足的财源是必要的。以前作为一所私立大学，东亚大学的发展曾经是受财政方面的约束的。如今，东亚大学已转交给澳门基金会，就应该具备更完善的条件来取得比较均衡的发展。澳门市民是纳税人，所以实际上他们已经成为大学的主要支持者。因此我们最大的义务是要向澳门人民和他们的子孙后代负责。"[②] 林达光的想法很明确，无论外部给予什么样的投入，大学一方面要厘清回应的对象，另一方面则要以自己的方式做出回应，并保障学术的自治和自由。正是考虑到这些因素，林达光对政府收购澳门东亚大学后的一些做法提出了异议。

首先，大学内部的学术、行政、财政的最高管治权应该由大学自己掌控，可事实上，基金会在接管澳门东亚大学以后，学校的很多事务已经直接由基金会行政委员会直接控制，校长仅可以列席会议，但没有表决权。

其次，大学应该对社会的需求做出回应，如急需开设法律和公共行政专业，但是这一行为应该是由大学管治层经过合理的论证然后付诸行动，而不是由（澳葡）政府的"法律及公共行政办公室"直接负

---

① 葡萄牙宪法中强调，学术自由应该平等地适用于大学内部的每一个机构，包括学院、学系、研究机构等。就教学而言，学术自由可以简单地概括为一种不受外部控制的自由，这种自由可以决定要教什么、如何教、由谁教、向谁教。在这种情况下，外部监控通常意味着政府的一些行为，或者市场的影响，等等。当然，这种自由并不排除在做出决定之前与外界进行充分的互动与磋商。如果一所大学很少对投资于它和它的成果的外部环境做出实际响应，那么它可能也不会长久存在。然而，大学必须能够以自己的方式，自由地做出回应。

② 林达光校长在澳门东亚大学七周年校庆暨第十二届颁授学位典礼上的致辞 [R]. 澳门：东亚大学，1988 – 03 – 26.

责招生和课程的运作。① 实际上，澳门东亚大学已经基于培养具有广泛知识和专门技能的未来领导人才和专业人才的目标，开办了教师专业培训课程，建立了澳门研究所和葡萄牙语言和文化中心，并探讨设立工程系的可能性。可是，澳葡政府对类似事项的直接干涉，让大学感到不能接受。

再次，虽然澳门东亚大学的发展应该与澳门社会息息相关，但更应该将澳门东亚大学看成一个处于中国及亚太地区的国际学府，其服务范围应远远超出仅限于为澳门服务的地方性大学，不应该受地方性观念的限制。如果不去与世界知识界保持密切联系来维持学术上的高标准，启发并开拓师生的思想领域，那将不符合澳门的利益。②

最后，语言问题是一个关注的焦点。《中葡联合声明》中强调了中文与葡文的合法地位，首先是恢复中文地位，其次才是葡文，在关于葡文的表述上，用的是"还可使用葡文"，由此可以分清主次。然而，澳葡政府于过渡期在葡萄牙语言和文化的推行上，可谓不遗余力，不仅几乎所有新增课程都是由葡萄牙的专业机构或人员予以指导或直接参与，而且单独成立葡文系，专门承担葡萄牙语言、文化、社会、经济、政治等方面的教育。林达光认为："如果希望保持葡国语言及文化在澳门的影响，那么只能从实际出发，通过协商基于中葡友好才能实现这个愿望。在语言问题上关键在于必须有自由选择权。如遵循上述原则，将会获得成效，不然就会适得其反。"③

自 1986 年 10 月林达光担任澳门东亚大学第二任校长，到 1988 年6 月辞去校长职务，这不到两年的时间，大体可划分为两个阶段："第一个阶段从 1986 年 10 月到 1987 年 4 月《中葡联合声明》的签署，这一阶段林校长继续增强学校的硬件和软件设施，同时投入更多资源培训本地人才和发展学术研究，其中最重要的是开设教师专业训练课程和成立澳门研究中心、葡国语言及文化研究中心、中国经济研究所。

---

① 访谈东亚大学第二任校长林达光（已故）的遗孀陈恕女士（FT20110706）。

② 林达光校长在澳门东亚大学七周年校庆暨第十二届颁授学位典礼上的致辞［R］. 澳门：东亚大学，1988 - 03 - 26.

③ 林达光校长在澳门东亚大学七周年校庆暨第十二届颁授学位典礼上的致辞［R］. 澳门：东亚大学，1988 - 03 - 26.

这时的林校长是满怀雄心壮志、刻苦耐劳、殚精竭虑，致力于要将东亚大学建成澳门的哈佛大学。第二阶段，从声明签署到林校长离任。着眼点在政府的直接管治会否影响大学的学术和教学自主问题上。由于议题敏感，当年曾引起颇多争论，认同大学需要走向国际化及发展全人教育的林校长，曾经多次公开申明其主张，认为一所大学应该在教学、学术研究和行政运作等方面具有自主权。这一阶段林校长的许多主张也得到学生、教授和社会各方的高度评价。"①

1988 年的上半年，已经决意离任的林达光，依然想为澳门东亚大学争取独立于外部管治的学术自主权，通过建立学术委员会的形式，实施民主管理。②实际上，澳葡政府之所以在过渡期大力推行葡萄牙语言和文化，主要是由于其在澳门 400 余年的时间里，一直缺少语言的普及，而把这项工作寄希望于过渡期短短的 12 年内完成，显然不符合现实。何况，大学的学术发展有其自身的规律。从这个角度而言，澳葡政府所采取的一系列措施，如将学制从三年改为四年、将学院制（College System）改为院系制（Faculty System）、加强葡萄牙语言和文化的培训和学习等，亦都是一所大学学科发展应有之内涵。而单独成立的葡文学院，在回归前后也重新回归到人文社科学院，成为一个专业；政府主导开设的法律和公共行政课程，也逐渐交由大学负责，并作为后东亚大学时期法学院、社会科学学院开办的基础。无疑，判断当时澳葡政府是否做出贡献的依据只能是："是否满足了澳门本地的需要和利益，是否得到澳门本地民众的拥护。澳门是中国领土不可分割的一部分，人口的百分之九十七都是华人，葡萄牙的行政管理是历史遗留下来的现状，我们需要保留葡萄牙的语言和文化，但这一定要建立在是为澳门的将来而不是为它的过去而服务的基础之上。"③

---

① 访谈东亚大学第二任校长林达光（已故）的遗孀陈恕女士（FT20110706）。

② 施华. 林达光校长离任前谈感受 [J]. 九十年代月刊, 1988 (7)：60 – 62.

③ LIN, P TK, CHEN E. In the eye of the China storm: a life between east and west [M]. Montreal & Kingston: McGill-Queen's University Press, 2011: 242 – 246.

第四节　后东亚大学时期：澳门高等教育的多元取向

澳门东亚大学经历了从私立向公立的转型以后，原来的五所学院分成了两部分，非营利的大学学院、预科学院和理工学院成为公立澳门东亚大学的组成部分，而营利性的公开学院、研究院则仍然归西岛发展有限公司所有，被合并为东亚公开学院（East Asia Open Institute）。其后，随着澳门第一部《高等教育制度》法令的颁布，澳门高等教育逐渐形成了公私立院校并行的办学格局。① 所以，在后东亚大学时期，澳门高等教育的发展与制度体系的建立密不可分。本节主要对后东亚大学时期制度体系的形成以及公私立院校的创建与发展予以分析，进而总结回归过渡期澳门高等教育的特点和历史发展的逻辑。

一、回归前澳门高等教育制度体系的形成与院校布局

20 世纪 80 年代，正如澳门高等教育的历史就是澳门东亚大学的历史一样，澳门高等教育制度也体现为澳门东亚大学的章程。实际上，澳门东亚大学几个学院在形成的过程中，很多专业都是从其他国家，如英国、美国、葡萄牙、澳大利亚、加拿大、新西兰等购买或改造而来。这其实并不奇怪，因为东亚大学章程的授权本身就来自保护和促进贸易的条款。②

澳门东亚大学的基建工程和章程起草几乎是同步进行的，大学内部制度的确立属于典型的先发内生型，在创办之初，大学就已经决定了采用类似盎格鲁—撒克逊的学院联盟形式，并且通过合理的董事会（Board of Trustees）、执行委员会（Executive Board）及监事会（Council of University）的分立，形成大学的基本治理结构。所以，澳门东亚大

---

① 本书将《高等教育制度》法令颁布到 1999 年回归之间所形成的公私立院校体系的这一时期称作"后东亚大学"时期。

② MELLOR B. The University of East Asia：origin and outlook［M］. Hong Kong：UEA Press Ltd，1988：1.

学初建时的章程，非常简明、扼要，仅仅对大学组成合法性、法律属性与规范、办学目标、财政、学术及学位、治理结构、修订及执行等做出描述，而并不涉及具体的管理组织和事务。

澳门东亚大学的第一份章程具有盎格鲁—撒克逊国家的私立高校所具有的一切自治性条款。当然，澳门东亚大学也需要厘清与外部的权利关系，尤其在章程中对土地和财产做出了明确的划分，认为其自治的合法性应该从筹资人那里取得，并且应该是由章程予以规范。① 所以，私立大学的办学目标基本上集中在澳门应具备的国际化视野以及多元文化特色方面，那些具体的学术事务也是大学自治权利范围的事情，没有写得面面俱到。章程就是治理的核心表述，不会变成约束教师、行政人员及学生的具体管理制度。在治理方面，大学董事会是最高权力机构，而执行委员会的权力来自董事会的授权。各个学院内部设立学术委员会，向校级的执行委员会负责。这种结构看似清晰，但是随着学院联盟的进一步发展及地理位置的分离，大学的治理实际处于四分五裂的局面。在具体的学术事务方面，各个学院基本是各自为政，尤其是营利和非营利的部分，缺少必要的衔接和沟通，容易出现资源浪费和重复的现象。

在私立澳门东亚大学转制成公立澳门东亚大学以后，章程的目标和治理架构有了新的变化。澳葡政府委托澳门基金会收购澳门东亚大学以后，因应产权归属性质的转变和澳葡政府对公立澳门东亚大学的期望，自然加强了对大学的掌控力度。而原有的私立大学章程显然无法完成这一重任，需要进行修章。在澳门基金会的授权下，1988年7月大学董事会完成了修章。新的章程首先对办学目标做出修订，增加了"为培养澳门本地人的社会责任意识提供专业服务"以及"推动澳门经济的发展"两项。② 无疑，新的章程开始关注澳门东亚大学能够为澳门带来什么，而不是仅仅朝向国际化和为了知识而知识的发展。当

---

① MELLOR B. The University of East Asia: origin and outlook [M]. Hong Kong: UEA Press Ltd, 1988: 21.

② University of East Asia of Macau. The Charter (1988) [R]. Macau: Macau Foundation, 1988 - 07 - 13.

然，出于过渡期的需要，这一变化是符合形势发展的，但也明显表现出澳葡政府的基本态度。一所公立大学的首要任务，就是要向纳税人负责。不过，大学自治和学术自由是在任何时刻都需要遵守的基本理念，这是由学术的特性所决定的，不会为外界的变化所动。所以，在这样一个重要的回归过渡期，政府与大学之间的博弈需要达到一种平衡，其均衡点就是大学"能否在过渡期间为澳门本地培养澳人治澳的急需人才"。在办学目标的指引下，大学收入除了学费和捐款外，还增加了澳门基金会的津贴，并对最后四年中学课程在澳门就读的本地学生予以四成学费的补贴，使 1989—1990 年度澳门本地学生占总注册学生人数的 74%。[①]

从澳门东亚大学的经费来源可以看出，澳门基金会的津贴占据了主要部分。澳葡政府势必要对大学施加影响和管治，只不过这种治理模式也需要通过大学的自治条款予以保护。所以，新的章程依然设立了最高权力机构董事会以及最高学术机构学术委员会，但与其他大学有所不同的是，澳门东亚大学的董事会设置了常务委员会来代表董事会执行日常决策，而董事会的主席却并不是常务委员会的主席，常务委员会主席由澳门基金委员会行政管理委员会主席黎祖智担任，其他五位成员是两名澳门基金会代表、大学校长和两位副校长。很明显，澳门东亚大学的外部决策和教师招聘、薪酬、主管任命、课程开办等内部决策，基本上都由政府代表直接掌控。

关于学术决策，新章程比原有的章程更具有凝聚力，主要因为转制以后的澳门东亚大学逐渐将学院制改成了院系制，这样在大学的治理架构上，新章程规定成立的学术委员会作为最高的学术主体，无须再通过原有的学院联盟发挥作用，在教师的考核与晋升、课程的计划与发展、学术团体组建、教学与科研指导等方面具有直接的职权。在澳门东亚大学转制期间担任副校长的李天庆教授对学术委员会的组成和运作亦感到满意："学术委员会是由东亚大学不同国籍的教授、副教授或拥有博士学位的助理教授组成，负责讨论或通过有关教学或科研

---

① 张红峰. 澳门东亚大学章程的变迁及对内地高校章程建设的启示 [J]. 复旦教育论坛，2014（5）：70-76.

的问题，所有的问题经过不同国籍的委员会成员讨论及通过后基本上能与国际接轨。"①

总之，新章程所展示出的架构和治理模式是非常清晰的，但同时也明确反映出政府的利益诉求。在过渡期间，尤其在第一部《高等教育制度》法令出台之前，澳门基金会依然是大学实质上的最高治理主体，而大学董事会和学术委员会亦体现出大学的自治性，但在决策的人员组成和重大事项上依然受到基金会的辖制。应当说，这样的治理模式在一定程度上适应和平衡了回归过渡期的各种利益诉求，客观上为过渡期间学术的发展和本地人才快速培养做出了贡献。

转型后的澳门东亚大学在各个方面发展迅速，尤其是很多适应"三化"政策的专业开始设立，但这些专业并没有形成院系（faculty）。所以，东亚大学的学术体制在外界看来呈现出奇怪的学科布局，既有原来联盟状态下的学院（college），又有从本科学院转变而来的院系，还有一些单独建制的专业（programme），如教师训练专业、公共行政与法律专业等。这些学术单元全部处于平行的地位，互相之间没有隶属关系。基于这样一个过渡期间形成的组织体系，作为最高治理主体的澳门基金会和东亚大学董事会自然需要思考澳门东亚大学未来组织发展的问题。

从配合回归过渡期培养澳门本地人才的目标而言，澳葡政府已经做了大量的工作，期望澳门东亚大学以循序而坚定的步伐朝着自强的方向迈进，成为澳门"智慧"的凝聚点，从而变成在知识领域内，支撑本地区文化及科学自主的基建方面关键的因素。② 为了达成这个目标，大学已经开设了一系列与此目标相关的课程，推动科学研究，并且培养澳门学生的比例有了大幅提升。1985—1986 学年，澳门东亚大学的学生总数只有 800 人，其中澳门学生占比不超过 38%，而在澳门东亚大学成立 10 周年（1991 年）之际，学生总数已达 2 000 人，澳门学生占比已经超过 80%，成效显著。

---

① 访谈澳门大学第一任校长李天庆教授（FT20110309）。
② 护理总督范礼保在东亚大学成立十周年纪念典礼上的讲话（澳门政府华务司译本）[R]．澳门：东亚大学，1991 - 03 - 23.

　　为了更好地规范和帮助在澳门地区从事高等教育活动的一切公立和私立教育机构的组织和运作，澳葡政府于 1991 年 2 月 4 日颁布了高等教育范畴的第 11/91/M 号法令①。1991 年高教法在当时规定了公立澳门东亚大学和其他已成立、可能成立的高等教育机构必须遵循的法律规定。首先，1991 年高教法澄清了澳门东亚大学作为公立大学的地位。"根据澳门基金会接收东亚大学以后的新形势，有必要在该大学的章程中加入有关其宗旨和机构性质的相应的修改，使之更符合澳门政府在高等教育领域里的教育、科学和技术政策。与此同时，明确了东亚大学作为澳门公立大学的作用，并规定该大学以及其参与高等教育的机构必须在一年的期限内按照本法令之规定进行调整。"② 1991 年高教法同时将"政府专职负责高等教育的部门建立之前，澳门基金会将担任该部门的职责"写入，保证了澳门基金会管治大学的合法地位。其次，法令特别强调了其建立目的是在"保证严谨、效率和质素的条件下，满足过渡期对高教人才培训的日益紧迫的需求"。③ 这一目的指出了 1991 年高教法出台的背景和规范的框架、原则，即在当时的背景下，一切组织与专业的设立和运作都应以此为依据。最后，作为一个完整的法令，还需要确定高等教育机构的组织和运作、法律性质、教学和学术自主、学位、教师资格、高等教育的入学条件、学籍制度、高等教育的财政与评审以及私立高等教育的特别体制。后东亚大学时期，澳门高等教育发展势必走向多元化，所有已成立和新成立的院校应该在统一的法律框架下具有可以参照的标准。

　　在院校布局方面，早在 1988 年，澳葡政府就成立了保安部队高等学校，专职培养澳门本地的警务人员和消防员。对于后东亚大学时期的发展，澳门基金会亦有了相应的规划和安排。在澳门东亚大学成立 10 周年的庆典上，澳门基金会行政管理委员会主席黎祖智就已经做好了未来的布局："预计现时的东亚大学理工学院，将在下学年获得独

---

　　① 11/91/M 号法令没有设定名称，根据其约定的内容，本书将之称为"1991 年高教法"。

　　② 范礼保. 第 11/91/M 号法令 [M]. 澳门：BOLETIM OFICIAL DE MACAU—N°. 5, 1991：446.

　　③ 范礼保. 第 11/91/M 号法令 [M]. 澳门：BOLETIM OFICIAL DE MACAU—N°. 5, 1991：456, 446.

立，改名为澳门理工学院，自成一体，增加规模，以适应大型建设的需要，为新引起的技术职业培训人才。其他可在澳门从事高等教育的机构是澳门管理协会的管理学院、圣若瑟修院以及一个在现有的并应依高等教育法令重组的遥距教育学院①的基础上而建立的公开大学性质的机构。此外，还有在东亚大学的教学和学术合作下，专门为保安部队培训士官的保安部队高等学校。"②

实际上，在 1991 年高教法出台以前，澳葡政府就已经规划好了澳门高等教育的发展体系。第一阶段，已经转型成功的公立大学将分成两个部分。澳门东亚大学内部的组织体系在转型后变得有些混乱，在具有多科技术性质的理工学院有了充分发展以后，已经拥有计算机、酒店管理、旅游、社工等专业，完全可以独立出来，与政府开设的有关专业课程一起，成立一所公立的澳门理工学院。然后，澳门东亚大学可以顺其自然地转成澳门大学——一所在名称上就能够知道其服务对象的大学。这两所高校的并行存在，正好符合了葡萄牙高等教育体制的双轨制——大学和理工体系的特征，分别培养学术型和职业技术型人才。

第二阶段，1988 年私立澳门东亚大学转制后余下的部分——东亚公开学院，需要进一步得到发展，成为一所独立建制的私立公开大学。严格来说，这一阶段是与第一阶段同步进行的，但是经过澳门东亚大学转型以后，创办者黄景强、吴毓璘、胡百熙三人清楚地认识到，如果要想在澳门办大学，就必须找到一个长久之计。1991 年 6 月 8 日，已经成为政务司司长的黎祖智就认为东亚公开学院已经具备成为大学的基本条件，只待"磋商细节后，即可开办运作"。③ 东亚公开学院的院长韩雅士已然通知学生学院将改名为"亚洲国际公开大学"。④ 然

---

① 此处的遥距教育学院实际上就是东亚大学转型后分离出来的"东亚公开学院"，此为澳葡政府华务司译文。

② 澳门基金会行政管理委员会主席黎祖智在东亚大学十周年校庆暨第二十届颁授学位典礼上的致辞（澳门政府华务司译本）[R]. 澳门：东亚大学，1991 – 03 – 23.

③ 东亚学院拟转为私立大学，黄景强昨晤晤黎祖智谈计划 [N]. 澳门日报，1991 – 06 – 09 (7).

④ 叶冬晨. 东亚公开学院前景备受关注 [J]. 同心集，1992 (2)：2.

而，创办人出于稳妥的考虑，还是决定由政府出面，联系葡萄牙公开大学作为合作院校，成立亚洲（澳门）国际公开大学。

第三阶段，其他公私立高校的形成。1995 年，澳门理工学院的酒店管理专业和旅游专业与政府开办的旅游业与酒店业学校合并，成立了旅游培训学院，后改名为旅游学院。回归前，1996 年、1999 年又分别成立了澳门高等校际学院和澳门镜湖护理学院，公私立高校并存的高等教育体系初步形成，成为在回归过渡期间为澳门本地培养专门人才的主要保障和"非常历史时刻一起承担的责任"。①

二、公立院校的分立与过渡期间的发展

1991 年高教法的颁布，实际上就预示了未来澳门高等教育体系的走向。尽管在 1991 年高教法出台的时候，依然只有澳门东亚大学和保安部队高等学校两所公立院校，但是澳葡政府已经在不同场合表示了公立院校目前最主要的任务就是为过渡期培养急需的本地人才，而这个艰巨的任务需要通过不同的范畴和层次予以完成。

（一）兼顾"权宜"和"理想"的澳门大学

1991 年 9 月 16 日，根据第 50/91/M 号法令，公立澳门东亚大学的主体转成为澳门大学。该法令的引言中写道："东亚大学近年来不断进行重大改革，目的是配合澳门的利益和为过渡期所订策略带来的需求。随着本年二月四日澳门高等教育发展参照蓝本法例的颁布，应迈出更重要的步伐，使大学成为实践澳门订下的未来计划尤其重要的工具。现时有意在组织及运作方面推行的彻底改革将通过引至新的高等教育机构出现的东亚大学的变更，例如澳门大学的情形。"② 在公立澳门东亚大学的一切权利转移至澳门大学的过程中，除理工课程以外的所有课程、学生、教师全部转入，教师和学生同时保留所有的权利和责任。

澳门大学成立以后，很快就在原先院系和专业的基础上成立了六大学院，分别是社会及人文科学学院、工商管理学院、教育学院、科

---

① 韦奇立. 高等教育一起承担的责任 [M]. 澳门：高等教育辅助办公室，1992：15 – 22.

② 韦奇立. 第 50/91/M 号法令 [M]. 澳门：BOLETIM OFICIAL DE MACAU—Nº. 37，1991：3894.

技学院、法学院和葡文学院。澳门大学学科建设既具有适应性的特点，也具有国际化大学的发展趋势。历史上，尽管可以发现一些将制度规范和理念诉求结合得非常好的大学，但从根本上讲，制度性要求本质上总是倾向"权宜"多于"理想"，它们必然是在实际操作的基础上被制定的，随着世易时移而发生变动。① 所以，澳门大学的首要任务是建立"权宜"的学科体系。除了前面提到的为适应过渡期需求而成立的教育学院、法学院，原已存在的适应澳门社会的社会及人文科学学院、工商管理学院，以及为拓展澳门工程技术领域人才培养而新建的科技学院以外，澳门大学还针对葡萄牙语言、文化、社会和历史研究与教学单独成立了葡文学院。

1993—1994 学年，葡文学院就已经拥有三个学士学位专业、一个硕士学位专业及一个研究中心，近 200 名学生。就其实用性而言，葡文学院的葡萄牙语言和文化方向在中国内地和澳门的技术和文学翻译、教学、管理、外交等领域有着广阔的就业市场。"（这是）一个质量很高、能够培养和通报中葡关系、葡日关系、葡印关系的领域，培养和通报欧洲人民在亚洲、非洲和美洲扩张的相同点和不同点的领域，培养和通报在语言、文化、社会和经济方面欧洲范围内各个不同的欧洲的领域。"② 由此可见，葡文学院的建立是将葡萄牙语言、文化的学习上升到一个学科领域的范畴，目的是加强过渡期葡萄牙语言和文化在澳门的影响。

尽管澳门大学必须具有"澳门"的大学本质，但澳门大学追求学术卓越的理想也仍然存在，继续"在专责推动求知者与教师作学术和科学活动交流的工作上，藉观念、知识及信息的交流，使澳门与世界联系，发挥澳门独特的个性，屹立于世界大学之林"。③ 回归前，澳门大学已经基本确立了三大重要的目标：为澳门社会培养高质量的人才；开展科学研究服务于澳门并求达到较高的学术水平；寻求课程的国际

---

① 林晖. 理想和权宜之间：大学章程中的大学理念 [J]. 复旦教育论坛，2012，10（5）：13 - 16.

② BARRETO L F. 澳门大学葡文学院的道路 [J]. 行政，1993，6（4）：1001 - 1006.

③ 澳门总督韦奇立在澳门大学一九九四至一九九五学年开学典礼上的讲辞 [R]. 澳门：澳门大学，1994 - 10 - 29.

承认，在亚洲和在世界上特别是在欧洲发挥学术作用。① 正如澳门大学所设立的目标一样，其所取得的发展成就也是有目共睹的，澳门大学无论在名称上还是内涵上，都必然承担起"权宜"和"理想"的双重使命，在追求卓越和适应服务上达至一种平衡。

（二）强调"实用"与"延续"的澳门理工学院

澳门理工学院的建立是适应社会发展需要的产物。在名称上，澳门理工学院贴近葡萄牙双轨制之下的"polytechnic"，而在实质上，则顺应了回归过渡时期澳门对于不同层次人才需求的趋势。正如澳门理工学院第一任院长罗瑞文博士（Dr. Pedro Orlando Rodrigues）在建院开学典礼上所言："对于完成中学学业的青年人，澳门理工学院提供符合他们修读要求和职业志向的课程，对于需要进一步接受技术—科学培训的成年人，澳门理工学院将开办适当的课程，其目的在于以积极、有效和灵活的方式，适应他们在培训方面的实际需要。"② 如果说澳门大学的存在并不仅是为了现实的需求，那么澳门理工学院从诞生之日起，就已经有两个最主要的目标：第一是为澳门本地居民提供直接且实用的高等技术、专业培训，第二则是"永远成为东西方不同文化之间得以共存和对话的优越场所，而在不同文化之间的共存中，葡萄牙和中国扮演着主要角色"。③

在实用方面，澳门理工学院将专业目标和内容定位在配合本地区经济结构的变化以及生产服务活动等多个方面，提供全方位、大范围的技术培训。而要做到这一点，澳门理工学院首要的任务是和葡萄牙高等理工学院协调委员会建立紧密的联系，使其课程得到该委员会的认可，从而可以顺利获得葡萄牙高等教育机构提供的各项学术服务，为其学生毕业后得到中国澳门本地、葡萄牙和欧盟（1992年成立）认可提供保障。在与葡萄牙高等教育机构的合作方面，澳门理工学院主

---

① 澳门大学第三任校长周礼杲在1997/1998学年开学典礼上的讲词［R］. 澳门：澳门大学，1997 - 10 - 17.

② 澳门理工学院第一任院长罗瑞文博士在澳门大学及澳门理工学院第一次开学典礼上的致辞［R］. 澳门：澳门大学，1991 - 10 - 12.

③ 澳门理工学院第一任院长罗瑞文博士在澳门大学及澳门理工学院第一次开学典礼上的致辞［R］. 澳门：澳门大学，1991 - 10 - 12.

动邀请葡萄牙的校外专家为学院进行内部评审，获邀评审的其中一位专家是葡萄牙大学评估全国委员会原主席，时任国防部长，另一位是葡萄牙理工学院评估全国委员会主席。评估的研究结论指出，澳门理工学院是一所贴近于社会发展的院校，"在授予学位或证书的课程方面，学院历来在不同类型其他培训活动的组织方面显示出巨大的活力，其工作目的广泛，从单纯的知识面扩大到各级别的连续培训"。①

20世纪90年代，澳门理工学院与葡萄牙高等院校一直保持着密切的联系，先后与科英布拉大学（Universidade de Coimbia）、里斯本国立行政学院（Instituto Nacional de Administraàção, de Lisboa）、里斯本科技大学（Universidade Técnica de Lisboa）及里斯本理工学院（Instituto Politécnico de Lisboa）在教育、文化、科技等方面建立了合作伙伴关系，学院的发展模式和质量要求深受葡萄牙教育模式的影响，学生修读完葡萄牙认可的各个课程以后，更容易达到公务部门的入职和晋升要求。澳门理工学院与葡萄牙高校之间的广泛合作和交流，亦使葡萄牙文化教育的特色在澳门得以延续。

（三）贴近"市场"与"行业"的旅游学院

20世纪80年代，随着亚洲地区经济的快速发展，澳门地区亦受其影响，旅游博彩业开始凸显其重要性，并成为澳门四大产业之一。在这一背景下，1986年、1990年，澳门东亚大学理工学院分别开办了酒店管理、旅游的文凭和高级文凭专业。1991年，理工学院率先从澳门东亚大学中脱离出来，与政府开办的一些专业一起，共同成立了澳门理工学院，旅游及酒店管理专业随之划入该学院下面的商贸暨旅游高等学校。

进入20世纪90年代，旅游博彩业逐渐成为澳门的支柱产业。为配合旅游博彩业发展，澳葡政府拟根据市场和行业需求兴办一所旅游高等学校，这所学校不仅应有可以颁授学位的与旅游相关的专业，还应按照行业标准，拥有学生可以进行实习的场所。经过周密的部署，

---

① SIMAO J V, DE ALMEIDA COSTA A. 关于澳门理工学院的评估报告：结论部分［J］. 澳门理工学报，1998（2）：20 – 32.

澳葡政府在旅游司下面成立了旅游高等学校筹设委员会，并将隶属于政府部门的旅游业及酒店业学校和澳门理工学院下面的旅游及酒店管理专业一起并入该委员会。1995 年 9 月，根据第 45/95/M 号法令成立了旅游培训学院，1997 年中文名称又改为旅游学院。于是，一所由澳葡政府直接兴办管理的、性质属于政府部门且非常贴近市场和行业需求的旅游学院就此诞生了。澳门很小，政府很容易认识到社会上哪些行业能够刺激并带动澳门经济的发展，并希望通过一种直接的方式培养回归过渡期所需要的各类人才。澳门东亚大学的转型是如此，澳门理工学院及旅游学院的分立同样是如此。

旅游学院成立以后，发展使命是成为提供具欧洲特色的旅游及酒店课程的高等教育机构，为澳门及更广泛的地区培养旅游及酒店管理人才，在业界担当领导的角色。事实上，旅游学院也不负众望，在 20 世纪 90 年代后期取得了不少成就。如，1997 年学院获选为亚太地区旅游培训基地；同年获颁太平洋亚洲旅游协会的"教育及培训"金奖；1999 年旅游学院与欧盟合作成立了"澳门—欧洲旅游高等研究中心"（ME–CATS），将欧洲旅游及酒店管理的新概念融汇到亚太地区的旅游研究之中。有了这些成就，旅游学院逐渐在相应市场中占据重要的位置，以行业发展为目标，打造自己的特色。

三、私立院校的创建与形式多元化

后东亚大学时期，澳葡政府对私立院校的创建有了相应的思路和规划，但是实现过程并没有公立院校那样顺利。从 1991 年高教法出台到 1999 年回归前后，按照澳门基金会行政管理委员会主席的规划，澳门计划成立的私立院校是一所公开大学、一所管理学院和一所葡式传统的圣约瑟学院。然而，最终创立的是亚洲（澳门）国际公开大学、澳门高等校际学院、澳门镜湖护理学院、澳门科技大学、澳门管理学院及中西创新学院，且后 5 所都是于回归前后建立。虽然这个结果没有完全符合澳葡政府的预期，但是私立院校的多元化发展确实也是1991 年高教法指引下的趋势。

（一）亚洲（澳门）国际公开大学的创建与教育模式

当公立澳门东亚大学拆分成澳门大学和澳门理工学院以后，原私立澳门东亚大学留下的东亚公开学院自然需要谋求新的发展。实际上，东亚公开学院在澳门东亚大学转制以后，在学术上一直还是依照特别制定的"东亚大学校董会第二号法案"附属于公立澳门东亚大学，仍由澳门东亚大学负责为东亚公开学院的学生颁发学位。

然而，这毕竟不是长久之计，澳葡政府的意愿也是希望东亚公开学院能够尽早独立出来，变成一所可以独立颁授学位的公开大学。与此同时，东亚公开学院在香港的工作和教育地点也出现变动。20 世纪90 年代初，香港开始兴办公开进修学院，从某种程度上借鉴了东亚公开学院的模式，并对香港学生收取较低的学费，这无疑挤压了东亚公开学院在香港的生源市场。最终，东亚公开学院将香港的办学点迁移到澳门本地，除了借用澳门东亚大学内部的课室之外，甚至需要租用酒店和澳门管理专业协会的地方上课，并逐渐在原先用英文授课的远程专业基础上延伸出结构化的中文学位专业①。

为了能够更好适应澳门本地的管治及教育方式，同时与世界上先进的远程教育模式接轨，在澳葡政府的支持下，东亚公开学院最终决定与葡萄牙公开大学合作，于 1992 年 8 月 24 日获批创办了亚洲（澳门）国际公开大学，成为"在超越其本身所在地区领域的空间内推广科学、文化及创造专业人才方面的有力工具"。② 这所新的大学定位为国际性的大学，目的是将原来东亚公开学院存有的课程模式与新的葡萄牙的课程模式充分整合起来。于是，亚洲（澳门）国际公开大学根据葡萄牙、中国及英国的三种学制进行运作，证书、学位的管理制度、修业时间以及证书和学位的命名，分别对应于三种"规则"，即与葡萄牙的大学、中国内地的大学及中国香港的大学所实行的规则相一致。"选择澳门地区作为其设办的地点，不仅向本地区的学生及受训者提供

---

① 中文学士学位专业采用结构化的学习模块，属于三阶段学分制。学习计划规定学生可在 1 年至 3 年内修毕第一阶全部课程后领取第一阶证书（certificate）。接下来可修读第二阶段课程，也可在 1 年至 3 年内完成，领取第二阶文凭（diploma）。要修读学士学位的必须于 9 年的期限内修毕 14 个全年科目和 8 个半年科目，经全部考试合格，取得 192 个学分，才交到校外考试委员会通过毕业资格，最后经东亚大学教务会和董事会批准，始获东亚大学颁授学士学位。

② 亚洲（澳门）国际公开大学. 第 196/92/M 号训令：组织章程［M］. 澳门：Boletim Oficial De Macau，Nº 39，1992：4037.

服务，更为临近地区如香港、华南地区的学生及受训者提供服务。为
执行其活动而所采取的语言以及将会教授的高等教育课程的性质和名
称均是国际性的：葡文、中文和英文及其学制，将可完全和谐地共存，
有关课程是按学生来自何种文化编排。"①

将葡萄牙公开大学与澳门的私立公开学院联合起来，举办亚洲
（澳门）国际公开大学是澳门高等教育史上的一个创举，大学的运作模
式从葡萄牙、英国、德国、匈牙利以及意大利等国家那里汲取了经验
和养分。亚洲（澳门）国际公开大学在创立之初就致力于远程教育的
全球化，教育组织形态大致分为三种模式：第一是在场模式（也称兼
读面授），即在澳门有专业性的教学组织，提供面授教学，管理上也划
分为学院、中心、部门等；第二是自主模式，该模式主要提供远距离
教学和培训服务②，以澳门为根基，形成发散式的组织结构和形态，并
结合在场教学，为不同文化和教育背景的人士提供学位或培训；第三
是网络模式，主要是与澳门内外（尤其是内地）的社团组织、教育团
体、商业公司、政府机构等建立合作关系，组成联盟，共同推进远程
教育和培训。20 世纪 90 年代，亚洲（澳门）国际公开大学提供的多
种模式教育为澳门本地及周边地区的学生提供了多样化的学习机会，
专业设置和形式具有灵活性和可操作性。总体而言，作为补充性逻辑
思维的结果，亚洲（澳门）国际公开大学和澳门理工学院的出现一样，
为不同层次和不同需求的人们提供了补充性的教育形式。尽管院校和
专业的开展也存在诸多不确定性，但其学术的本质和教育产生的辐射
效应终将为澳门地区内外带来福祉。

（二）其他私立院校的建立

亚洲（澳门）国际公开大学建立以后，澳葡政府接受了一些私立
机构和教会提出的建议，认为澳门是一个"开放及有开办高等教育前
景的城市"③，需要恢复 16 世纪末耶稣会创办的圣保禄学院模式，同时

---

①　亚洲（澳门）国际公开大学．第196/92/M 号训令：组织章程［M］．澳门：Boletim Ofi-
cial De Macau，N°. 39，1992：4037 – 4038.

②　DE ALMEIDA E CARMO H. 澳门亚洲公开大学在亚太地区远距离高等教育中的前景
［C］//澳门基金会．澳门的高等教育：国际研讨会论文集．澳门：澳门基金会，1995：85.

③　澳门教育暨青年司．澳门的高等教育［N］．教育暨青年报，1997（9）：7 – 8.

设立更多的私立高等教育机构也是澳门高等教育平衡发展的需要。在此背景下，1996 年 8 月 12 日，澳葡政府批准在天主教大学高等教育基金会的监管下设立澳门高等校际学院。成立以后，澳门高等校际学院具有教会大学的特色，除了履行高等院校具有的三大职能以外，还基于教义和文化传播，推动欧洲和中华文化的交流与合作。此外，根据第 13/97/M 号法令，澳门高等校际学院获资格颁授硕士和博士学位，能够更好地开展高层次教育和科学研究，发挥私立大学培养人才的特色。

与澳门高等校际学院有所不同，澳门镜湖护理学院的建立是一个由中等职业培训转变成高等教育模式的过程。该院最初是一所培养护士的职业培训学校，在 20 世纪 50 年代改名为"澳门私立镜湖护士助产学校"（护校）。20 世纪 90 年代，澳葡政府出于护理领域协同发展的考虑，曾经提出将政府举办的卫生司技术学校与护校合并的想法，但护校出于办学理念、人员资产、学生去向等原因婉拒了政府的要求，决定自谋出路，通过严格的学术评审，将护校的专业从中等培训层次提升到高等层次。经过多年努力，护校不仅通过了国际级护理专家团的专业评审，而且在回归前 1 个月（1999 年 11 月 16 日），根据第 418/99/M 号训令，升格为澳门镜湖护理学院，开创了另一新的高等教育范畴——高等护理教育。

澳门管理学院则是在 1988 年就已由澳门管理专业协会创办，只是院校性质和开设的专业一直属于非高等教育层次。20 世纪 90 年代初期，澳葡政府规划的高等教育机构中，澳门管理学院俨然在列，并且一直在与澳门东亚大学及后来的澳门大学合作培养各层次人才。然而学院真正升格成为高等教育机构是在回归以后，由行政长官颁布第 45/2000 号行政命令予以确认。实际上，在澳门兴办一所商科类的院校与澳门的重商环境有着密切关联，也与学院长期的专业积累有关。正是因为澳门太小，所以不论是利益分割还是专业分割都会非常细致，在 1991 年高教法的指引下，私立单科学院亦能够找到自己的发展空间。

其他两所私立院校澳门科技大学、中西创新学院分别于回归以后的 2000 年、2001 年建立，澳门科技大学的目标取向是一所私立综合性大学，而中西创新学院则是由全国政协委员苏树辉博士及港澳教育界和工商界知名人士创办，目标是适应博彩旅游业和商业领域的发展，培养高级人才。从私立大学的创建过程与发展可以看出，后东亚大学时期，澳门高等教育已经走出了澳门东亚大学一枝独秀的局面，形成了多种教育形式共存、多元模式办学以及公私立并行发展的格局，为澳门高等教育在回归以后的快速发展打下了坚实的基础。

四、回归前澳门高等教育的特点

回归前，澳门高等教育经历了从一枝独秀到多元绽放的发展过程。在这一期间，澳门高等教育呈现出许多特点，一方面印证了各个院校在回归过渡期为培养澳门本地人才做出的贡献，另一方面也呈现出澳门高等教育自圣保禄学院创建以来的历史发展逻辑。

（一）为澳门培养不同层次、不同类型的急需人才

20 世纪 80 年代创建的澳门东亚大学是一所私立大学，且是由华人在澳门创建的第一所高等院校。澳门东亚大学的定位是多元文化加国际化，且招收的学生主要来自香港，所以，20 世纪 80 年代的澳门东亚大学曾被戏称为澳门的"香港大学"。

澳门进入回归过渡期后，上述情况有了很大的变化。澳葡政府首先通过重组后的澳门基金会收购了私立澳门东亚大学，令其转型为公立。在 1991 年高教法的指引下，澳门东亚大学最终一分为三，成立了澳门大学、澳门理工学院、亚洲（澳门）国际公开大学。其后一些公私立院校陆续成立，形成多元化的格局。应该说，这样的结果亦在意料之中。一旦高教法成立，所有符合法律范畴的公私立院校自然如雨后春笋般涌现出来。

当然，多元化格局最大的优势在于可以为处于回归过渡期的澳门提供丰富的人才储备。为过渡期培养急需人才最多的院校依然是澳门大学，早在 1988 年的公立澳门东亚大学时期，澳葡政府就已经直接设立了法律及公共行政课程，为培养高素质的本地公务员提供支持。短短数年间，澳门大学就成立了教育学院、法学院、科技学院、葡文学院，而这对于一直以来习惯于"慢条斯理"发展的澳门而言是不可想

象的。进而，在高等教育多元化格局形成以后，澳门的几大院校既可以在不同的形式之下培养人才（大学教育、理工教育、远程教育），也可以在不同的范畴中培养人才（综合教育、旅游教育、护理教育、商科教育、保安教育），多层次多角度培养澳门急需的人才。

（二）跨文化的人才培养和知识传承

澳门是一个多元文化社会，在教育中体现为学制多元、语言多元、学科多元等。澳门长期以来受到葡萄牙的管治，葡萄牙语言和文化自然在澳门有着基础；澳门同时也是中国不可分割的领土，96%以上的居民都是华人，中文（广东话）是澳门居民日常生活中使用最多的语言；澳门的高等院校，尤其是澳门东亚大学，师资主要来自中国香港和英国，教学语言大多使用英文。以上这些情况决定了澳门高校的学制和语言势必走向多元。而对比澳门东亚大学时期，尽管澳门产业不够多元，但是澳门公私立高校内部的学科在逐渐走向多元，除了语言、商科、旅游、法律等学科之外，各类理学和工程类的学科也不断发展起来，为澳门高等教育未来的发展提供了较为宽广的视野。

处在多元文化的环境之下，澳门高等院校自然存在一种发展趋势，即进行跨文化的人才培养和知识传承。如，亚洲（澳门）国际公开大学内部专业分成三类：葡文、中文、英文学制的专业。三种不同文化的专业可以和谐共处，彼此之间还能够相互借鉴，服务于不同的对象群体，这在文化相对单一的高等院校中是很难见到的现象。大学在学术管治、学历认可、课程发展方面也尽可能遵循跨文化的发展方向，将不同文化、不同教育特点、不同教学制度、不同生源的专业有机整合在一起，在小而微的澳门地区，独辟蹊径，为澳门高等教育历史留下浓重的一笔。

（三）提升教育及研究的层次

20世纪80年代，澳门仅有一所澳门东亚大学，其主要的办学目标定位在国际化教育和文化传播上，重点是本科学院的学士学位教育，科学研究也处于零散、自发、层次较低的状态。虽然澳门东亚大学也举办硕士层次的教育，但主要是在研究院中开设。而研究院开办的专业在大学内部属营利性质，并没有将学术研究作为其重点发展目标，专业取向多为应用型的专业硕士。

1991 年高教法颁布以后，大学的发展有了制度指引。每一所被称作大学的高等教育机构都有专门法令用以规范其取得硕士及博士学位的方式。于是，后东亚大学时期，澳门一些高校开始大力开办硕士及博士专业，并借助博士学位教育的开办，推动科研的发展，取得了较为丰硕的成果。以澳门大学为例，20 世纪 90 年代初期，学校仅有工商管理的硕士专业，而到了 1996 年 5 周年校庆时，澳门大学已经开设了 5 个高等专科学位专业、25 个学士学位专业、22 个硕士学位专业，同时在当年大力开办博士学位专业。截至 1999—2000 学年，澳门大学共开设了 25 个硕士学位专业、25 个博士学位专业、3 个学位后证书专业及 5 个高等专科学位专业。① 基于高层次学位教育，澳门各个高等院校也积极开展科学研究，一方面为教师提供经费支持参与国际学术交流，另一方面鼓励教师以课题为依托开展研究工作。如澳门大学在 1999—2000 学年度获得国家自然科学基金委员会资助，开展多项环境研究项目，总科研经费达到 240 万澳门元。

（四）主动寻求外部学术评审

回归过渡期，澳门高等教育经历了转型和变迁之后，通过多元化教育培养澳门本地急需的人才。在这一过程中，高等教育质量保障成为人才培养的重要议题。澳门高等教育机构在本地和外地聘请优秀的师资，与本地以外的高等教育机构签署合作协议，其根本目的就是提升高校的教育质量。最为重要的是，一些高校通过加入葡萄牙的学历认可体制，以使（澳门）本地的课程（专业）获得认可。②

为了获得葡萄牙的学历认可，澳门的公立大学，如澳门大学、澳门理工学院分别在 20 世纪 90 年代加入葡萄牙大学协调委员会及理工高等院校协调委员会，与葡萄牙的高等院校及学术机构展开合作，并签署了多项合作协议，邀请葡萄牙的专家来澳门开展学术评审工作。以澳门理工学院为例，学院主动邀请葡萄牙国防部长（葡萄牙大学评估全国委员会原主席）以及理工学院评估全国委员会主席为学院作内

---

① 澳门大学. 1999—2000 学年工作年报［R］. 澳门：澳门大学，2000：8.
② DE ALMEIDA COSTA A. Ensino superior em Macau［J］. 澳门理工学报，1999（2）：5－12.

部评估，对战略规划、制度架构、学科协调、教育过程、学术研究、毕业市场等方面做出全面审视，并形成详细的评估报告。① 在澳门尚未形成完善的外部质量保障体制之时，一些院校已经开始认识到教育质量是院校发展的生命之线，主动寻求外部学术评审，提升院校的教育质量。

本章小结

历史是有逻辑的，而逻辑是理性的。然而，如章前语中所述，理性自身的发展并非由一个个具有逻辑性的事件串联而成，其中存在着诸多偶然因素，甚至连文艺复兴和宗教改革这样大的历史事件都成了理性发展进程中的偶然因素。尽管如此，由于理性精神内在发展动力的使然，理性反而可以在这些偶然性因素中获取发展的动力，从而在17—18 世纪掀起一股理性科学和理性哲学发展的浪潮。

任何历史进程中都存在偶然性因素，澳门高等教育历史的发展也不例外。16 世纪圣保禄学院的起源，从表面的证据上看是为了在日本传教，然而站在历史诠释学的角度来分析，不难看出，以"在日本传教"为目的可以作为获得在澳门申办一所神学院"经费来源"的理由。从澳门的历史发展背景来看，自开埠以后，澳门就一直作为贸易中心和"圣名之城"而存在，撇开16—18 世纪之间的历史过程不计，仅仅思考澳门的历史作用，能够很容易发现在澳门建立一所神学院的根本目的是建立贸易和传教的中心。当然在某一段历史过程中，在日本传教可能会成为耶稣会教务发展的重心，但是对于神学院创办的内涵而言，却不可能成为主要目的，而只能是表面上的依据。所以，本书认为范礼安在澳门开设圣保禄学院是为了开辟一个连接伊比利亚半岛、印度、越南东京、中国、日本的传教和教育中心，而赴日本传教则是一个具有说服力和考虑经费因素的表面理由。开办原因是如此，教育内容和形式亦和澳门所处的地理环境和发挥的作用密切相关，即使连

---

① SIMAO J V, DE ALMEIDA COSTA A. 关于澳门理工学院的评估报告：结论部分［J］. 澳门理工学报，1998（2）：20 - 32.

圣保禄学院的关闭也和耶稣会发展受阻有关。综合这些因素，圣保禄学院本质上就是一所教会大学，其创办缘由、办学目标、教育过程、历史作用等都在围绕着这一本质呈现于历史之中，所以才会有如李向玉在其著作中提到的"远东传教士的摇篮""西学东渐""欧洲中国汉学基地"等历史和文化作用。

在圣保禄学院停办 200 余年后，澳门终于诞生了由华人创办的第一所现代大学——澳门东亚大学。作为新创立的院校，澳门东亚大学的初创期、发展期、转型期都受到各种地理因素、文化因素及利益因素的影响，这些也成了澳门东亚大学短暂历史发展进程中的偶然因素。申办一所新的大学，要考虑的因素很多，首先要考虑让大学能够存活下来，而这与大学的目标定位、学生来源、学科特点显然密切相关。所以，澳门东亚大学初期一定要将文化特征和利益因素综合考虑，方能达到一种发展上的均衡。如，招生以香港学生为主、学科重心偏于商科、教学语言使用英文等。在发展的进程中，澳门东亚大学还要考虑经费的来源，于是通过不同学院之间功能和利益的分配和互补再次达到一种平衡状态。尽管如此，大学就是大学，有着自身的发展规律和属性。如澳门东亚大学开办公开学院、研究院可以兼顾大学整体的财政收支，看起来这两所学院似乎是"挣钱"的机构。然而，即使是公开教育和 MBA 教育也需要基于学术内涵加以发展。更为关键的是，这两所学院也在无形中充实和拓展了澳门高等教育的办学形式，为后东亚大学时期高等教育的多元化发展打下基础。

在《中葡联合声明》签署后，澳门开始进入回归过渡期，澳门东亚大学也在这段时间进入转型期。澳门东亚大学从私立转向公立，虽然程序不复杂，但是外部的控制与学术自治之间形成了张力。应该说，澳葡政府希望通过一种直接管治，使得公立的澳门东亚大学能够直接为回归过渡期间一些具体的需要服务，这本身无可厚非，也是特定时期的产物。然而，大学的本质是学术，院校的发展需要具有自主性特征也是经过历史验证的高等教育哲学。于是，澳葡政府与大学学术力量之间的博弈，使得澳门东亚大学在这一时期的发展趋向于"为回归过渡期培养澳人治澳的急需人才"这一核心目标，因为这一目标正是平衡各方利益和学术的产物。无疑，转型期的一些动向和诉求也成了历史发展中的偶然因素，而这些偶然因素势必服务于时代和大学发展的核心内涵，并有利于澳门高等教育整体的发展。

后东亚大学时期，澳门高等教育的发展开始走向多元，不仅出现了作为原澳门东亚大学组成部分的澳门大学、澳门理工学院、亚洲（澳门）国际公开大学，而且还成立了很多新的公私立院校。应该说，这一段时期的发展应该得益于 1991 年高教法的制定。澳葡政府制定的 1991 年高教法就是为了规划后东亚大学时期澳门高等教育发展的布局，但是，1991 年高教法除了规划之外，还必然存在规范的作用。所以，公私立大学的出现、院校的不同发展定位、研究生教育的开展、科学研究的重视等全部在规范化的引导下走向正轨，开启了澳门高等教育百花齐放的良好局面。

回归以前，澳门高等教育的历史是一种偶然和必然辩证发展的过程，偶然因素的出现往往基于具体的文化、地理、利益等，而主导必然性发展的必将是高等教育发展的使命与核心内涵。澳门高等教育历史发展的逻辑说明，高等院校的发展未必完全受到其主观思维规则的引导，其间必然存在诸多偶然性因素，然而总体看来高等院校必然受到其核心内涵和学术规律的影响，呈现出必然发展的逻辑规律，即黑格尔所言的存在之理的逻辑。

第三章

澳门回归以来高等教育发展的现实选择

　　澳门回归祖国20多年来已拥有10所高等院校，其中公立高校4所（即澳门大学、澳门理工学院、澳门旅游学院、澳门保安部队高等学校），私立高校6所（即澳门科技大学、澳门城市大学、澳门镜湖护理学院、澳门管理学院、圣若瑟大学、中西创新学院），呈现出公立私营多元化、制度体系规范化、课程结构多样化、学生规模普及化、质量保障国际化的办学格局。

　　回归以后的澳门高等教育在诸多方面都已焕然一新，成就显著。然而，从澳门回归以前高等教育发展的历史逻辑可以看出，无论是影响高等教育发展的各种外部因素，还是高等教育内部的制度和学术发展规律，都主导着高等教育的历史发展进程。基于这些因素的交互作用，澳门高等教育发展在不同阶段呈现出不同的现象，而这些因素以应然、实然的方式展示出来的即为高等教育的价值取向和现实选择。历史制度主义在追寻政策历史的过程中认为，某种政策方案的选择和实施往往受制于既定的政策制定模式，而既定政策模式的形成又是一个历史的过程。[①] 实际上，这就是"路径依赖"的过程，某种制度一旦进入固定的发展模式以后，学习成本、退出成本、预期适应性、磨合效应等使得改变这种制度的可能性变小，而沿着这种制度路径继续走下去的"回报增加"（increasing returns），所以制度变迁变得比较困难。[②] 澳门高等教育的发展同样存在着路径依赖，即澳门高等教育的历史发展逻辑同样对当前的高等教育发展有着显著影响。本章拟对历史逻辑影响下，澳门高等教育发展现实选择的本质与现象层面做出分析，重点考察澳门高等教育的宏观治理、人才培养、质量发展、学术研究及合作等几个方面的本质特征与现实选择。

---

① 何俊志. 结构、历史与行为——历史制度主义的分析范式 [J]. 国外社会科学，2002（5）：25－33.

② PIERSON P. Increasing returns，path dependence，and the study of politics [J]. American political science review，2000，94（2）：251－267.

第一节　澳门高等教育宏观治理的困境与抉择

一、澳门高等教育制度体系的规范与完善

回归之初，澳门特区政府以"固本培元，稳健发展"作为总体目标，经过回归前后的过渡发展阶段，政府迫切需要"积累能量，恢复元气，重新确定前进的起点"①。此外，回归前夕，澳门的两所主要高校澳门大学、澳门理工学院刚刚颁布了新的章程，高校内部制度已有所改变。然而，回归后的澳门高等教育制度没有做出改变，依然遵循着1991年高教法。

鉴于1991年高教法与回归后的澳门高等教育发展的需求愈来愈不相适应，澳门特区政府于2002年启动修订高教法的咨询和研究工作。2004年，为修订现行高等教育法规，特区政府草拟了《高等教育制度》法律草案及其补充规定的行政法规草案，并向社会各界进行了公开咨询，同时举行高教法修改咨询会，以及听取有关人士的意见。经研究各项意见后，特区政府当时将法律草案再次做出修改，为最后颁布做好了准备。然而，由于种种原因，该草案迟迟未能进入立法程序，被搁置起来。

在陈旧的法律框架下，澳门高等教育的发展受到很大的束缚。1991年高教法中虽然规定了高校享有行政、财政、学术自主权，但澳门东亚大学转型以后治理模式的延续性决定了澳葡政府始终是澳门大学和澳门理工学院的直接管理者。在澳葡政府时期，"1991年成立的高等教育辅助办公室负责监控澳大的财政、资产、人事、课程设置及发展，澳门大学成为政府的一个部门而失去办学自主权。所有高级行政职位都是委任而来，并需负责教育事务的政务司（行政教育暨青年事务政务司）批准。他们与校方签订二年合同，合同到期后则需续签。因此，高级行政人员只是向委任他们的政务司负责，缺乏创新的动力，

---

① 何厚铧. 中华人民共和国澳门特别行政区政府二零零零年财政年度施政报告［R］. 澳门：中华人民共和国澳门特别行政区政府，2000：3 - 4.

甚至于大学校长到外地访问交流，回澳门后都要向政务司写报告交代。事实上，政府需要的只是'唯唯诺诺'的人来执行它的政策。显而易见，一所行政导向的大学容易受到官僚无能与短见弊政的掣肘"①。20世纪90年代澳门高等教育的治理正是如此，澳葡政府通过各种方式直接介入大学的管理，如，在澳门大学内部设立行政总监一职，与副校长同级，是大学的主要领导者。行政总监负责大学的行政、财政和资产的管理，直接向政务司负责。在澳门大学内部教职员工看来，虽然澳门大学校长是名义上的最高领导者，但是行政总监才是最有实权的职位。②

一所大学如果想要跨越式发展，就必须在学术发展、行政管理等方面保持真正的自主性，而20世纪90年代澳门大学的发展明显受到宏观治理上的桎梏。所以，回归以后，在新的高教法尚未出台之前，澳门大学急需通过制度上的变革改变大学在治理架构、课程批核以及人员管理等方面的现状，保证大学的学术自主。"从长远来看，与政府有太密切的关系也牵制了大学的发展，以管理政府部门的概念来管理大学，将令大学难以发挥开拓社会视野的正常作用。"③ 2002年，澳门大学改变了由特首担任校董会主席的模式，拥有了更多的办学自主权，自此开始了其修章的历程。新任校董会主席谢志伟认为，修章是一个漫长而艰难的过程。当时特区政府的一些顾问还是按照行政管理的思维考虑问题，并没有看到世界高等教育的发展趋势，以一套公共行政的管理办法强加在高校之上，采取保守的态度对待澳门大学的制度改革。在内外的谈判、交涉、妥协之下，特区政府最终还是认识到，澳门高等教育要想有突破式的发展，在治理方面一定要具有灵活性。由于当时的高教法修订处在停滞状态，而澳门大学作为澳门的领军高校已经在制度变革方面做了一系列工作，所以特区政府为澳门大学专门制定了《澳门大学法律制度》（以下简称"澳大法"），为澳门大学的修章提供法律上的保障。

---

① 余振，等. 澳门历史、文化与社会［M］. 澳门：澳门成人教育协会，2003：164.
② 余振，等. 澳门历史、文化与社会［M］. 澳门：澳门成人教育协会，2003：165.
③ 校董会当为澳大争取自主发展权［J］. 澳门大学通讯，2002（9）：1-2.

2006 年，澳大法获立法会批准颁布后，在澳门高等教育领域一度出现 1991 年高教法和澳大法并行的局面，这在世界高等教育历史上也是绝无仅有的。从表面上看，单独为某一所大学制定法律，并且可以和地区的法律平行并置，似乎不太符合规范。然而，在澳门地区高教法修订暂时被搁置的前提下，制定澳大法确实也是无奈之举。不可否认的是，这也确实能为澳门大学冲击世界一流大学、增加大学办学自主权、健全大学管理体制提供法律支持。当然，除澳门大学之外，其他的 9 所澳门高等院校还需要遵循 1991 年高教法。在这 9 所院校中，私立院校的人事、行政、财政方面只需遵循私法的劳动制度，办学受限较少。而其他的公立院校，如澳门理工学院、旅游学院，则处在陈旧法律的规约之下，办学自主权受到极大的限制。澳门作为一个微型社会，社会发展的敏感度非常高。"在一个方方面面可以被描述得比较清楚的社会，任何一个细微的变化都可能引起高教的关注。小而微地区的特点就是产业相对集中，就业市场的容量很小。如果高等教育专注于为澳门社会培养人才，那么在任何一类职业范畴，不用多久就会出现饱和，整体边际效应呈现加速递减趋势。"[1] 在制度发展方面也同样如此，对于一些能让澳门高校迅速冲击世界一流大学的举措，可以计日奏功；相反，那些并不能给澳门高校带来显著变化和收益的做法，却可能在很长一段时间里被湮没。

经过澳门特区政府和各界人士的不断努力，2017 年 8 月 7 日，被搁置已久的新的澳门《高等教育制度》法律（以下简称"2017 年高教法"）获得通过。一年以后，《高等教育基金》《高等教育委员会》《高等教育规章》《高等教育素质评鉴制度》《高等教育学分制度》等配套法规也全部出台。制度体系的规范化填补了原来法律设计上的空白和灰色地带，使澳门高校在学位颁授、教育教学、课程开设、素质保证、基金资助等方面获得了法律上的根本依据。[2] 从法律位阶上来看，2017 年高教法属于法律层次，《高等教育基金》《高等教育委员会》等属于

---

① 张红峰. 微型社会与澳门高等教育发展研究［M］. 广州：广东高等教育出版社，2019：2 - 3.

② 张红峰. 微型社会与澳门高等教育发展研究［M］. 广州：广东高等教育出版社，2019：4.

行政法规。以下对新建立的澳门高等教育制度体系作简单介绍：

2017 年高教法从保障及持续提升教育素质，强化高等院校自身的管治水平，加大院校在办学及课程设置方面的自主性和灵活性，强化师资队伍，以及提供资源保障等方面做出了相关修订，借以促进澳门高等教育的持续优化。2017 年高教法重点列明了高等教育的目标、高等院校的职责与性质、高等院校的章程与董事会管治模式、课程运作、学位规定与修读制、学生相关规定、财政与财产、高等教育基金与高等教育素质保证的一般规定、私立院校规定、非本地课程运作、高教主管部门等。相比 1991 年高教法，2017 年高教法赋予高等院校更大的发展空间，即澳门所有符合要求的高等院校均可颁授硕士学位及博士学位，院校不会因名称问题而受到颁授高一级学位的限制；完善了高等教育体制，针对高等教育章程、学分制、高等教育素质评鉴制度、高等教育委员会设立以及高等教育基金等都有明确的行政法规予以规范；开设了双学位专业、主副修结合及双主修的专业；规定所有的高等院校必须设立校董会以及院校内部必要行政机关的名称。①

为保障该法律各项规定的顺利实施，特区政府通过制定《高等教育规章》，从具体操作和执行的层面对该法律进行必要的补充，让各项要求和行政程序得到进一步明细化，以供各方依循。规章内容主要包括设立高等院校和开设课程的申请条件和程序，高等院校提交数据的义务及相关要求，提供非本地高教课程的外地高校与本地协办机构的权利和义务，以及各类申请项目所需的数据清单和相关手续等。

《高等教育素质评鉴制度》把评鉴活动分成院校评鉴与课程评鉴两个层次共四种类型，并分别指出了院校、新办课程及已运作课程在素质保障方面所需遵循的各项规定，同时亦包括了对非本地高等教育课程的素质保障措施，正式确立了澳门高等教育的外部问责和保障机制。其中，"素质的持续改善是评鉴工作的核心精神"。②

《高等教育基金》对基金的性质、组成架构和运作方式等做出规

---

① 高等教育辅助办公室.《高等教育制度》法律新亮点 [J]. 澳门高等教育杂志，2017 (19)：17 – 19.

② 曾冠雄. 全力打造澳门高等教育评鉴制度 [J]. 澳门高等教育杂志，2016 (16)：28 – 29.

范。该基金是一个具有行政及财政自治权和拥有本身财产的公法人，负责执行特区政府有关资助高等院校和提供资源推动高等教育发展的职责，其中尤其重视对高等教育就学权利的保障，推动高等院校之间的良性竞争，以及配合高等教育的优先政策和高等院校的发展计划，提供资助及财政援助。

《高等教育委员会》规范了高等教育委员会的组织和运作。该委员会为一咨询机关，通过社会各界的广泛参与，听取不同界别人士对高等教育的意见，凝聚社会共识，并进一步推动行政当局与高等院校之间，以及澳门高等院校之间的沟通和合作，汇集社会各界力量，共同推动高等教育的发展。

《高等教育学分制度》主要对每一学分所代表的学习量，以及对取得不同学位或学历所需学分的最低数量和组成做出规范。该制度建立了一套各高校共同适用的学分标准，以加强澳门高等院校之间，以及澳门与外地高等院校之间在课程方面的互操作性，为学生流动创造有利条件，亦方便院校灵活地开设不同类型的课程。

二、澳门高等教育宏观治理的行政机构

20 世纪 90 年代，澳葡政府负责管理高等院校的行政机构是行政、教育暨青年事务政务司。1991 年 12 月 31 日，澳葡总督韦奇立做出了第 158/GM/91 号批示，成立高等教育辅助办公室工作计划小组，协助公私立高等院校处理发展规划、章程设立、财务监管、课程审核、学历认可、公平入学等事宜。随着澳门高等教育体系的完善，各项职能逐渐增多，急需高等教育辅助办公室增加相应的辅助权限，协调及处理高等教育领域的相关事宜。临近回归之时，澳葡总督韦奇立颁布了第 11/98/M 号法令，取消了高等教育辅助办公室的项目组性质，将高等教育辅助办公室（葡文缩写为 GAES）定义为一个负责辅助、跟进及发展高等教育，并对高等学历进行认可工作的技术办公室。

取消项目组性质以后的高等教育辅助办公室在行政级别上等同于回归以后各司管理之下的局级行政部门，管理职责也有了很大的拓展，具体包括（结合了回归以后的第 6/2016 号行政法规修改内容）：

（1）透过规划活动及高等教育的现代化与多元化研究，以及考虑其与本地、区域及国际情况的配合，构思澳门特别行政区高等教育发展及国际化的策略，并提出有关建议。

（2）协助评核高等教育机构的表现，并持久、系统跟进有关的财政、财产及为执行针对高等教育订定之政策所需的人力资源管理。

（3）支持高等院校的运作，并建议切合高等教育发展及院校正常运作的措施以及行政、技术和教学程序。

（4）协助推广在高等教育领域内的课程以外的文化活动。

（5）确保高等教育机构开设课程的教学计划、课程编排及科目大纲的内容得以依法存放及登记。

（6）协调本地、区域及国际在高等教育领域的合作形式，鼓励及支持有关的交流合作，并促进澳门特别行政区与本地或外地的公私立院校或实体订立协议及议定书。

（7）在（学生）报读本地区高等教育机构的过程中提供协助。

（8）提供技术及行政支持，尤其透过订定及发布高等教育学历审查方面的标准或指引。

（9）协调培养及培训高等教育机构内的非教学人员。

（10）分析教学及非教学人员的需要，研究人员制度，并制定高等教育机构的管理准则。

（11）组织及更新教学人员、非教学人员、学生、高等教育机构课程计划的数据库，以及进行有关统计。

（12）促进出版教学及学术著作。

（13）推动澳门特别行政区高等教育的发展，协助提升学术活动的素质和高等教育的学术、教学及研究水平，以及协助持续提升高等教育课程的素质。

（14）进行识别急需人才培训的范畴的研究，以及发布具高等教育文凭的人士的就业及从事专业工作的信息。

重组以后的高等教育辅助办公室具有根据特别范畴设立项目组的权限，而这一办公室主任、副主任加项目组的组织管理形式在澳门回归以后一直延续了下来，并在社会文化司的管理之下，在澳门高等教育的宏观治理领域发挥着各项辅助及管理职能。

2017 年高教法颁布以后，特区政府于 2019 年 2 月通过重组职能、架构及人员编制，正式在原高等教育辅助办公室的基础上成立了"高等教育局"，制定了《高等教育局的组织及运作》行政法规。高等教育局是一个具有行政自治权的公共部门，下设四个厅，包括高等院校协调厅、高等院校学生厅、高等教育合作与科技厅及综合事务厅。重组以后的高等教育局与原高等教育辅助办公室相比，职责有了较大的拓展，具体增加了推动和评估特区高等教育政策及制度体系、协助提升澳门本地教学科研水平、监督澳门本地高等教育质量保障机制实施、监管私立高校设立及运作的相关工作、监管所有高等教育课程的开设及运作、研究急需人才培训的各类范畴等更具实质性的监管和辅助职能。在新的架构和职能之下，高等教育局已更好地履行了 2017 年高教法的各项规定，配合高校开展各项工作。2020 年以后，新一届特区政府为了优化教育资源配置，促进教育统筹发展，在 2020 年施政报告中提出合并高等教育局和教育暨青年局的目标，并制定了工作时间表。正如有学者所言，"合并高教局和教青局，可更好协调和衔接基础教育和高等教育，具体诸如奖学金申请、职业技术教育、升大考试等问题，随着两局合并，会比以往更容易理顺和发展"①。2021 年 2 月 1 日，高等教育局和教育暨青年局依照《教育及青年发展局的组织及运作》行政法规合并组成教育及青年发展局，通过资源整合，加强教育政策的协调性和有效性，提升工作效率及服务质量，重视青少年学生的培养，更好地统筹规划青少年发展和人才培养工作。

三、澳门高等教育宏观治理的困境分析

澳门高等教育的制度发展具有延续性，这种延续无疑也存在着"回报增加"。从 1991 年高教法到 2006 年澳大法，再到 2017 年高教法，三大法律体系中都有一个核心内容：保障院校的自主权。以最新的 2017 年高教法为例，在法律第二章第六条的"高等院校的性质及法

---

① 林发钦. 促进本澳教育发展 [N]. 澳门日报, 2020 – 04 – 24 (B2).

律制度"中明确提到"公立高等院校为公法人，具有学术、教学、行政及财政的自主权"；"私立高等院校自行管理，并享有学术、教学、行政及财政自主权"。无疑，三大法律中都强调了高校具有相应的自主权，但是在自主权的表述之前，还有另外一句更关键的表述：公立院校为公法人。同时，2017年高教法在第九条"行政及财政自主"中明确提到：高等院校在适用法例的范围内，按其性质享有行政及财政自主权。而"公法人"的定性强调于"行政及财政自主权"之前，也就意味着所有公立高等院校在享有行政、财政自主权的时候，必须首先要遵循一切有关公共行政机关的法律和行政法规。也就是说，所有公立院校只能是政府行政机关中的自治机构，必须首先遵守一切与公共行政相关的公共程序法典、公职人员系列制度（如招聘、甄选及晋级培训）、公共采购制度、公共财政制度，在此基础上才能讨论其他行政、财政自治方面的问题。

应该说，与20世纪八九十年代的回归过渡时期相比，当前高等院校的自治权已经有了很大程度的提高。20世纪80年代后期，澳葡政府为了培养葡萄牙体系的法律和行政管理人才，曾经专门设置相应的政府机构，绕过澳门东亚大学管理层，开设法律和公共行政专业，直接介入大学的"学术自主权"；在大学治理方面，澳门基金会行政管理委员会主席同时兼任大学校董会常任委员会主席，对大学拥有直接治理权。到了20世纪90年代，虽然1991年已经颁布高教法，但是澳葡政府依然可以通过高级管理职位的设立，对澳门大学的人事、行政和财政插手管理。而回归以后，这些方面都有了很大改善，一些通过行政指令影响大学自治的做法已经基本不存在，但是高等院校"公法人"的性质定位，导致所有的公立高等院校陷入另一重"制度困境"。

从制度的延续性可以看出，"公法人"的管理模式是政府管理高校的最优选择，能够使得对公立院校的监管既有法律保障又能达到让高校"自主"的目的。事实上，澳门回归以来，澳门高校在学术和教育方面的自主权还是很大的。在特区政府的监督下，10所高校开设了大量与社会经济活动密切相关的课程，与内地以及国外的高校交流频繁，科研业绩成效显著，这些都与高等院校的学术和教学自主权相关。然而，在行政和财政方面，公立院校的自主权却由于公法人的定性受到了限制。而脱离行政和财政的学术和教学是不存在的，所以行政和财政的自主权受限，也就意味着教学和学术的发展会受到影响。实际上，在高教法修订的细则性审议过程中，特区政府也希望通过一种"但书"的形式，让公立院校能更好地与国际接轨。"但书"在法律草案的条款中具体体现为"公立高等院校为公法人，但不妨碍其设立法规或相关修改的特别规定的适用"中的后半句，目的是在一些关键的行政、财政管理环节上，公立院校能够与政府管理脱钩，以私法人的形式运作，有更大的发展空间。然而，参与讨论的立法会议员却一致认为暂时看不到本澳的公立院校"公变私"的可能性。立法会法律顾问指出，因法律没有写清楚一旦公立学校"公变私"后将如何规管，建议先取消"但书"，若届时真的出现"公变私"，再另立新法规范。① 最后的结果则是，在 2016 年 11 月 8 日的讨论中，特区政府听取了相关法律意见，综合权衡后，不得不撤回"但书"条文。当然，这一细节的处理无碍特区政府为澳门高等教育制度的完善所做出的努力，但公立院校在行政和财政方面依然需要受到公共部门法律法规的约束。

实际上，特区政府和立法会，甚至包括公立院校、社会大众，每一方都有着相应的诉求，也有着自己的一套逻辑准则，但无论这些准则的平衡点在哪里，高等教育都还需要有一个期望目标，这个目标应该悬置在任何利益诉求和法律说理之上，即高校能够在科研、教学、行政等方面获得真正的自主权，从而为澳门高等院校快速发展奠定制度基础。就目前而言，公立高校基于公法人的定义一向被认为是公共行政的自治机构，虽然在行政和财务上享有自治权，但本质上仍然是公共行政机构（第三类自治机构）。这一性质的定位，必然导致高校在人事、财政、行政等方面要受到适用于公法人的法律法规的约束。然而，高校学术的本质属性与纯粹公共行政机关的性质有所不同，高校中的工作具有创造性、长效性、不确定性等特点，需要和一般行政单位区别对待。在人员制度方面，对外招聘人员的开考必须将有关通告

---

① 二常会审高校"公变私"胶着［N］. 澳门日报，2016 - 01 - 21（B10）.

公布于《澳门特别行政区公报》后才能开始。属于统一管理制度的开考，尚需将开考通告或有关通告摘录，至少刊登于两份报章上，其中一份为中文报章，另一份为葡文报章。聘请本地以外的专家、学者必须要经过一系列程序，如行政长官批准、登政府公报、刊登报章等，手续烦琐，一套程序走下来要数月之久，容易丧失许多挽留人才的机会。教授的薪酬不能突破为政府公职人员所订立的薪酬上限，难以引进欧美地区知名的专家学者，体现不出创造性学术工作的特点。在财会制度方面，财政年度预算与学年制教育之间容易出现矛盾，导致每到财政年的12月份，年度决算的到来使得很多工作无法正常开展，院校财务部门开始催促学术单位将有关开支做出结算，整个12月份与开支相关的工作处于停滞状态。在会计制度方面，预算活动的记账需遵循现金收付制，并按照公共会计制度规定的分类予以列明，导致院校无法应对教学、科研过程中的一些紧急状况，如在缺少准确预算的前提下，院校不可能临时邀请某个知名专家参加学术活动，本校教师也不可能临时外出参加某项重要活动。同时，上年度的盈、亏不能带到下一年度，缺乏财务上的连续性。在采购制度方面，高校最大的开支权限仅为50万澳门元，还必须要三家报价，上报社会文化司审批，无法应对教育、科研工作中的一些紧急需求，等等。总之，这一切问题的出现，都与公立院校"公法人"的定性有关，导致院校发展缺乏灵活性，很多时候院校在行政、财务制度的约束下，经常会采取保守的思路进行策略选择，多一事不如少一事，缺少创造性的发展思路。

以上仅是"公法人"定位所带来的直接影响，而其对院校产生的间接影响往往更加阻碍高等教育的发展和变革。以政府拨款为例。2020年以前，澳门公立院校的收入来源主要是特区政府的拨款，达到80%以上，学费和其他收入来源相对较少。从世界范围的公立高等院校的收入结构来看，政府拨款比例都在下降，而学费、投资、捐赠和产业化收入等的比例在不断上升。当然，每个国家的政府也会通过转移支付的手段维护教育的公平和奖励优秀学生，但总的趋势就是公立院校和学生需要承担更多的教育成本，这样能够增强院校自主办学和竞争的意识。事实上，2020年4月，在新一届特区政府财政年度报告中也明确提出了"研究扩大澳门院校招收外地学生的比例，推动高校朝着自主及适度产业化的方向发展；支持高等院校教学、科研及其成果的转化"。2020 年 12 月出台的《澳门高等教育中长期发展纲要（2021—2030）》中又明确提出"高等院校逐步朝着市场化方向发展的机制"①。虽然施政报告和规划纲要没有明确提出特区政府拟消减拨款，但是治理目标与财政拨款无疑是密切相连的，当招收外地生的数量、院校产业化一旦能够实现，院校和学生承担的教育成本就能够增加，特区政府的财政拨款自然而然就会减少。然而，政策文本只是提出一个宏大的目标，实施起来还需要考虑诸多因素，而正是澳门公立院校"公法人"的定位，将使得上述符合世界发展趋势的公共政策落实起来举步维艰。

假设某所公立院校的特区政府拨款占其经费总收入的比例为 85%，学费占比为 10%，各类对外服务占比为 2%，年度结余和其他占比为 3%。当前，按照财政年度施政报告的思路，特区政府是想提高学费和产业服务收入（产业化和科技成果转化）的比例。参照一些发达国家的高校经费组成结构，英国高校的学费加教育合同占比已经达到 50%，其他收入（包含产业收入）约为 20%，而政府公共经费占比已下降为 30%；美国公立院校的政府拨款也在持续下降，目前一般公立院校的政府拨款占比也是 30% 左右，学费占比为 50%～60%，产业化收入在 10% 左右。按照美国和英国的标准，以及美国经济学家约翰斯通提出的成本分担理论，澳门特区政府投入公立院校的经费比例应该大幅下降，然后通过一系列的转移支付措施对公立院校中的澳门本地生和学业优秀学生进行补贴和奖励，最后统计下来，未来澳门公立院校的特区政府实际拨款应该是 50% 左右。即使这样，公立院校的特区政府拨款也将比当前下降 35% 左右。与此同时，学费和产业化收入应该大幅上升，提升公立院校对外服务的能力和产业化的动力。一旦公立院校自主筹集经费在能力和在经费结构中的占比提升，院校的自主权理应得到大幅度的提升。

然而，这一切都是理想化状态。我们必须明白的一点是，公立院

---

① 高等教育局. 澳门高等教育中长期发展纲要（2021—2030）［R］. 澳门：澳门高等教育局，2020：17.

校是"公法人"，其首先必须遵守公共行政机构应遵循的财政制度，即院校要花什么钱须按照公共会计制度规定的各项分类细目进行预算，然后特区政府审核以后进行拨款。在这样的拨款机制下，公立院校一切其他收入（如学费、产业化、投资、捐赠等）都必须统一作为公共收入纳入财政，然后再按照上述预算编制后进行拨款。而特区政府的公共收入分为"经常收入"和"资本收入"，这两类收入至多包括一些劳务和资产投资、利息等，都是根据公共部门的性质所订定的收入形式。严格意义上来说，学费和产业化收入都不应包含其中（仅和"服务"有些关联，通过高教法确认了院校经费收入的来源），更不用说通过提高这两项收入来改变当前公立院校经费结构的构成，每一所公立院校也不会有自主筹集经费，甚至是提高学费的动力。当然，特区政府可以通过行政命令强令公立院校执行产业化、市场化或者科技成果转化的公共政策，公立院校也必须执行。然而，这就是一个博弈的过程，必须做和主动做是完全不一样的概念。做了但做不通，回过头公立院校还是需要按照公共财政制度进行预算，由于公立院校是"公法人"，上级政府部门只能批准下级部门预算的合理性，但不能否定这一预算所属的性质，因为性质是受法律保护的。此外，公立院校是"公法人"，如果院校执行产业化政策，那么如何开办具有"私法人"性质的校办产业；即使根据院校章程，公立高校可以设立私法人机构，那如何履行法律监管程序、财政上的运营和对接以及知识产权的利益分配等，都是很难处理的问题。

当今世界高等教育发展正呈现出两个基本特征：其一是高等教育普遍处于大众化、普及化阶段，其内涵与外延发生变化。其二是市场经济体制打破了过去政府公共财政投入一枝独秀的局面，高等教育经费筹措及来源多元化。毫无疑问，高等教育大众化或普及化导致公共财政投入不足，是高校经费筹措多元化的直接诱因。但更深层次的是，现代市场经济发展不仅对人才培养的规格、发展速度与质量提出具体要求，还要求各个高校按照公平竞争原则从市场中寻找办学经费。从成本分担理论来看，高等教育成本无论在什么社会、体制和国家中，都必须由来自政府、家长、学生、纳税人和院校几方面的资源来分担。

就实践来看，当今世界，绝大多数国家和地区的高等教育成本都呈现出国家、个人、院校、社会分担的格局。

随着经济社会的发展和人们对高等教育需求的不断提高，高等教育属性发生了变化，逐渐由公共产品向准公共产品、公共产品和私人产品并存发展的方向转变，因而政府财政拨款占公立高校经费总收入的比例下降是必然的趋势。此外，由于高等教育规模不断扩张，公立高校的公共性程度降低了（学生未来可能是受益者），因而公立高校学费水平不断提高乃至学费收入占公立高校经费总收入的比例也在不断攀升。对于公立高校而言，亦需要凭借科研成果转化或专利转让、医疗卫生、教育等服务向社会及国际学生提供多样化有偿服务，以其收入来反哺高校的教学和科研工作，从而促进公立高校的良性发展。这种有偿服务被称为销售与服务。社会分担高等教育成本通常是指企业组织和个人在高校设立奖学金和教育基金、提供捐赠等，高校可以使用这些资金及利息来支付高校的教学成本及学生的个人生活成本。

本质上而言，公立院校经费结构必须发生变化，不只因为这是世界各个国家的发展趋势，还因为所谓公立院校不再完全是"公立"的了，而是"准公立"的了。所以，澳门公立院校要想获得行政和财政上的真正自主，辅以政府的宏观监控，就必须改变当前"公法人"的性质，通过相关法律、法规的修订，将公立院校从政府的公共行政机构中脱离出来，采取整体拨款（block grant）的形式，改变原先沿用公共行政、财政制度管理高校的方式，增加高校内部的竞争意识，提高高校自主管理运营的能力。

如上所言，表面上看，澳门特区政府给公立院校以很大的自主性，但实际上并非如此，即澳门高等教育的宏观治理对公立院校而言是"名义上的自治与实质上的不自治"。① 这一治理模式具有历史制度主义所言的路径依赖性。不用说改变澳门公立院校的法律性质，即使是在"公法人"的定性后面加上一句"但书"，也是举步维艰，在立法会上的讨论中不到一个回合就遭到了质疑，可见制度的依赖性是如此

---

① 张红峰. 回归15年澳门高教治理的回顾与展望 [J]. 中国高教研究，2014（12）: 28 – 32.

难以撼动。换一个角度而言，正是在这一稳定而不失法理依据的公立院校定性之下，澳门高等教育的宏观治理才能具有历史的延续性，表面上"无为而治、院校自主"的模式才能成为澳门高等教育宏观治理中的价值选择。然而，本书经过深层次的解剖分析后认为，这一价值选择于未来发展而言存在着一定的弊端，尤其对于公立院校而言也很难促使学校有更大的突破和发展。

四、澳门高等教育宏观治理的现实抉择

澳门回归祖国已经 20 年有余，高等教育在方方面面有了很大的提高。在宏观治理方面，特区政府能够引导高等院校依据自身特色做好发展规划，而且在公共拨款上也是给予很大的支持。然而，高等教育宏观治理还需要建立一整套现代大学发展的制度体系，这一制度体系建立的首要任务就是厘清政府与高等院校之间的关系。

对于澳门高等教育宏观治理而言，最主要的就是要厘清特区政府与公立高等院校之间的关系。这个关系牵一发而动全身，影响着财政、行政以及院校是否能够创造性发展的整个格局。具体来说，特区政府和公立院校之间的关系应该坚持政校分开和管办分离的基本原则。政校分开的含义是指，政府和院校（包括公立院校）是不同性质的机构，公立院校不是政府的附属机关。高校与行政机构的区别是：它一方面缺乏行政组织那样的从上到下的层级控制手段，另一方面又必须使其成员受到学术自由制度的保护。[①] 所谓自治性不是简单指具有一定财务支配和行政运作的灵活性，而应是指整体办学的自主性。管办分离的含义是指，政府负责举办公立高校，但是公立高校内部治理和管理运作属于高校的权限范围，而政府则利用定期财政审计和质量保障监控对公立高校进行宏观调控。

然而，在澳门，这两句话说起来容易，解释起来也能被理解，但做起来难上加难。特区政府也许并不认为直接插手过高校的具体事务管理，但是"公法人"的定性让澳门公立院校内部的管理活动不得不

---

① 陈学飞，展立新. 我国高等教育发展观的反思 [J]. 高等教育研究，2009 (8)：1 - 26.

按照政府部门的法律法规进行运作，即使是回归后公立院校内部的人事章程也必须参照《澳门公共行政工作人员通则》撰写，否则很难获得批准。一旦公立院校想有所突破，采用私法人的形式进行筹款或运作，又过不了审计这一关。如，2015年2月，审计署公布《澳门大学员工宿舍制度、于珠海设立研究院、筹备发展基金》专项审计报告，就澳门大学在运作和管理上的三个专题进行审计。在此，截取相关报告撮要部分的内容如下：

澳大作为一所公立教育机构，……大部分的运作经费亦是来自政府每年的预算拨款，以2013财政年度为例，预算拨款金额更达1 204 768 165.97澳门元，占澳大年度总开支1 407 929 286.21澳门元之85%以上。除拨款予澳大外，特区政府早前更直接投入超过103亿澳门元于横琴兴建澳大新校园。由于澳大日常运作所涉公帑金额较大，……其对于公共资源的运用更应兼顾效益及公平公正……在员工宿舍制度方面，审计报告指出，由于澳大的建筑群全数由公帑承担建设，日常营运开支主要来源自特区政府的预算拨款，因此，澳大在公帑使用上，须遵循第41/83/M号法令善用政府公共资源原则，以及配合特区政府的政策。按照特区政府使用公帑提供福利房屋政策的一贯原则，只能是向没有物业的市民及政府雇员提供协助。然而，澳大运用公共资源，为已持有物业的教员及职员提供额外住所，除了不配合特区政府福利房屋政策的原则外，亦明显有违善用政府资源的原则……在筹备发展基金方面，澳大在筹备成立澳大基金会向外界收取捐款时，由始至终只考虑以个人名义透过《民法典》成立澳大基金会的模式，并没有考虑其他模式成立澳大基金会，更没有分析各种模式的相关利弊，造成澳大基金会成立之后是一个在法律上完全独立于澳大的私法人。澳门大学发展基金至2013年已取得捐款达7.76亿澳门元，连同投资及其他收入，该基金于2013年年终累积有8.22亿澳门元的净资产……澳大现时所采用设立澳大基金会的模式，导致澳大无法对澳大基金会进行监督及控制，亦无权干涉澳大基金会的运作，支持澳大发展的捐款是交予一个与澳大没有直接法律关系的基金会进行管理，增加了澳大在捐款管理及使用上的各种潜在风险。①

以上仅列举了审计署关于宿舍制度和筹备发展基金的审计意见，从中可以看出，审计署的审计有一个根本出发点就是澳门大学是"公法人"，任何行为必须遵循公共行政方面的相关法令，"公法人"必须善用公共资金以及以私法人形式运作的基金会无法受到有效监管等。站在审计署的立场来看，这个审计报告当然没有问题。但是从大学发展需要和追求卓越的目的而言，澳门大学的做法也有自己的道理。实际上，矛盾的关键点就在于"公法人"的定位。假设澳门大学愿意采取增加学费、科研成果转化的经费筹措策略，也会因为"公法人"的身份而无法深入推行。所以，要想改变这一现状，仅在公法人的语句表述后面加上"但书"也是不够的，必须从改变澳门公立院校"公法人"的性质着手，才能建立真正的现代大学制度。在具体做法方面，2011年澳门大学修章小组出访考察葡萄牙获得的资料值得参考。以下为摘录：②

葡萄牙政府意识到高等教育对社会经济发展的重要性，同时也为配合国家提升科研水平及加强国际合作的政策，在2005年委托世界经济合作与发展组织（OECD）为葡萄牙高等教育概况进行全面检视，其中"院校管治"为检视的最重要一环。

OECD小组认为，葡萄牙政府不应将大学当作公共机关管治，应赋予大学更大自主，且应避免微观管治大学。因此，葡萄牙国会最终于2007年通过新的葡萄牙高等教育法律制度（RJIES，62/2007），赋予高等教育机构更多元的管治体系及更大的自主，尤其体现于院校的组织架构、权责关系、财政自主及人事管理方面。

新法律主要修订了包括授予作为大学监督实体的全体委员会（相等于校董会）实际的权限，且其组成允许外来的社会贤达或专业人士参与，这是葡萄牙高教史上的首例。与此同时，新法例赋予校长更多

---

① 澳门特别行政区审计署. 专项审计报告：澳门大学员工宿舍制度、于珠海设立研究院、筹备发展基金 [R]. 澳门特别行政区审计署，2015：1-4.
② 澳大修章小组. 各地区高等教育改革概况摘要 [J]. 校董瞭望台季刊，2012（5）：15-24.

的权限，让其更能发挥大学领导的角色。同时，院校之间可成立联盟，有助推进国际合作。新法律颁布后，各公立大学须于6个月内订定其新章程及组织架构。葡萄牙政府亦于新高等教育法内增设一项非常重要的规定：容许公立高等教育机构以公共基金会形式在私法制度下运作。

新设立的大学基金会制度（公共基金会在私法制度形式下运作）的内涵包括：

葡萄牙公立大学一向是公法人，所以受适用于其他行政性质的公法人制度管辖。但自2007年9月修订新法律制度后引入"私法制度下的公共基金会"的运作模式，容许公立大学脱离公法人身份，透过适当申请程序取得此私法制度的公共基金会地位。葡萄牙大学校长协会的校长成员指出，如果大学选择采用新的大学基金会制度，将会在三大范畴取得更多自主：①大学固定资产的所有权；②独立于政府的财政制度；③与公务人员制度脱钩的人事管理制度。

在大学基金会制度的规范方面，公立大学与政府之间有一不明文规定，就是公立大学收入需有多于50%为非政府直接拨款才可申请成为基金会。校长须经全体委员会（校董会）以多数票通过建议书才可提交申请。基金会的组织架构包括由5人组成的信托委员会（Board of Trustees），代表政府监督大学。信托人由大学推荐，政府任命，且不得同时与大学建立雇佣关系，任期为五年，最多可连任一次。信托委员会主要职责为确保大学有健康的信贷状况及良好的运作，且在大学筹款方面扮演相当重要的角色，但不会监察大学的细节运作。政府和公共基金会须签订为期不少于三年的协议，内容包括新制度的设立和发展计划、基金会章程、基础架构和过渡程序等。

大学仍被称为公立大学，但以公共基金会形式在私法制度下运作。按新的高教法，大学基金会受私法制度规范；以私法制度招聘人员，与公务员制度脱钩；自行订定人员薪酬；不用跟随公共采购程序；自由运用去年的财政结余，不用通过批核手续；自行按授权决定买卖不动产或作投资；自行管理售卖资产所得的收入；自行处理捐赠。政府拨款是按多年度（最少3年）的协议而订定，且根据政府对院校的拨款方程式而逐年拨出。在政府与基金会所订的协议中，列明基金会可以回复原制度的情况。

在问责和监察方面：政府及大学基金会透过签订协议安排拨款，协议内亦有订明绩效目标。大学基金会仍受政府的审计部门监察，同时其信托委员会某程度上亦代表着政府监察大学。配合新的高教法，政府还订立了高等教育评审的法律框架，设立了质量保证和评审机关，以独立的私法人身份为院校进行评审。

因为澳门公立高等院校的公法人定性主要来自葡萄牙，所以葡萄牙在高等教育领域的变革非常值得澳门参照。澳门特区政府可以从高等教育宏观治理方面遇到的困境以及高等教育未来发展需求的角度，向立法会做出系统的建议。一种方案是，特区政府可以通过修法在法律层面上对法人的类别、内涵及性质做出详细的解释，如，可设立公、私法人之外的独立法人或在公法人之下设立适用于不同法规的事业法人（公立院校）和机关法人（原公法人），并加以阐释和配套立法。另一种方案是，特区政府可以参照葡萄牙的做法，通过修法承认可以在私法制度下运作的公共基金会模式。然后，订立系统的运作规范，促使澳门公立院校对外积极募集院校发展经费（学费增加、院校产业化收入、捐赠、投资等），当公立院校对外筹集的经费来源超出一定比例（如40%~50%）时，院校可以依照法律程序向特区政府申请成为公共基金会身份。这两个运作模式也许是当前较为可行的做法。

改变公法人性质的同时，特区政府还需要考虑改变公立院校的财政拨款机制。宏观治理和财政拨款方式密切相关。如果仍然延续原先的财政年度预算分类拨款，并在会计制度上采取现金收付制，当年预算和决算必须反映出具体活动的收支情况，那么公立院校的运作依然容易陷入原来的状况。所以，特区政府对公立院校拨款较宜采取公式计算与绩效导向相结合，以整体拨款的方式拨付给院校。同时，特区政府通过建立中介组织，实现对所有高等院校的宏观调控。实际上，澳门高等教育基金已经根据行政法规设立，但其仅是对公、私立高等院校的教育、科研、对外合作等发展进行资助，并不涉及财政拨款的范畴。特区政府如能在未来将高等教育基金转变成高等教育宏观治理的中介机构，通过基金拨款将特区政府和高校两种不同性质的机构有效连接，又与双方各保持一定的距离，那将为高等教育宏观治理提供组织保障。

最后，特区政府需要发挥高等院校校董会的作用，加强对高校的规划和监督。2017年高教法中明确要求高等院校必须设立校董会。实际上，澳门的私立高校自成立之初就已经设立了校董会。在私立院校中，校董会作为学校最高权力机构代表出资人对大学进行治理，其中拥有的一项重要职责就是要保障出资人的利益和资金安全。在公司、企业中，董事会甚至是职工股东大会的业务执行机关。所以，私立机构校董会的重要责任就是要维护出资人的利益。而公立院校之所以要设立校董会，其目的和意义与私立院校校董会既有相似之处，又有自己独特的内涵。严格意义上，公立高等院校的校董会应该被称作"信托委员会"。政府是公立院校的主要出资人，但政府机构与公立院校有着不同的性质，不能以适用于政府的一套模式来监管高校。所以，政府在公立院校中设立校董会（信托委员会），目的就是委托一个值得信任的机构来代为监督高校，即政府和校董会之间构成了委托—代理关系，校董会和公立院校之间也形成委托—代理关系。当公立院校能够取得公共基金会地位以后，院校自主性得到保障和加强，但政府同时需要委托校董会对公立院校进行有效的监管。公立院校校董会内部一般由政府机关人员、专业人士、社会贤达、院校内部领导和教研人员等组成。所以，校董会除了具有制订院校整体发展规划、审核财政预算、确保资金安全的职责外，还要能够上通（与政府签订公共政策协议书）下达（与院校管理高层签订教育、科研、服务等方面绩效发展协议书），以此加强对学校的规划和监督。

第二节　澳门高等教育人才培养的特征与选择

纽曼曾经说过，知识不仅是达到知识以外的某种东西的方式，或是自然地发展某些技能的基础，而且是自身足以依赖和探求的目的。[1]知识本身即为目的，是纽曼的大学理想。基于这一教育哲学，人才培

---

[1] 约翰·亨利·纽曼. 大学的理想 [M]. 徐辉，等译. 杭州：浙江教育出版社，2001：24.

养职能从中世纪开始就成为大学存在的根本依据。然而，随着社会经济的迅猛发展，高等院校不可能独处于象牙塔之中，而必须跻身于社会发展的中心，成为社会的轴心机构。于是，现代社会中的高等院校愈来愈被强调其要为社会经济服务，而作为高校根本职能的人才培养也被要求具有"适应性"。在澳门，高等教育的这一发展趋势，受微型社会典型特征的影响显得尤为突出，与纽曼的大学理想已经渐行渐远。本节则主要在这一背景下，探讨澳门高等教育人才培养的规模和结构特征、人才培养的特色以及高等教育人才培养的现实选择的适应性特征，以期对澳门高等教育未来的人才培养有所启示。

一、澳门高等教育学生规模的变化与发展

回归以来，澳门高校学生规模呈现出非均衡的发展态势。2000—2001 学年，澳门高校学生的注册人数仅为 12 749 人，而从 2014—2015 学年以来，高校学生规模为 3 万人以上，至 2019—2020 学年澳门高校学生人数达 36 107 人。作为一个微型地区，澳门高校学生规模在回归后很长一段时间内起伏很大，如图 3-1 所示。

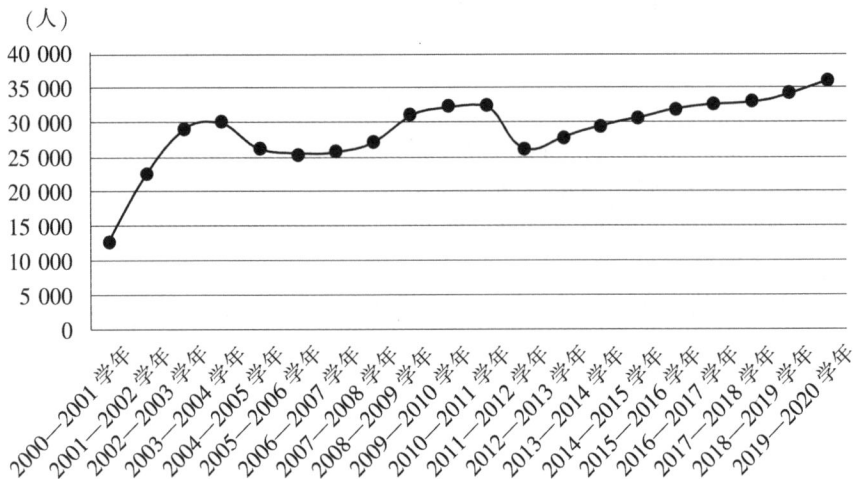

图 3-1　回归以来澳门高校学生注册人数变化趋势

资料来源：澳门教育及青年发展局资料库，https：//www. gaes. gov. mo/mhedb/。

　　影响澳门高校学生规模变化的因素主要有以下方面：其一，回归初期澳门新建的私立高校缺乏宏观管理，个别学校以"学店"的形式降低招生要求，导致其招生规模异常膨胀，这种非正常状况在当时已被教育部紧急叫停。其二，澳门经济以博彩为龙头产业，在博彩业强力吸引外资、经营权对外开放的初期，如2002年以后，很多适龄学子禁不住博彩行业的高薪诱惑，纷纷弃学而去工作，导致高校人才培养的规模在不同时期出现下跌。当博彩业和旅游服务行业对高层次人才需求增大时，高校人才规模也会出现边际效应快速增加的情况，直至达到饱和。其三，澳门是一个地域虽小但又高度自治的城市，澳门特区政府在拨款方面会优先保障澳门本地学生的利益，澳门公立高校主要以招收本地学生为主，学士学位专业招收内地学生的比例一直维持在15%～20%。所以，某些时期的政策调控势必会影响整体规模的变动情况。其四，由于个别高校招收了较多与内地教育机构合作办学的学生，而这部分学生基本不在澳门上课，故澳门特区政府从2011—2012学年开始，扣除了这一部分注册学生数①，图3-1中2010—2011学年学生人数下降的原因即在此。其五，澳门地区出生人口数量较少，每年仅数千人，一旦出现类似"非典"的特殊情况，出生人口的起伏波动就会很大，这也极大地影响了澳门本地高校学生入学人数。

　　从图3-2中澳门高校本地学生规模变化的趋势可以看出，除在回归初期因受博彩经营权开放影响而导致有一次大的波动之外，在2013年以前，本地生规模整体呈现平稳上升的趋势。而在2013年以后，本地学生规模开始缓慢下降，这和澳门从20世纪90年代末出生人口开始下降密切相关。对比整体学生规模变化和本地学生规模变化，可以发现，学生规模在2013年以后是呈现整体平稳上升的趋势，说明各个高等院校在这一阶段开始扩大外地学生的规模，并且有效保证了澳门高等教育学生规模的健康发展态势。

---

① 澳门特别行政区高等教育辅助办公室. 澳门高等教育资料2011/2012年度教职员与学生人数［M］. 澳门：澳门特别行政区高等教育辅助办公室，2012：5.

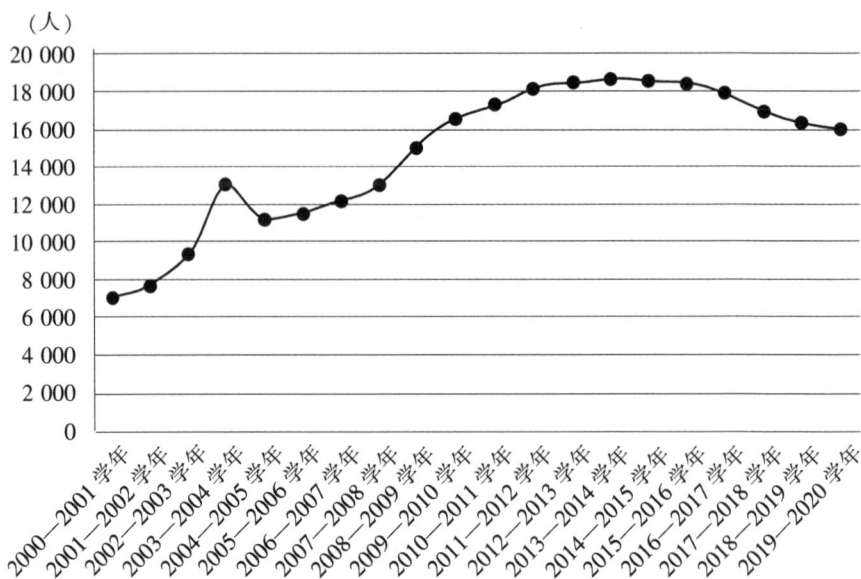

图 3 - 2　回归以来澳门高校本地学生注册人数变化趋势

资料来源：澳门教育及青年发展局资料库，https：//www.gaes.gov.mo/mhedb/。

回归以后，澳门高等院校适应社会的需求，逐步加强高层次硕士、博士研究生的培养。图 3 - 3 显示，澳门高校的博士学位学生的发展规模比较平稳，回归之初仅有 16 人，及至 2018—2019 学年博士学位学生注册人数达到 2 562 人，占全部学生人数的 7.47%。而硕士学位学生的规模变动比较大，其中经历了两次断崖式的下跌，分别是从 2002—2003 学年 17 317 人跌至 2009—2010 学年的 7 010 人，从 2010—2011 学年的 7 474 人跌至 2011—2012 学年的 3 387 人。两次下跌均与部分澳门私立院校在内地的办学招生有关。第一次是由于教育部紧急控制了澳门私立院校在内地的低标准招生行为，第二次则是因为澳门特区政府在 2011—2012 学年扣除了澳门高等院校与内地教育机构合作办学的学生人数。在招生走向正轨以及统计方法合理化以后，自 2011—2012 学年开始，硕士和博士学位学生的规模也开始平稳上升，为澳门和国家持续培养高层次人才。

（人）

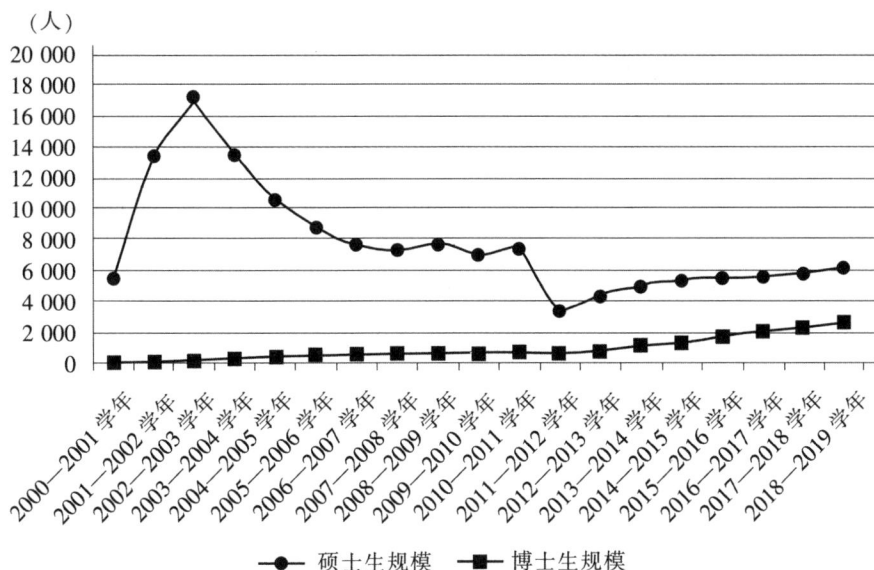

图 3-3 回归以来澳门高校硕士、博士研究生注册人数变化趋势

资料来源：澳门教育及青年发展局资料库，https：//www.gaes.gov.mo/mhedb/。

在政府的宏观调控和院校的努力下，澳门高校学生总体规模在 2011 年以后一直处于平稳发展的态势。尤其从该年开始，澳门 6 所高校在内地的招生范围已经扩展到 31 个省、市、自治区，且公立院校要求考生的入学分数线在当地高考一本分数线以上，这有效地保证了内地生源的量与质。据澳门原高等教育辅助办公室数据，自 2012 年开始，澳门高等教育毛入学率始终在 60% 以上，2016 年以来更是在 80% 以上，早已进入高等教育普及化阶段。[①] 回归以后至回归二十年之时，澳门各高校累计培养毕业生超过 14 万人，与回归前相比，毕业生人数增长了 4 倍，为澳门和国家的社会发展培养了大量人才。

二、澳门高等教育人才培养结构的适应性

众所周知，澳门的经济发展特征是博彩"一业独大"，整个产业结

---

① 数据来源于澳门高等教育辅助办公室出版的数据资料，其中 2000—2011 年的数据来自"澳门高等教育资料：教职员与学生人数"，2012—2013 年的数据来自"高等教育辅助办公室年刊"，2014—2018 年的数据来自"高等教育统计数据汇编"。

构是以第三产业为主导，而第三产业又以旅游、博彩服务业为核心。在这样的产业结构模式下，澳门高等教育人才培养的结构极为不平衡，高校学生就读的专业也深受澳门产业结构和经济发展的影响。

澳门高等教育局的课程（专业）划分显示，澳门划分的专业范畴大体可分为 9 类：教育、人文及艺术、商务管理及法律、理学、社会科学、信息与通信技术、建筑及工程、健康及社会福利、服务类。而在 2016 年以前，澳门高等教育辅助办公室提供的课程（专业）划分显示，澳门的专业范畴包括教育、人文与艺术、社会科学商务管理与法律、理学、建筑及工程、健康及社会福利、服务 7 大类。可以看出，澳门高等教育的专业领域和范畴划分也在不断地细化，将社会科学与信息通信从一些大的专业领域分出。本节以澳门特区政府 2016 年新版专业范畴为依据，整理近三年来各专业范畴的本地学生注册人数情况，见表 3 - 1。

表 3 - 1　按专业范畴统计的澳门本地学生注册人数

专业范畴	本地学生注册人数		
	2016—2017 学年	2017—2018 学年	2018—2019 学年
教育	1 389	1 465	1 610
人文及艺术	2 091	2 226	2 253
社会科学	1 726	1 599	1 570
商务管理及法律	5 533	5 250	5 004
理学	171	172	144
信息与通信技术	387	395	377
建筑及工程	575	543	527
健康及社会福利	1 344	1 519	1 527
服务类	4 713	3 774	3 275
总计	17 929	16 943	16 287

资料来源：澳门高等教育局高等教育资料库，https：//dses. gov. mo/。

在表 3 - 1 所有的专业范畴中，与澳门的旅游博彩经济最密切相关的是"商务管理及法律""服务类"，而服务类主要指的是旅游及娱乐服务。从上表可以计算出，2016—2017 学年、2017—2018 学年、2018—2019 学年，上述两大专业范畴的本地学生注册人数占本地学生总注册人数的比例分别为 57.1%、53.3%、50.8%，全部超过 50%。理工类专业的本地学生注册人数占本地学生总注册人数的比例则分别为 4.2%、4.2%、4.1%。而作为基础学科专业的理学更是寥寥无几，产业结构对澳门高校专业人才培养的影响可窥一斑。

因为澳门本地人每年升读高等教育的学生中有近一半到本地以外高校就读学士、硕士及博士学位专业，所以本节以澳门高等教育局"大专学生学习用品津贴"计划①的数据资料为依据，统计近年来各专业范畴的登记学生人数（澳门本地居民）情况，见表 3-2。

表 3-2 按专业范畴统计的登记"大专学生学习用品津贴"学生人数

专业范畴	符合资格的登记学生人数（澳门）	
	2016—2017 学年	2017—2018 学年
教育	1 926	2 146
艺术及人文	4 439	4 500
社会科学、新闻学与信息	3 359	3 147
商业、行政及法律	11 190	11 243
科学	988	970
信息与通信技术	1 041	1 068
工程、制造和建筑	2 263	2 156
农业、林业、渔业与兽医学	89	89
卫生和福利	3 602	3 890
服务类	5 089	4 579
总计	33 986	33 788

资料来源：澳门高等教育局高等教育统计数据，https：//dses. gov. mo/。

---

① "大专学生学习用品津贴"计划是澳门特别行政区政府颁布的一项行政法规，为持有澳门居民身份证，并在澳门或澳门以外地区修读高等教育学位专业的学生分发一定的书籍和学习用品津贴。此项计划除了为澳门学生提供必要福利之外，还为有效统计澳门本地学生升读高等教育学位专业的情况提供帮助。

根据表 3-2 的数据可以计算出，2016—2017 学年、2017—2018 学年，"商业、行政及法律"和"服务类"这两大专业范畴的登记学生人数占总人数的比例分别为 47.9%、46.8%。需要说明的是，在澳门高等教育局登记领取"大专学生学习用品津贴"的在外就读学生（澳门居民）毕业以后并不一定全部回到澳门工作，即一些在外地就读的学生选择高等教育学位专业并不一定根据澳门本地就业的需求。即便如此，表 3-2 中的统计数据也能够体现出澳门本地人升学专业的趋势以及适应澳门产业结构的发展趋势。

布鲁贝克曾言："如果没有学院和大学，那么，想理解我们复杂社会的复杂问题就几乎是不可能了，更不用说解决问题了。过去根据经验就可以解决的政府、企业、农业、劳动、原料、国际关系、教育、卫生等问题，现在则需要极深奥的知识才能解决。而获得解决这些所需要的知识和人才的最好场所是高等学府。"① 所以，高等院校要和社会、经济、政治相适应，培养出社会所需的人才。关键是，适龄学子也要依照社会经济的结构来寻找高等院校中适合于自己的专业。为了帮助学生能够正确、有效地分析未来市场的需求，澳门特区政府还特别设立了高等教育人才培养资料库，以配合澳门社会的发展。

图 3-4 展示了由"人才现况""人才需求"和"人才供应"三部分组成的"高等教育人才培养资料库"情况。②

在人才现况方面，澳门特别行政区高等教育局（原高等教育辅助办公室）通过历年来"大专学生学习用品津贴"计划所收集的数据，整理了在澳门及外地修读高等教育课程的澳门学生资料，较为完整地掌握了澳门各学术范畴人才的分布现况和学历层次。

在人才需求方面，高等教育局通过向相关行政部门收集现有的人才需求研究数据进行综合比对分析或委托学术机构，完成了"护理行业"及"中小幼教师行业""酒店及会展行业""信息科技专业""社工行业""会计专业""工程行业""翻译专业""酒店行业（第二阶

---

① 布鲁贝克. 高等教育哲学［M］. 王承绪，等译. 杭州：浙江教育出版社，2002：15.
② 澳门特别行政区高等教育局高等教育人才资料库［EB/OL］.［2020 – 05 – 14］. https：//www. dses. gov. mo/hetdb/intro. html.

段)"的未来 5 至 10 年的人才供求预估报告。高等教育局根据有关研究结果与澳门人才现况的资料进行对比，推算出未来这些行业人才供求预估数据。

在人才供应方面，高等教育局通过历年完成的"澳门专上应届毕业生升学与就业意向调查"，了解到在澳门及外地修读高等教育课程的学生毕业后留澳回澳就业的意向。同时，高等教育局通过澳门大专学生毕业一年和三年的追踪调查，对毕业生的基本情况、工作性质、从事行业、工作种类、平均收入、工作地点、工作晋升、工作转换等方面做出全面统计分析，结合最新掌握的人才现况资料，推算出未来可投入澳门市场的人才预估数据。

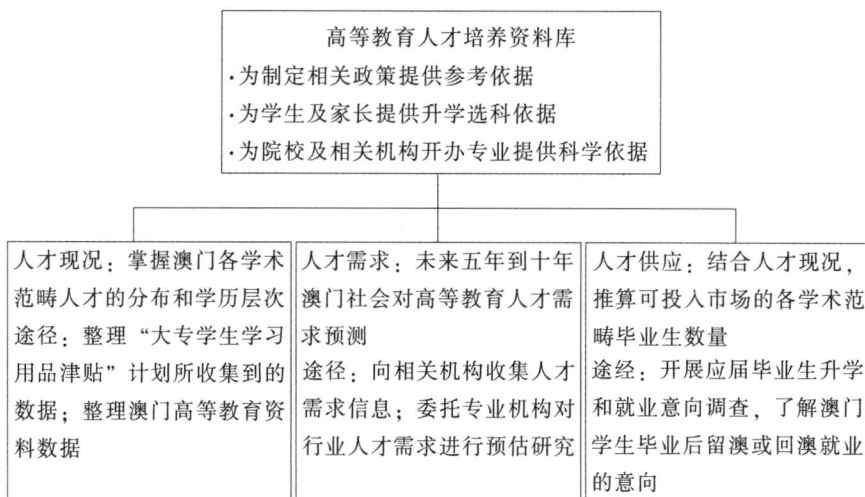

图 3-4　澳门高等教育人才培养资料库概览

资料来源：澳门高等教育人才资料库，https://www.dses.gov.mo/hetdb/intro.html。

特区政府所推出的高等教育人才培养资料库在未来的高等教育与经济发展之间建立了良性的协调机制，为高等院校的人才培养如何适应社会经济发展提供了一个思考和研究的平台。然而，"世界上没有任何一个国家的人才信息能够百分百预测市场的需求，况且各个行业的职位以及社会不同的阶层都是不断流动的，而高教人才培养是长效的，如果按照一对一的苛求，我们势必沦入计划的时代和模式，整个社会的人才配置将会出现更大的问题"①。更为关键的是，人才培养的完全适应性容易导致高校、社会、政府三方短视，从而影响高等教育发挥引领社会的作用。高等教育是围绕着知识生产而进行的一系列教学、科研和服务活动，而知识生产本质上是一种批判反思性的学术活动。②所谓批判反思是指高等教育的专业发展、知识传承不能完全受到市场的导向，而应由大学管理者、学者和学生共同组成的追求真理的社团，探求和传播高深的学问，并能发掘出引领社会发展的知识体系，从而使人才培养更加符合学术市场而不是商业市场的本质。在这一方面，澳门高等教育的人才培养还有很长的路要走。

三、澳门高等教育人才培养的特色

澳门是一个小而全、小而精、小而灵的社会，高等教育的发展具有鲜明的特色。在开放、多元的系统中，澳门高等教育很容易受外部环境的影响，从而在政策的引导下展示出与众不同的一面。澳门高校的人才培养没有统一的模式，虽然几乎每所高校强调以生为本，但是具体的形式和内涵较为多元。下面分别以两所公立院校和两所私立院校为例，介绍澳门高校内部人才培养的特色所在。

（一）澳门高等院校的人才培养特色

1. 澳门大学（公立）

澳门大学在搬迁至横琴校区以后，启动了"四位一体"的全人教育模式。四位一体包括专业教育、通识教育、研习教育、社群教育，是将学科内外、课上课下、教学研究、生活学习、人与才的培养全面结合起来的一种教育模式。澳门大学在其十年发展策略中提出："到2021—2022 学年，这种有效且独具特色的教育制度及已建立的校园文化将会实现。"③ 在专业教育方面，澳门大学希望提升现有专业教育的质量，开发更多新的专业课程，助力澳门经济发展。在通识教育方面，

---

① 张红峰. 微型社会与澳门高等教育发展研究 [M]. 广州：广东高等教育出版社，2019：85.

② 展立新，陈学飞. 理性的视角：走出高等教育"适应论"的历史误区 [J]. 北京大学教育评论，2013（1）：95 – 125.

③ 澳门大学. 澳门大学十年发展策略 [R/OL]. [2017 – 03 – 12]. http：//www. umac. mo/about_UM/chi/UM_plans. html.

澳门大学改革现行学科设置，重新构建通识课程体系，注入博雅精神，培养出融会贯通、见识广博的人才。在研习教育方面，澳门大学将加大各学科领域科研拨款力度，注入更多资源，为学生提供将学习和科研、实习相结合的机会。在社群教育方面，澳门大学以书院为载体的育人模式，强调体验的核心理念，让学生无论在课堂内外都能将知识与践行道德观紧密联系起来。书院制度要求学生完成住宿、高桌晚宴、书院活动、领导与服务、电子服务以及通识科目等要求，其中的书院活动"采取课程化的规划方式，为本科生提供体验式的书院学习"①。这种"体验式书院学习"，亦即"做中学"，乃是将知识付诸实践，在实践中培养学生的核心素养。② 澳门大学的全人教育模式注重发挥荣誉学院、住宿式书院系统与各学院的协同育人优势，在专业教育、研习教育、通识教育、社群教育四个方面培养以"自知"为本位的本科人才。与此同时，澳门大学新任校长通过"澳大濠江英才计划"加强研究生教育及培养高端学术人才③，助力澳门建设成大湾区西岸的人才培养基地和科技创新的高地。

2. 澳门理工学院（公立）

澳门理工学院通过持续的质量评审来完善人才培养机制。回归以后，在澳门特区政府对高校的质量问责机制尚未建立之前，该学院就一直以主动姿态构建内部质量保障体系，于2014年以"充满信心"的评级率先在亚洲高等教育范围内通过英国高等教育质量保障署（QAA）的国际院校评审，并连续两次获得亚太地区教育质量保障组织（APQN）授予的"亚太教育质量奖"以及国家教学成果奖。在学院层面，依照QAA的标准，形成了课程发展与管理、课程监控、学生考评、校外考试委员机制、回馈机制、人员发展等教与学质量监督环节。④ 同时，依据成果为本的教育模式，保持学院学生的毕业成果（graduate attributes）、课程预期学习成果（programme intended learning

① 澳门大学. 澳门大学2014—2015学年工作报告［R］. 澳门：澳门大学，2015：4.
② 程海东. 体验式学习模式培养学生软实力［J］. 澳大新语，2015（13）：6－11.
③ 张爱华. 配合大湾区人才培养策略［J］. 澳大新语，2018（19）：6－10.
④ 澳门理工学院. 教与学［EB/OL］.［2019－01－18］. http：//www.ipm.edu.mo/teaching_learning/zh/index.php.

outcomes）以及科目预期学习成果（course intended learning outcomes）要求的一致性，保证科目中预期学习成果、教与学过程以及学习评价的一致性，采取"3＋1""2＋1＋1"等多元学习模式，为学生提供丰富的学习体验。在学科层面，该校多个专业通过英国、澳大利亚、美国、葡萄牙和中国大陆、港台等多个国际学术评审组织的专业评鉴，形成了多元化、分层次、全方位的国际认可体系。有评鉴专家组认为："澳门理工学院已建立管理架构及流程、质量保证系统及持续改善课程运作的机制。"①

3. 澳门科技大学（私立）

与公立高校不同，澳门私立院校基本上靠自筹经费来维持学校的运作。澳门科技大学面向内地的招生力度较大，并借助科研的快速发展，建构人才培养体系，提升办学质量。澳门科技大学成立于2000年3月，因成立时间与回归时间接近而常被冠以"回归大学"的称谓。近年来，澳门科技大学（以下简称"科大"）发展迅速，其在泰晤士2020世界大学排名进入前300名就是明证。科大将追求创新性、跨学科、合作式的国际高水平学术研究作为大学可持续发展的驱动力。② 经国家批准，该校与澳门大学共同设立了我国中医药领域唯一的中药质量研究国家重点实验室。随着粤澳于横琴岛共同推动建立的"中医药科技产业园"的发展，科大在将科研与产业发展密切联系的同时，继续打造中医药"卓越课程"品牌专业，强化教学与研究领域的契合。③ 以中医药专业为例，科大的人才培养体系依托国家重点实验室，不仅形成了从学士、硕士到博士的多层次人才培养，而且在培养过程中注重中西医知识的结合以及理论学习与实践指导的连贯性。通过中医药"一条龙"式的学科建设，建构了依托研究的人才培养体系，将提高人才培养质量与学科创新发展有机地融合在一起。

4. 澳门城市大学（私立）

澳门城市大学是1992年由东亚公开学院与葡萄牙公开大学联合创

---

① 理工课程通过国际学术评审［N］．澳门日报，2017－02－02（B5）．
② 澳门科技大学．策略规划（2014—2020）［R］．澳门：澳门科技大学，2014：7．
③ 澳门科技大学．策略规划（2014—2020）［R］．澳门：澳门科技大学，2014：6．

办的亚洲（澳门）国际公开大学改制而成。2011年，这所以远程教育为主的公开大学成功转型为现在的多科性城市大学。澳门城市大学当前的人才培养目标确定为：精炼人文、艺术、商学及社会科学学科特色，培养澳门和区域所需的应用型、实务型中高级人才。借鉴国际上城市中心大学（metropolitan universities）的办学经验，澳门城市大学在专业规划上，重点打造满足澳门都市定位和发展的需求、应用性较强且特色鲜明的专业，如国际款待与旅游管理、社会工作与服务、信息技术与数据科学、城市规划与设计、葡语国家研究、特色金融、比较法律、教师教育、文化产业管理等，以"五位一体"的国际学习、跨文化学习、体验学习、同伴学习和增值学习创新教与学模式。同时，该校亦助力区域发展，与珠海横琴开展相关合作，拟通过设立中葡联合研究生院，联合培养中葡双语人才。

（二）以定位为导向的教育服务模式

自2017年高教法颁布以后，《高等教育学分制度》规章也在2018年正式出台，为澳门高等教育人才培养提供了坚实的制度基础。学分制增加了高等院校的教学自由度，使各高等院校可以灵活、有效地提出教学方案，设计双学士专业、双主修专业、主修辅修相结合的专业以及跨学科的专业。该规章"对澳门高等院校和其他院校合作办学带来特殊意义，其好处是可以共享知识、优化资源和提高课程素质。从学生的角度来看，也可拓宽他们的学术视野，丰富其大学生活，使他们能全面提高学术能力、个人生活能力和文化水平。同时，又允许他们获得多个高等院校的文凭，即可以是多所高等院校共同开办的专业文凭，也可以是多所不同高等院校的文凭"①。学分制度的一系列措施无疑为澳门高等教育人才培养注入了活力，也为高等院校人才培养方面的对外合作及服务提供了保障。

从教育服务的角度而言，澳门高等教育人才培养主要是以本地的整体定位为导向，具有很强的适应性。澳门的未来发展定位是建设"一个中心、一个平台"，即世界旅游休闲中心、中国与葡语国家商贸

---

① 高等教育辅助办公室法律组.《高等教育制度》法律框架重点［J］. 澳门高等教育杂志，2017（19）：12－15.

服务合作平台。围绕"一个中心、一个平台"的建设，澳门高校深耕细作，以优质的教育服务于澳门建设。

特区政府在五年发展规划中强调，"一个中心"的核心内涵包括优化产业结构、旅游休闲大业态以及文化教育的持续发展。[①] 配合这一定位，澳门的一些高校正在协助政府建立世界旅游休闲中心的服务基地。首先，从 2017 年开始，在社会文化司主导下，澳门旅游学院统筹和协调其他高等院校和政府部门，共同打造澳门成为粤港澳大湾区旅游教育培训基地。实际上，早在 2016 年，旅游学院就已经设立了世界旅游教育及培训中心，与联合国世界旅游组织开展合作项目，为澳门旅游业可持续发展，提升行业的人力资源素质和旅游目的地的竞争力，使澳门成为世界旅游休闲中心奠定了基础。其次，配合政府文化创意产业部门、委员会及基金会的成立，澳门理工学院于 2016 年设立了文化创意产业教学暨研究中心。中心积极发展背倚大湾区、面向世界的文创人才交流基地，推动校际艺术交流及文创人才培育的工作，持续通过振兴澳门文化与文创产业，促进旅游业发展，为旅游产业创造休闲及文化的内涵。再次，结合澳门博彩娱乐业的经营经验和国际网络，澳门相关高校开办博彩娱乐管理相关的培训、文凭及学士学位课程，致力于提升博彩娱乐服务业人力资源的素质，提升博彩业的管理、技术及监督水平。最后，配合特区政府"一个中心"发展中建设智慧城市的需要，澳门大学出台三阶段建设智慧校园的举措，通过先进的云计算、虚拟化和物联网等新技术，把大学的教学、科研、管理与校园资源及应用系统等互相联系整合，实现智能化管理。特区政府围绕定位做出的规划中，希望澳门的政策实施可以更加紧凑，更加具有凝聚力，因为紧凑的环境能够为参与和管理提供很大程度上的便利[②]，基地和平台建设显然具备这样的功能。

在"一个平台"建设方面，澳门与葡语共同体国家在政治、经济、

---

① 澳门特别行政区政府.五年发展规划（2016—2020 年）[R/OL].[2020 – 06 – 17]. https://www.cccmtl.gov.mo/files/projecto_plan_cn.pdf.

② BROCK C, PARKER R. School and community in situations of close proximity：the question of small states [C] //LILLIS K（ed.）. School and community in less developed areas. London：Croom Helm，1985：44 – 45.

文化、教育等方面具有深厚的渊源，澳门高校也与葡语国家的高校保持着密切的联系，所以澳门"一个平台"的定位必然为我国与葡语国家共同体之间的联系、"一带一路"建设、澳门自身经济的适度多元提供契机。当前，澳门高校为配合"一个平台"的发展，采取多样化举措积极打造中葡双语人才培训基地。2016 年，澳门特区政府以先导方式推出"澳门高等院校中葡人才培训及教研合作专项资助"，鼓励澳门高校与内地，以至其他亚太地区及葡语国家之间在高等教育范畴的合作。同时，特区政府邀请葡萄牙评审机构 Agência de Avaliação e Acreditação do Ensino Superior（A3ES）为澳门制定《澳门高等教育素质评鉴之课程审视指引》，期望提高澳门高校教育质量及澳门高校专业在葡萄牙以至其他葡语国家及欧盟的认可度。

澳门部分高校顺应"一个平台"的发展趋势，一方面，利用公立院校悠久的葡语办学历史和优质的办学资源双向培训多层次中葡双语人才。澳门大学的葡文系具有 35 年的办学历史，而澳门理工学院所属的语言暨翻译高等学校更是有着百余年的历史，两所高校通过设置学士、硕士、博士学位，培养了大量不同层次的葡语人才。此外，澳门理工学院还对接"一个平台"的发展趋势，开设了中国和葡语国家经贸关系专业、国际汉语教育专业以及葡萄牙语（教师）专业，直接为中葡商贸合作平台以及双向培育提供人才储备。另一方面，通过高校特有的知识与文化优势，为中葡文化交流做出贡献。如一些大学建立了大型葡语数据库，为研究、文化交流提供科学数据；开通了"葡语在中国"应用程序，推广葡语学习手机软件，推进中葡语机器翻译，举办世界中葡翻译大赛等；多所高校通过名人论坛、大师讲座、艺术交换、驻校作家计划、创新大赛等文化交流项目，齐心聚力搭建中葡文化交流合作的桥梁，基于"一个平台"培养卓越人才。

第三节 澳门高等教育质量发展的历程与选择

澳门高等教育是一个微型、开放的系统，非常注重质量的保障和提升，并且能够密切关注系统内部的任何细微之处，不断吸收和借鉴国际上先进的经验与做法，体现出微型社会的优势。本节重在介绍澳门高等教育质量发展的历程、特点以及相关的思考与选择。

一、澳门高等教育质量发展的历程

（一）延续过渡阶段

20 世纪 90 年代的澳门已经在不同的教育理念下形成高等教育人才培养的架构，也适应了回归过渡期为澳门本地培养人才的要求。[①] 回归前夕，澳葡政府在积极推进过渡期培养人才政策的同时，亦在不断推行葡萄牙的语言文化和教育模式。

早在 1993 年，澳门大学和澳门理工学院就分别受邀加入葡萄牙大学校长委员会（葡萄牙 1993 年 8 月 18 日第 283/93 号法令）和理工高等学院协调委员会（葡萄牙 1993 年 10 月 1 日第 344/93 号法令）。两所高校所教授的课程以及所颁发的学位和文凭，"如与葡萄牙高等教育机构所教授之相应课程具同一水平之学术及教学架构及要求，为所有之效力，均得在葡萄牙高等教育制度下获认可"[②]。通过加入葡国的学历认可体制，（澳门）本地大学和理工学院提供的多元化教育使得学生人数激增，质量获得认可。[③] 作为葡国高等教育机构委员会的成员，澳门高校可以获得葡萄牙高等教育机构提供的教学和学术援助。[④] 院校还积极邀请葡国专家为学校做出全面的内部质量评估。如澳门理工学院邀请的两位葡国评估专家分别是时任国防部长、葡萄牙大学评估全国委员会主席的 José Veiga Simão 以及葡萄牙理工学院评估全国委员会主席 Antônio de Almeida Costa。整体评估进程"不仅表明（学院）具备很高的运作纪律意识，而且亦表明评估已开展工作的良好意愿，（学院）所

① 张红峰. 大学的自为与依附：澳门现代高等教育发展历程研究 [J]. 高等教育研究，2014，35（12）：82-88.

② 苏亚雷斯. 核准有关澳门大学高等教育之规则（第 19/95 号法令）[EB/OL]. （1995-02-13）[2019-05-28]. https://bo.io.gov.mo/bo/i/95/07/decretolei19_cn.asp.

③ DE ALMEIDA COSTA A. Ensino superior em Macau [J]. 澳门理工学报，1999（2）：5-14.

④ 韦奇立. 在澳门理工学院一九九九—二零零零年度开学典礼上的讲词 [M]. 澳门：高等教育辅助办公室，1999：58.

持的态度表明内部评估应是高等教育机构的一项经常进行的工作"。①

回归之初，特区政府提出"固本培元"的思想，意在恢复元气、稳固已有的发展基础，"要将不足的条件加以完备，使社会获得均衡发展的基础"②。这一过渡阶段，澳门高校多少依然受到葡国教育文化的影响，同时高校也积极配合刚成立的特区政府，巩固当前的发展基础，保持维护质量的做法，"采用由国内外著名学者、专家担任评审，对专业配备、课程设置及质量及时进行评估和提出意见，使各种专业的学术质量不断提高"③。旅游学院则于 2002 年获得联合国世界旅游组织的"优质旅游教育（TedQual）"认证，以及获太平洋亚洲旅游协会颁发的"最佳教育及培训金奖"，并已成为英国、澳大利亚、新西兰等地的一些大学的考试中心。回归初期，当特区政府的主要精力尚未顾及高校质量管理之时，各院校加紧优化行政质量管理流程，如澳门大学行政部门于 2003 年 6 月取得了 ISO9001：2000 优质管理系统认证证书，还推行了"持续改善"计划和深化服务承诺，为学校的教育及学术质量提升提供保障。

（二）多元拓展阶段

2005 年，特区政府已经开始起草《高等教育评审制度》法规。然而，由于更高一级的《高等教育制度》法律一直在酝酿、讨论之中，所以欲从教育制度层面推动澳门高等教育的质量保障还无法成为现实。

在"无为而治"的氛围下，澳门高等教育反倒形成了独特的"多元拓展"的质量保障体系。2008 年，在向联合国教科文组织呈递的一份质量发展报告中，特区政府详细分析了澳门高等教育内外部质量保障的现况。十所高等院校都能主动配合特区政府和社会的发展，以不同形式维护院校教育质量，有些院校通过加入亚太教育质量保障网络，有些院校主动寻求国际专业组织的认可并获取证书，有些建立了内部

① SIMAO J V，DE ALMEIDA COSTA A. 关于澳门理工学院的评估报告：结论部分［J］. 澳门理工学报，1998（2）：20 – 32.

② 何厚铧. 中华人民共和国澳门特别行政区政府二零零零年财政年度施政报告［R］. 澳门：中华人民共和国澳门特别行政区政府，2000：4.

③ 澳门特别行政区政府.2002 年度社会文化领域施政方针政策［R/OL］. 2002：125 ［2019 – 05 – 29］. https：//www. gov. mo/zh-hant/content/policy-address/year-2002/.

的教育质量保证系统，有些通过毕业生和雇主信息回馈促进质量改进，有些则通过外部考试员和专业评审的方式保证教学流程的质量，等等。报告提出了国际高等教育质量保障的发展趋势，并认为确定不同学生的学习起点和教育目标、保证价值增值、厘清责任和标准、保证利益相关者权益、维护卓越的质量信念等是保证和提升质量的关键要素。①

针对国际教育发展的趋势，有高校于 2005 年就成立了学术评审协调小组，专门负责院校评审和专业评审的协调和组织，并邀请国际知名专家参加顾问委员会，对学校的学术评审工作给予指导和参与对校内自我评估报告的审议工作。院校寻求多元化的质量保障并非不承担责任，相反会更加密切关注区域乃至世界上质量评估的变化趋势，以做出相应的改进。基于这样的文化氛围，每所院校甚至将评估深入到具体的教学环节。在教学评估机制方面，部分院校修订教学评估表，制定评分准则指引，以及建立有关评估结果的数据库等；在改善教学管理方面，部分院校对教学大纲、教材、考核标准等做出规范，制定教授岗位设置和内部晋升的准则以及优秀教师表彰制度等。②

教与学是高校教育工作的重中之重，澳门高校不断从国际上吸收先进的教与学理念，提升教学效率和教学成果，并将之融入院校内部的评估机制之中。如，澳门理工学院通过学术讲座、工作坊及教育培训的方式，推行国际上广泛使用的"成果为本"的教与学方法和评价方式。这一新的教育模式通过预期学习成果的设定和达成，真正以学生为中心，为大多数学生提供高挑战和高支持的学习任务和环境。③ 正是因为院校有着较大的自由度，每所高校才能不断追求院校自主，借鉴移植和理念创新，并由此形成多元化的质量保障策略。

（三）国际认可阶段

2009 年，澳门大学获国家批准在珠海横琴岛兴建新校区。这一

① MACAO SAR. Higher education in Macau: country report to UNESCO (internal report) [J]. UNESCO, 2008 (9): 42 - 43.

② 澳门特别行政区政府. 2006 年度社会文化领域施政方针 [R/OL]. 2006: 4016 [2019 - 05 - 29]. https://www.gov.mo/zh-hant/content/policy-address/year-2006/.

③ LARKIN H, RICHARDSON B. Creating high challenge/high support academic environments through constructive alignment: student outcomes [J]. Teaching in higher education, 2013, 18 (2): 192 - 204.

"横琴决策"对澳门高等教育而言具有里程碑式的意义。从 2010 年开始，澳门大学横琴校区工程逐步展开。特区政府借此契机，积极推进高等教育区域合作，拓展澳门高等教育的可持续发展空间，为培养高素质人才创设更佳条件。

与此同时，特区政府积极筹划实施高等教育评鉴制度的准备工作，并善于发挥澳门"小而灵"的优势，委托本地以外专业评鉴机构为澳门评鉴工作的项目类别、评审范围及有关指引进行研究，并通过访谈及专题说明会等形式听取意见，为澳门高等教育制定更为符合澳门实际特点的质量保障举措。为了借鉴邻近地区及高等教育发展较成熟国家的经验，特区政府还举办了高等教育素质保证国际研讨会，集思广益，为评鉴原则及范围制定工作方向。

随着澳门高等教育社会声誉和学术影响的持续提升，澳门高等院校愈来愈重视自身的学术及教育质量。以公立院校为例：澳门大学成功跻身一百所全球年轻大学的世界排名榜及在世界大学排名中教育教学指标的评分显著提升，体现其软硬实力的进步；澳门理工学院通过了英国高等教育质量保证局（QAA）的院校评审，还两次获得"亚太教育质量奖"；几所公立院校的多个课程获得诸如英国工程技术学会（IET）、联合国世界旅游组织、国际商学院促进会（AACSB）、《华盛顿协议》成员、《首尔协议》成员、澳大利亚注册会计师公会（CPA）、英国特许公认会计师公会（ACCA）、葡萄牙高等教育评估和认可局（A3ES）、美国电子商务协会（ICECC）、中国台湾高等教育评鉴中心（HEEACT）、新西兰大学学术质量评鉴局（AQA）、中国香港工程师学会（HKIE）等组织的认证或承认。这一阶段，澳门高校已经在院校和专业层次上形成了多元化、全方位的国际认可体系。

（四）制度转型阶段

在 2017 年高教法颁布后，《高等教育素质评鉴制度》（以下简称"评鉴制度"）也在 2018 年顺利颁布，标志着澳门高等教育质量保障的制度体系得以确立，素质评鉴①从"无为而治"向着制度指引下的多

---

① 2017 年，《高等教育制度》法律出台后，澳门高等教育领域改变了评估、评审、评鉴等词语混用的局面，统一采用"评鉴"的提法。

元发展和质量提升战略转型。

新的评鉴制度自成体系，包括院校和课程（即内地所指"专业"）两个层次，院校层次包括院校认证和院校素质核证，课程层次包含课程认证和课程审视，周期为 7 年。院校和课程层次的认证都类似于美国的认证模式，意味着门槛准入，属于总结性的价值判断，外评实体提供的最终报告中必须给出"通过""有条件通过""不通过"的评价结果。院校认证是任意性的，每所院校可以选择是否参加；课程认证则是针对新开办或作重大改动的课程。新制度赋予了澳门高等院校享有更大的自主性和灵活性，高等院校在达成素质评鉴制度（认证）的要求时可获准自行开办高等教育课程，院校的课程设置及教学将会更具弹性。① 院校的素质核证则是形成性的价值判断，旨在"为院校营运'把脉'，了解其优良作业及找出可改善的空间"②。课程审视和院校素质核证的性质一样，形成性评鉴不是为了优胜劣汰，而是依据相关的标准诊断院校和课程存在的问题并改进，确保澳门院校和课程的质量及持续改善。

为了进一步推进澳门高等教育质量保障的国际化进程，特区政府利用先前加入的四个国际高等教育质量保障组织网络，包括高等教育质量保障国际网络（INQAAHE）、经济合作与发展组织（OECD）辖下的国际高等教育管理机构（IMHE）、亚太质量保障网络（APQN）及美国高等教育认证委员会（CHEA）辖下的高等教育质量保障国际组织（CIQG），加强与国际高等教育质量保障组织的联系，及时了解质量保障的最新发展动态。

特区政府还推出课程认证及院校素质核证的先导计划，以测试相关评鉴指引和外评机构指引的适用性和可操作性。研究团队通过参与并收集分析先导评鉴计划中的信息资料，研究素质评鉴过程中的内涵建设，认为质量保障必须与质量的提升密切结合，从学生的角度出发，

① 高等教育辅助办公室. 高教制度更臻完善　院校发展开启新征程 [J]. 澳门高等教育杂志，2018（24）：6 – 16.

② 特约记者. 全力打造澳门高等教育评鉴制度：专访高等教育辅助办公室曾冠雄副主任 [J]. 澳门高等教育杂志，2016（16）：28 – 29.

关注学习成果，促进质量持续改进。评鉴制度出台前后，又有几所院校通过了国际权威评鉴机构的素质核证以及课程的认证。如，澳门旅游学院获得 8 项"优质旅游教育（TedQual）"认证，名列全球之冠。回归后的 20 余年，澳门高等教育的质量保障完成了制度转型，一方面从"无为而治"下的多元取向迈向制度引导下的多元发展；另一方面加强高等教育的质量提升策略，有序推进教育质量的持续改善。

二、澳门高等教育质量发展历程中的特点

（一）质量保障过程中的主动性与多元化

纵观澳门高等教育质量发展的历程，不难发现，澳门高校既有原私立澳门东亚大学以市场为导向、自由发展的动力，又有着葡萄牙文化传统中以评估维护院校自主和教育标准的做法。所以，从回归到评鉴制度出台前的很长一段时间内，澳门高等院校能够以主动的姿态保证院校的质量。一般认为，学术机构的自治需要与外部的问责结合起来。"尽管外部的问责可能会使高校耗费精力，但是可以使它们认识到内部质量方面的不足并予以改善。……反倒是院校质量方面出了问题，才会心惊胆战且失去了自由，去不断迎合外部问责的话语（language）。"[1] 而无论是担心分散精力，还是害怕失去自由，似乎院校接受评鉴总是需要外部力量的推动。然而，在澳门，院校对高质量的追求具有天然的主动性，并能够将之作为一种教育发展的文化。这一点，从一些高校自回归以来从来就没有放弃过寻求外部评审的尝试，以及经过积极联系、努力，顺利通过国际权威高等教育质量评鉴组织的素质核证中可窥一斑；也可以从在没有任何外部制度的约束下，许多院校的专业获得国际专业认证组织的认可中找到根据。

除了历史和文化的惯性，澳门高等教育之所以形成这样的质量保障氛围，"一方面，缘于澳门高校的开放性很强，外部的先进理念和经验很容易融合为高校自身的文化；另一方面，澳门高校具有快速反应的机制，每一所高校能够在外在环境的迅速变化中捕捉到敏感的信息，

---

① HOECHT A. Quality assurance in UK higher education：issues of trust，control，professional autonomy and accountability ［J］．Higher education，2006，51（4）：541－563．

并由此形成适合于自身特点的外部保障机制"①。正如澳门大学在接受高等教育质量保障访谈的时候所说，"要让教育成为一种体验，让追求高质量成为一种习惯"②。虽然，在评鉴制度出台之前，澳门高等教育质量保障在外界看来，似乎缺少一种恒常运行的系统机制，但是澳门本身具有的微型社会特征和开放包容的气质，促使澳门许多高校能够自然切合从"要我评"到"我要评"的评鉴内涵。

澳门高等院校在主动追求评鉴的进程中，也逐渐形成了多元化的质量保障形式。400多年来，中西方文化在澳门交融、荟萃，形成了独特的多元文化氛围。澳门很小，如果为全部高校都订立统一的标准，那么很可能导致高校教育特色的丢失。所以，新的评鉴制度出台，尤其强调评鉴主体的多元化。特区政府不会为院校选择评鉴主体，院校根据自身的发展目标和特色，自己选择外评机构或自组外评专家组，但要获得政府批准。特区政府为外评机构订立了相关指引，其中特别强调机构应具备良好的国际声誉以及应是国际或地区上的质量保障机构或网络的正式成员。通过制度和指引的规范，在澳门高等教育领域内，独立于政府之外的多元化的第三方评鉴主体结构已经初步形成。

（二）新的质量评鉴制度趋于规范和严谨

澳门出台的高等教育素质评鉴制度，既是一套体系，也是一个流程，更是一种标准。首先，评鉴制度是规范、严谨且全面的体系。正如前面所述，评鉴体系是分层次的建构。针对院校认证、院校素质核证、课程认证、课程审视以及外评机构，特区政府都出台了详尽的指引文本。指引中对素质评鉴的指导原则、范围、要求、准则、证据、模式、申请方式、程序、考察原则、评鉴结果、观察员等方面都有明确的说明和详尽的解释。同时，几个指引还以附录的形式列出撰写自评文件大纲范本、会议议程和实地考察安排参考范例、评鉴模式详解等，可以说是制度和操作紧密结合的规范化文本。

---

① 张红峰. 微型开放系统中澳门高等教育质量的保障 [J]. 当代教育科学，2012（1）：53-56.

② 澳门大学. 让教育成为一种体验，让追求高品质成为一种习惯 [J]. 澳门高等教育杂志，2016（16）：8-11.

其次，素质评鉴流程趋于精细化。几种评鉴类型的流程都分为三个部分：评鉴申请、评鉴程序及评鉴结果。评鉴申请包含院校选择评鉴主体及撰写评鉴计划后报送特区政府审批，获准后与外评机构签订协议。以实行先导计划的澳门城市大学为例，其评鉴程序包括：规划引导阶段、自我评鉴阶段、实地考察阶段、上诉阶段以及持续改善阶段，并全程与特区政府主管部门保持沟通。[①] 最后一个环节则是政府对院校呈交的包含评鉴结论及改进计划的评鉴报告进行确认或建议，其后院校将于每年的年度报告中阐明改善的进度，并在完善后进入下一个评鉴周期。

最后，作为评鉴中价值判断的依据，标准的拟定是至关重要的部分。以素质评鉴中的院校素质核证为例，其三个核心主题范围中的标准如下：第一，办学宗旨与目标——院校须制定合适的办学宗旨和目标，以培养本澳人才为己任，在学术及专业上与国际接轨。办学宗旨和目标须清晰，让师生及社会各界人士了解和支持，达成共识。第二，院校行政管理、策划和责任承担——院校须按决策单位制定的办学宗旨和目标、发展方向、策略和政策，成立恰当的管理架构，有效运用资源，以达到拟定办学绩效和学术水平，从而与国际接轨。第三，素质保证——院校须具备历经验证的内部素质保证机制，以助制定政策、发展学术及/或科研等服务、培养具备所需能力的人才，并通过自评和外评，革故鼎新，与时并进。在核心范围之下，素质评鉴还列出详细的议题、可供参考的证据来源以及效能准则，尽可能做到规范严谨、精益求精。[②]

（三）质量保障与质量提升相结合的模式

质量保障，不仅是简单的质量问责与监督，而是要涉及质量的持续提升。一般所述的质量提升，往往流于空泛的概念，而缺少明确的内涵指向。实际上，质量提升的理念来自英国质量保障领域的"后—

---

① 李树英. 全面提升办学品质：澳门城市大学素质核证先导计划与探索 [J/OL]. 评鉴双月刊，2018 (74) [2020 - 06 - 01]. http：//epaper. heeact. edu. tw/archive/2018/07/01/6994. aspx.

② 澳门特别行政区政府高等教育辅助办公室. 澳门高等教育素质评鉴之院校素质核证指引 [R/OL]. 2018：16 - 18 [2020 - 05 - 29]. https：//www. dses. gov. mo/queryinfo/qualityassurance.

布朗争论"（post-Browne debate）。政府和质量保障机构认为，质量保障也需要像经济领域一样增加风险意识，对表现优秀和内部保障机制健全的院校，在评估周期上可以延长，而对质量薄弱的院校，则要采取策略促进其改进和提升。

当前世界范围内广泛实施的"成果为本"教与学方法，则是一个能够检验质量是否得以提升的有效工具。传统的质量保障关注过程，而很少关注预期的学习成果（intended learning outcomes）。如，传统高等教育质量保障更关注一所院校或专业的组织体系、师资队伍、资源条件、教育设施、管理环境等过程要素，而在结果层面，则习惯于笼统地审核毕业生的就职去向或一些反馈，却很少去关注学生经过某一段学习（大学四年或某一门课程的学习）以后，究竟达到了哪些预期设定的"学习成果"。

在这一方面，澳门善于吸收国际上的先进经验，将质量保障和质量提升密切结合。评鉴制度主要通过院校素质核证和课程审视来维持和改进教育质量。两种评鉴过程均以 ADRI 模式进行。所谓 ADRI 指的是目标、施行方案及策略（approach）、施行情况（deployment）、施行成果（result）、改善方案（improvement）。① 其内涵是：院校或课程提出自己的发展目标，然后采取行动，外评机构观察和检验行动的结果是否达到预期的成效，根据相关证据提出改进方案，促进院校或课程质量的持续提升。

澳门高等教育质量保障的 ADRI 模式贯穿了"成果为本"教育的理念。这一 ADRI 模式有一个核心内涵，即关注"学习成果"。以评鉴制度下的课程审视为例，ADRI 模式首先要求课程提出适切的预期学习成果、教与学策略以及考核评估方式三者相一致的整体方案，然后通过有效的证据检测三者的一致性是否在实施过程真正达成，学生是否能够在学习过程中主动建构知识和能力，考核评估能否真正用于实现预期学习成果。经过诊断，外评机构可以做出该课程是否有效促进质量提升的价值判断，从而提出改进建议。不难发现，一个有效的 ADRI

---

① 澳门特别行政区政府高等教育辅助办公室. 澳门高等教育素质评鉴之院校素质核证指引 [R/OL]. 2018：23 ［2020 – 05 – 29］. https：//www. dses. gov. mo/queryinfo/qualityassurance.

模式，可以帮助院校或课程依据自身的发展需要（包括结合利益相关者的需求），将质量保障和提升紧密结合。

三、澳门高等教育质量发展的思考与选择

澳门高等教育质量发展过程中所取得的成绩有目共睹，至今已经形成了较为完备的素质评鉴制度体系。结合澳门自身文化、教育的特点，每一所高等院校需要认真思考质量发展的价值所在，扬长避短，发挥澳门小而精、小而灵的特色，审慎地做出选择，让每所院校的教育质量都能持续提升。

（一）在质量保障进程中确立专业或行业的标准

每一个国家或地区的质量保障体系的建构，均能从当地的历史、文化和政治中找到依据。英国的大学有自治的传统，但在经验主义哲学的影响下，高等教育的发展亦趋向实用和规范。所以，作为两方面博弈的结果，高等教育质量保障形成一种建立在学术标准之上的检视院校内部保障机制有效性的模式。美国则是多元文化的代表，但其高等学校的质量良莠不齐，所以美国高等教育质量保障是立足于院校自身的发展目标，用门槛标准衡量院校发展的认证模式。澳门拥有和美国一样的多元文化，院校发展的定位亦各不相同，所以澳门的质量保障评鉴模式在核心理念上与美国比较相似，而在质量提升方面又结合了英国的一些标准模式。

当我们认真审视澳门评鉴制度时，不难发现，澳门高等教育质量保障也非常重视标准，在制度指引中详细列出了评鉴范围内的要求和准则。然而，此标准仅仅是一种流程上的标准，如在专业审视的"教与学"范畴中提出"专业应考虑到学生的多样性而提供具弹性的学习路径以适应各类学生，以及定期评估和调整授课形式及教学方法"[①]。流程上的标准提供的只是具有导向性的评鉴框架，而无法检测澳门各个学科的教育特色，意即每一个专业内部都可能会采取灵活的教学方法，但这并不一定就是专业的教育特色。而教育特色则应该体现在是

---

① 澳门特别行政区政府高等教育辅助办公室. 澳门高等教育素质评鉴之课程审视指引［R/OL］. 2018：15［2020 - 05 - 29］. https：//www. dses. gov. mo/queryinfo/qualityassurance.

否能够订立特色化的专业或行业标准方面。作为一个微型地区，澳门尤其需要重视院校和专业发展自己的教育特色，打造出澳门所擅长的一些特色专业课程。教育特色则是和标准密切相关的，如果某一个专业能够订立出国际或区域认同的行业或专业标准，那么该专业处在微型地域的对外辐射力就强。进一步而言，在具体的评鉴中专业标准应该表现为"预期专业成果"，预期成果是知识、能力、技能、态度等方面的预期结果。如，中医学和中药学的学士、硕士、博士专业是澳门高校的特色，而在这些专业的学习计划中仅有简单的培养目标，却没有"预期专业成果"，自然也体现不出标准和与众不同的专业特色。当然，科目体系能够呈现出特色，但如果没有学生预期的成果作为引导，科目体系的逻辑性和特色化也就失去了方向。所以，澳门高校的特色专业需要确立相应的标准，评鉴其中的逻辑性、应用性、引导性和创新性应该成为微型地区质量保障策略中重要的一环。

（二）质量评鉴的宏观策略需要具有引导性

澳门当前的评鉴制度是一个多元化的评鉴体系，不仅表现为评鉴类别的多元化，而且能够形成评鉴主体的独立性和多元化。这对澳门高等院校的发展而言，无疑是适当的。然而，世界上任何一个政府评鉴院校的质量发展，除了具有促使院校质量提升的目的之外，还要实现一种调控的目标。事实上，政府总是想通过对院校的外部问责，达到政治目的，如塑造公民社会的良好形象、加强行政控制等。① 宏观调控有很多种方式，质量评鉴存在本身就是一种宏观调控，指引和规范也是一种约束和调控，而无论是哪一种方式，又都不能脱离外部理念的引导。

历史上，政府对院校的宏观调控是一把双刃剑，稍有不慎，就很可能影响到院校自治和学术自由。特区政府对院校素质评鉴的控制主要体现在标准制定和结果认可上。应该说，政府的适时调控，可以增加院校外部质量管理的可信度和规范化，但是也容易带来管理成本的增加和效率的降低。"各种繁杂的事务与正常的教学工作交织在一起，

---

① POWER M. The audit explosion [M]. London: Demos, 1994: 1 – 8.

连天匝地的文件、冗长的行政会议已经彻底将研究工作边缘化，还要抽出时间面对各种评估、制定计划、外部审核以及文本复制，这些导致管理文化和学术文化间的张力不断增加。"①

有学者曾提出实质性自治和程序性自治的概念，实质性自治涉及教育的目的和方向，而程序性自治则关乎院校运营的过程。② 在英国，政府通过宏观调控引导的是院校的实质性自治，因为政府需要院校摆脱象牙塔式的价值中立；至于程序性自治，英国政府会认为那是院校的特色和学术兴旺的本源，更希望通过院校内部的质量体系构建去维护它。所以，特区政府通过素质评鉴制度对院校教育质量的保障，应该具有宏观引导性，而这种引导并不需要体现在"面面俱到"的流程标准上，因为无论哪一个外评机构所考察的范围都不会有太大的差异。特区政府在当前的评鉴指引中特别关注"成果为本""质量提升"等，这些理念本身就是对院校教育质量发展的宏观引导。除此之外，政府应当减少对评鉴流程标准执行情况的监督，在每个周期的院校素质核证或专业审视中增加对一些特别主题（thematic element）的关注，如"区域融合进程中学习成果的设定""质量保障体系构建中的学生参与""专业发展对澳门产业适度多元发展的贡献""学业基础薄弱学生的学习质量提升"等。这些特别主题的选择主要根据社会发展和利益相关者的需求，每个质量评鉴周期可以提出一两个特别主题，以实现对院校教育质量发展的宏观引导。

（三）精准把握质量发展中"以学生为中心"的真正内涵

澳门高等教育的教与学过程都会提出"学生为本"指导原则，"以学生为中心"也是澳门绝大多数高等院校质量发展的核心理念。在此，有一个非常值得探讨的问题：以学生为中心的内涵是什么？虽然特区政府和院校的理解莫衷一是，但是从院校的发展策略、教与学的各类文本及对外宣传的文字中不难发现，"学习体验""学习机会""学生

①　DEEM R. New managerialism and the management of UK universities [R/OL]. 2000：4 [2018 - 05 - 01]. http：//www. esrc. ac. uk/my-esrc/grants/R000237661/read.

②　BERDAHL R. Academic freedom, autonomy and accountability in British universities [J]. Studies in higher education, 1990, 15（2）：169 - 180.

参与"等是在解释"以学生为中心"时频繁出现的词语。由此，我们可以对"以学生为中心"做出总结：政府和院校试图表达的"以学生为中心"，即是我们让学生体验到什么、我们为学生提供了哪些学习机会、我们为学生提供了什么样的环境和设施以及我们是否让学生参与了管理或学术发展。一言以蔽之，就是我们为学生做了什么，而不是学生究竟得到了什么。实际上，一些学业基础优秀的学生，即使不去过多地体验、参与，不需要多么优雅的环境，也很容易从给予中获取到精华，但是学业基础薄弱的学生不能被保证获得我们所给予的东西。而院校教育质量的高低，也完全被那些精英学生的表现所代表。这难道就是"以学生为中心"？显然不是。真正的以学生为中心既不是只看到教育者为学习者提供了什么，也不是少数学业精英们获得了什么，而应该是最大多数的学生能否达到各种预期学习成果的标准。而这也正是成果为本教育真正要表达的理念，其不仅是要关注预期学习成果、写好预期学习成果，而且还要为精心设计出来的具有高挑战、高质量的学习成果找到一个结果，即让大多数学生都能达至这些预期学习成果的结果。

理解了"以学生为中心"的真正内涵，特区政府和院校需要对教与学过程和质量发展的实践予以更多的关注。如，有关专业审视指引中不能仅在"教与学"过程中提及"学生为本"——"院校应确保课程以'学生为本'的指导原则进行，鼓励学生于学习过程中主动学习、自我反思及积极参与"[①]，还应该贯穿在预期学习成果、教与学过程以及评核任务的一致性建构教学设计之中，而非仅仅止步于教与学的过程。正是通过对三位一体的考察，才能真正明晰学生是否真正学到了，专业结构、院校内部质量保障机制是否行之有效，形成性的学习评核策略能否得到广泛应用，学习成果评估可否让最大多数的学生受益，等等。长此以往，"以学生为中心"才会成为一种惯性，特区政府、社会和院校才能将目光从仅仅停留在精英学生上，转向大众学生，从而真正实现澳门高等教育质量的全面提升。

---

① 澳门特别行政区政府高等教育辅助办公室．澳门高等教育素质评鉴之课程审视指引［R/OL］．2018：15［2020－05－29］．https：//www.dses.gov.mo/queryinfo/qualityassurance.

第四节　澳门高等教育学术研究的发展与选择

澳门高等教育属于后发外生型的发展模式。与先发内生型的模式相比，澳门高等教育的学科建设与学术研究很容易受到微型开放系统特征的影响，并习惯于借鉴外部的先进经验。后发型地区有着不断赶超的动力，且因为易受到外部教育理念的影响，所以不能孤立地发展。但如果选择融入国际化的高等教育环境之中，学术研究又"有可能陷入发达国家所设计的结构化体系之中，从而带来被边缘化和依附性的风险"[①]。

迪特·森哈斯的后发展理论研究表明，陷入边缘化（依附）而不能自拔，是后发展模式下最容易陷入的状态。[②] 实际上，高等教育中的后发展模式具有特定的优势。高等院校容易从外部先进的发展经验中找到可资借鉴的元素，能够少走弯路，因为一些学科发展的策略在国际高等教育范围内已被应用得非常成熟，所以院校只要择取所需即可。然而，由于路径依赖的存在和外部环境的制约，后发优势也可能转换为后发劣势。[③]

澳门高等教育除了具备后发展特征之外，还有外生型特点。从历史和国际比较的角度看，外生型高等教育的特点较为强调实用。高等学校的学术研究较易受到外部政策指引，与政府的要求保持一致，科学研究旨在解决社会经济发展中的实际问题，表现出较强的依附性。本节则重点关注学术研究过程中的政策取向、变化趋势以及学术研究合作创新等几个方面，探讨学术研究中的特征变化和现实选择。

---

① 贾永堂，罗华陶. 新中国高等教育发展道路的历史考察 [J]. 高等教育研究，2016，37（5）：1－12.

② 梅俊杰. 后发展学说与中国道路：以迪特·森哈斯的研究为视角 [J]. 国外社会科学，2015（1）：69－77.

③ 贾永堂，罗华陶. 新中国高等教育发展道路的历史考察 [J]. 高等教育研究，2016，37（5）：1－12.

一、澳门高等教育学术研究政策的历史沿革

20 世纪 80 年代，澳门东亚大学的管治层和高级管理人员将主要的精力投放在开办各类适应社会经济发展的专业上，以一些热门专业的开设吸引来自澳门、香港以及中国以外的学生来澳门东亚大学就学，并通过研究院和公开学院的开设，使得教育形式趋于多样化，以此维持大学整体的财政收支平衡。而大学内部的科研工作基本上处于自发、零散的状态，缺少系统的科学研究和内部政策指引。在高等教育系统内部，只有专业的概念，而因学术研究的不足，并没有学科的概念。

1991 年高教法颁布以后，澳门高等教育在 20 世纪 90 年代逐渐形成了公私立高校并行的体系，所有的高校在行为上有了制度的指引和总纲规范。1991 年高教法在开始的引言中，就强调大学的章程条文要符合"澳门（澳葡）政府在高等教育领域里的教育、科学和技术政策"，接着在高等教育目的中明确了"参与执行科学技术发展的政策，以提高本地区的科学潜力"。① 在 1991 年高教法的第三章"机构的性质"中，又在高等教育机构应具有的法律性质之中特别提出"学术研究"② 的条款：

在高等教育机构中，应为促进学术研究以及举办各项研究及开发活动创造条件；高等教育进行的学术研究应以有关高等教育机构的优先目标为考虑，同时应照顾长远研究规划，以便为进步、知识以及解决本地区在社会、经济、教育和文化发展中所遇到的问题服务；应保证发表学术论著的条件，并为传播新知识以及学术思想、技术进步及文化创造的远景预测提供便利；政府有责任鼓励公共及私人机构之间之合作，以促进科学、技术及文化的发展，尤其应考虑到本地区的社会利益。③

---

① 范礼保（护理总督）. 第 11/91/M 号法令（关于订定在澳门地区从事高等教育活动的一切公立及私立教育机构的组织和运作）[R]. 澳门：Boletim Oficial De Macau，1991：446 - 447.

② 回归前后的澳门法律法规中提到的"学术"主要涉及学术研究和学术合作，并不包括"教学"和"专业开设"等方面。

③ 范礼保（护理总督）. 第 11/91/M 号法令（关于订定在澳门地区从事高等教育活动的一切公立及私立教育机构的组织和运作）[R]. 澳门：Boletim Oficial De Macau，1991：448.

从上述条款可以看出，1991年高教法试图将学术研究提到一个重要的层次。其中，高等教育机构不仅要重视并积极开展学术研究工作，而且要能够考虑到学术研究的对象以及为学术研究创造必要的条件。在当时的澳葡政府看来，学术研究是高等教育机构必须加以重视的一项职能，研究在考虑到高教机构自身的目标之外，还需要重点照顾到"本地区实际遇到的问题"以及"本地区的社会利益"。由此可见，1991年高教法提出的学术研究已经在回归过渡期这段特殊的历史时期表现出要为本地服务的特征。在此，澳葡政府也制定了这部高等教育领域的最高法令，予以制度上的指引。

在1991年高教法出台以后，澳葡政府还为有资格开办硕士和博士学位专业的每一所高校，如澳门大学、亚洲（澳门）国际公开大学、澳门高等校际学院，制定了关于研究生教育的制度规定，其目的一方面是规范澳门硕士、博士学位授予方式和程序，另一方面则是通过研究生专业的开设，促进澳门高等教育领域的学术发展。如在第15/94/M号法令中，澳葡政府规定了澳门大学取得硕士及博士学位的方式，认为"大学在不同之知识领域对制定革新标准作出相当之贡献。透过新教学方法及研究方法进行研究生培训，对高等教育之教师在教员职称内之晋升以及在促进社会之科学及技术上之进步均有极大益处"[1]。由此可见，该法令的颁布将研究生层次的专业培养与学术研究密切联系起来，旨在促进澳门地区社会经济的发展。

在每一财政年度的政策范畴，澳葡政府则主要通过施政方针对高等院校的学术研究工作予以指引。如1995年，澳葡政府提出："推动新的计划，以鼓励与其他高等教育及研究机构的科学及技术研究合作，尤其是指与葡国及中国的有关机构。"[2] 1997年，澳葡政府特别强调应用研究，"鉴于澳门大学和理工学院的设施及人力物力现时都大大增加，因此，现在必不可缺的是，对在不同知识层面进行的实用研究引进资源，使持续进行的学术活动制度化的同时，赋予澳门公共高等教

① 韦奇立（澳门总督）．第15/94/M号法令（规定在澳门大学取得硕士及博士学位的方式）［R］．澳门：Boletim Oficial De Macau，1994：130．

② 澳门大学．工作年报1995［R］．澳门：澳门大学，1996：4．

育一个钻研学术和技术中心的国际形象"①。在 20 世纪 90 年代中期，澳葡政府在学术研究方面尤为关注学术合作和应用型的研究和技术，同时在文化范畴，特别通过研究计划的推广、研究奖学金及按时发放津贴、研究工作的出版来鼓励、推广和支持研究工作；为澳门促进、推动、组织、支持大小会议、研讨会、座谈会的举行及其他学术、历史、艺术、文学、文化主题的交流方式。②

回归以后，澳门特别行政区政府沿用了以施政报告发布相关高等教育学科发展政策的方式，并在各个领域予以细化，指引各高等院校的学科发展走向。在学术研究方面，从回归之初的推动科研和开发项目的投资，到 2020 年度提升科研综合实力，加强科技创新发展，澳门高等教育领域的学科发展政策正在一步一步走向完善，与澳门社会经济的发展也愈来愈相互配合。

二、澳门高等教育学术研究特点的演变

（一）围绕社会需求开展的学术研究

20 世纪 90 年代中期，澳门大学作为高等教育领域的领军高校率先开展各项研究活动。在澳门大学成立 5 周年之际，学校几乎每个学院都设立了研究中心，旨在配合所属学院完成其学术研究计划。仅在 1994—1995 学年，澳门大学就资助了 25 个研究课题，资助参加了 36 个国际会议和 6 个教师进修计划；澳门大学还通过葡文学院、澳门研究中心和日本研究中心，就普遍关心和带有学术性的议题，举办了多种研讨会和会议。③

在由澳门大学主办的研讨会中，主题与澳门社会、历史、教育、经济的发展密切相关，主要有："澳门和欧洲社会：九十年代的挑战""澳门历史""澳门高等教育""澳门人口发展前景""澳门史的教与

---

① 韦奇立（澳门总督）. 第 28/96 号法律（1997 年施政方针）[R]. 澳门：Boletim Oficial De Macau, 1996：2712.

② 韦奇立（澳门总督）. 第 28/96 号法律（1997 年施政方针）[R]. 澳门：Boletim Oficial De Macau, 1996：2717.

③ 澳门大学. 五个年头 五个目标（澳门大学五周年校庆）[R]. 澳门：澳门大学, 1996：5 - 6.

学""澳门经济发展的优势"和"从大学的研究和发展走向社会"。这些研讨项目把中国大陆、香港以及葡萄牙、日本、泰国等国家和地区的研究人员聚集到澳门,共同交流探讨。

为了提高澳门的公共健康服务水平,澳门大学在1995年11月与清华大学、澳门卫生司、澳门社工司、澳门基金会、国际狮子会(香港和澳门)、自动系统(香港)有限公司、自动系统(澳门)有限公司共同签署了关于建立家庭健康监护网的协议,使得清华大学可参与澳门建立的心电图记录和血压监护系统,并提供所需的技术辅助。① 这项具有实际功用的研究,可帮助患者在家中以遥控方式即时得到医院医护人员的诊治。

20世纪90年代,澳门大学科技研究开始迈入新的阶段,科技学院的科学和技术研究中心开始运作,与澳门的企业和政府部门合作开展十余项研究,并直接将研究的主题命名为"从大学的研究和发展走向社会",相关项目包括"葡中英自动翻译电脑系统""节约能源"和"污水处理"。② 从科技研究的取向来看,澳门大学的学术研究并不强调学术的基础性建设,而是偏向于社会的应用,其所持有的观点是,只有能为社会直接做出贡献的,才是真正有价值的学术研究。

回归伊始,为了进一步完善各高等教育机构的功能及提升高等教育质量,特区政府加大对科研的投入,特别是加强推动资讯技术上的科研活动,借以增强与国际学术资讯网络的联系;并积极鼓励教师修读博士学位课程,以发展现有的人力资源;聘请具有国际水平的教授,以提高本地各知识领域的学术和科技研究水平。③ 2001年公立院校的科研拨款大幅增加,达到900多万元④,仅澳门大学的科研项目就有60余项,同时设立学术研究奖,鼓励学术人员开展科研。由于回归初期

---

① 澳门大学. 五个年头 五个目标(澳门大学五周年校庆)[R]. 澳门:澳门大学,1996:5-6.

② 澳门大学. 五个年头 五个目标(澳门大学五周年校庆)[R]. 澳门:澳门大学,1996:5-6.

③ 澳门特别行政区政府. 社会文化司二零零零年度施政方针[R]. [2020-09-02]. https://www.gov.mo/zh-hant/content/policy-address/year-2000/.

④ 澳门特别行政区政府. 社会文化领域施政方针政策2002年[R]. [2020-09-02]. https://www.gov.mo/zh-hant/content/policy-address/year-2002/.

的特殊需求，特区政府非常鼓励院校开展应用性的学术研究，尤其支持那些密切贴合澳门社会实际发展需求的各类研究项目。以 2001—2002 学年两所公立院校为例，澳门大学的科研经费投入为 1 500 万澳门元，澳门理工学院的科研投入为 500 万澳门元。

2001—2002 学年，澳门大学共开展 74 个科研项目，主要包括：主导澳门发展及质量研究所的科研工作、与外地机构合作开设本澳首个微电子设计中心、珠江口难降解有机物高污染区的形成和影响研究、澳门汽车尾气污染评价和控制策略。此外，澳大科研成果包括完成气象局的"空气质素智能预报系统"，于北京注册"电度表脉冲转换器"及"个人计算机开关源功率因素提升电路"，完成《澳门历史辞典》编著。澳门理工学院 2002 年科研项目共计 24 个，其中主要包括：澳门体育的发展、本澳陶瓷资源调查与旅游产品设计、澳门非营利社会服务组织的行政管理研究等；澳门理工学院还成立了中西文化研究所、社会经济研究所及人力资源统筹研究中心，并建立了科研工作管理体制及制定有关规章。旅游学院则以澳门未来旅游业为经济发展的核心，进行 5 项针对性调查及研究，包括联合发展珠江三角洲旅游业的策略、如何定位澳门为会展项目目的地的策略、分析旅客满足感与对澳门旅客服务及产品印象、酒店业人力资源管理监控系统及旅游需求预测系统。此外，旅游学院还致力于推动信息科技在本地旅游业的应用和发展。[1]

从回归之初的科研取向来看，特区政府以"固本培元，稳健发展"为政策导向，在高等教育学术研究范畴，首先是以务实的态度去认识社会发展的实际情况和了解各行各业的实际需求，在此基础上，促进科研的实用性。其中，有些科研工作与澳门的热门经济和政策密切相关，如基于 CEPA 协定开展的泛珠三角的经济合作研究、关于博彩业及旅游业的心理和经济方面的研究；还有些研究工作体现出澳门的文化或研究特色，如中葡文电子翻译系统、微电子技术、中医药发展等；亦包括与澳门实际发展密切相关的研究，如电子票务、公共行政人力资源、文化遗产景点管理、澳门税法、环境管理、外劳政策等。总之，

---

[1] 澳门特别行政区政府. 社会文化领域施政方针政策 2003 年 [R]. [2020 - 09 - 02]. https://www.gov.mo/zh-hant/content/policy-address/year-2003/.

在回归以后的很长一段时间里，澳门高等院校基本上是依据社会需求开展各项学术研究工作。

（二）以科研创新为导向的学术研究

回归初期，澳门高等院校在专业设置和学术研究方面的适应性特征支撑着澳门的经济发展，加上政府对旅游博彩业的扶持，澳门整体经济在回归后呈现快速发展的趋势。但是，澳门高校学术研究的适应性特征也同时加剧了产业结构的比重失衡。据澳门统计暨普查局的数据，博彩业占 GDP 的比重由 2000 年的 34.4% 快速增长到 2008 年的 48.2%。①

从办学条件来看，澳门的土地资源比较紧缺，这导致澳门高校的办学空间普遍狭小，一些高校更是"有校无园"，存在"先天不足"的现象。2013 年以前，澳门 10 所高等院校中，土地面积最大的是澳门科技大学，但也仅有 300 亩左右；澳门大学建在氹仔海边的观音山上，面积不足 80 亩；澳门理工学院在 20 世纪 90 年代校区极为分散，分布在澳门半岛的各处，一直到 90 年代后期才搬到澳门半岛新口岸高美士街的现址，面积还不到 30 亩；澳门的私立院校办学用地用房更为紧张，一些院校仅仅利用某座大楼的 2～3 层办学，空间极为狭小。从整体上看，澳门的高等院校呈现出"中学化"的特征，本地的学生没有住宿，全日制学生也如兼读制学生一样，很多时间用于搞副业，根本没有安心读书、交流生活、锻炼身体的空间环境。②

如果按照我国内地高等院校所要求的生均占地面积 54 平方米的办学合格标准来看，澳门高等院校的办学用地和用房远未达标。这种办学空间"中学化"的现状，导致澳门高等院校缺乏可持续发展的基础和条件。实际上，澳门的高等院校在规划、财政、师资等方面已经具备了较好的基础，但迫于空间的局限性，院校缺少进一步发展的动力，难以在质和量上实现飞跃式的发展。由于缺少土地、教育用房、学生

---

① 澳门特别行政区政府统计暨普查局. 本地生产总值主要修订 1982—2014 ［EB/OL］.［2020－05－11］. http：//www. dsec. gov. mo/.

② 谢安邦，张红峰. 澳门回归十年高等教育的发展历程研究 ［J］. 高教探索，2009 （6）：5－9.

宿舍等基本条件，澳门的院校很难进一步扩招学生（尤其是澳门本地以外的学生），这直接导致澳门院校学科专业面狭窄的局面很难改变。学科专业仅仅适应社会行业的需求，无法形成学科连贯的体系，更不易形成跨学科的安排，学科建设易陷入恶性循环的怪圈。在此基础上，由于学科面打不开，师资也就得不到充分的配备，亦无法拓展研究生招生规模。没有优势学科的师资和研究生基础，也就不会有优秀的学术成果，数据指标亦无法达到所谓大学排名的标准。此外，院校的图书资源、设备资源等也会由于学科发展不充分，要么出现浪费的现象，要么处在缺失的状态。以上所有这些都是在缺少可持续发展的基本条件之下非良性循环所导致的结果。所以，对于澳门高校而言，要想有长远的发展规划，就必须解决土地空间狭小这一瓶颈问题。

2009 年 6 月，经中央批准，澳门大学获批在珠海横琴岛上建设新校区，并于 2013 年正式启用，新校园面积比老校园增加了 20 倍。澳门大学的旧址被分配给澳门城市大学、澳门理工学院以及澳门旅游学院等学校作为扩展办学空间之用。这一"横琴决策"在澳门高教史上具有标志性的意义，彰显了"一国两制"的成功实践以及国家对澳门高等教育的全力支持。此举也为澳门大学及其他一些大学的进一步发展提供了基础条件。以下对几所公私立院校的学术研究发展略作介绍。

1. 澳门大学（公立）

以横琴决策为契机，截至回归 20 年之际，澳门大学下设学院及研究院增加到 13 个，同时建有 10 个书院。澳门大学在泰晤士高等教育（Times Higher Education，THE）2020 世界大学排名 301 ~ 350，位列亚洲大学第 42，国际化发展第 9，亚太地区大学第 60 和全球年轻大学第 52；在 QS2020 世界大学排名第 387；在葡萄牙语大学联会中名列第 2。该校工程学、化学、药理学与毒理学、计算机科学、材料科学、临床医学、精神病学/心理学以及社会科学总论 8 大学科进入基本科学指标数据库（ESI）前 1%。在 2020 年 QS 世界大学学科排名中，"语言学"排名 201 ~ 250，"英语语言及文学"排名 251 ~ 300，"计算机科学及信息系统学"和"数学"排名 351 ~ 400，"经济学及计量经济学"和"电机及电子工程"排名 401 ~ 450，"社会科学及管理学科"和"商业及管理"排名451～500,"医学"排名551～600。在2020年THE世界大学学科排名中,"心理学"排名97,"教育学"排名101～125,"工程及科技"排名126～150,"计算机科学"和"艺术及人文"排名151～175,"物理科学"排名251～300,"商科及经济学""社会科学"和"生命科学"排名301～400。[1]

在师资建设方面,澳门大学不断拓展与海外大学的网络,搭建更多国际合作研究的平台,积极与葡语国家保持紧密联系,和多所世界顶尖大学合作推出双联课程学习计划及联合培养博士后项目,从全球各地吸纳顶尖的学术精英,建立了一支国际化的卓越师资队伍,当中有欧洲科学院(外籍)院士、英国皇家工程院院士、英国皇家化学学会会士、美国电机电子工程师学会会士、葡萄牙科学院院士、美国金属学会会士、美国科学促进会会士、美国物理学会会士、美国土木工程师学会会士、美国教育研究学会会士、美国心理学会会士、IEEE系统人机及智能自动学会主席、香港工程科学院院士、教育部"长江学者讲座教授"。[2]

有了师资的配合,澳门大学的学术研究也在不断拓展。[3] 澳门大学聚焦世界尖端学术问题,充分发挥综合性和多学科优势,集中资源发展优势研究领域,同时加强跨学科交叉研究,尤其是人文社会科学与理工学科之间的合作,提升全球学术领导力与国际声誉。澳门大学创办创科有限公司和珠海澳大科技研究院,大力支持大学产学研发展,推动科技成果转化和培养新兴产业,加强创业及知识转移,提升科研成果的社会影响力。

澳门大学的学术研究形成了三个国家重点实验室(中药质量研究、仿真与混合信号超大规模集成电路和智慧城市物联网)、三个新兴领域研究方向(肿瘤精准医疗、先进材料和区域海洋工程)、三个交叉研究

① 澳门大学"国际声誉"[EB/OL].[2020-05-27].https://www.um.edu.mo/zh-hant/about-um/overview/international-reputation.html.

② 澳门大学"简介"[EB/OL].[2020-05-27].https://www.um.edu.mo/zh-hant/about-um/overview/introduction.html.

③ 澳门大学"前沿研究"[EB/OL].[2020-05-27].https://www.um.edu.mo/zh-hant/about-um/overview/introduction.html.

领域（人工智能、认知与脑科学和数据科学）以及三个人文研究平台（澳门研究中心、亚太经济与管理研究所、人文社科高等研究院）的"四个三"研究布局，重点是鼓励跨学科合作，打破学科壁垒，尤其是人文社会科学和现代科技的结合。

国际论文数据库 Web of Science（WoS）显示，澳门大学国际学术期刊论文发表数目由 2010 年的 190 多篇增至 2019 年的约 1 800 篇，获引用 24 000 多次。芯片研究获国家科技进步奖二等奖，在国际固态电路会议发表论文数量名列全球第二，仅次于英特尔（Intel）。中药研究是澳大的特色研究领域，致力于中医药质量及国际标准研究，并先后获得国家科技进步奖二等奖、创新中药产品获国际发明金奖及 40 余项澳门科技特别奖等奖项。

2. 澳门理工学院

在学术研究方面，澳门理工学院致力于应用型、跨学科的研究，为特区政府、社会机构和企业贡献了大量的科研成果，特别是在科技工程化与产品化方面进行了积极的尝试，将科技创新研究与应用成功结合，持续为业界推出应用型科研产品，如，学院与澳门立法会、行政公职局、中国与葡语国家经贸合作论坛常设秘书处辅助办公室等 18 个政府部门合作，为其提供中葡英机器翻译联合实验室研发的"中葡公文辅助翻译系统"，并进一步推出"中葡英语音识别同传系统"。① 该院已经成立了机器翻译暨人工智能应用技术教育部工程研究中心，正以应用技术研究和工程产业实践为目标，通过跨学科协同、跨领域互动、跨地区合作，促进学术研究的创新发展。

3. 澳门旅游学院

澳门旅游学院作为单科型公立院校，积极发展自身的特色，在旅游管理方面表现突出。2017 年旅游学院款待及休闲管理学科在英国 QS 世界大学排名中位列亚洲区第 2 和全球第 18。澳门旅游学院的研究涵盖从旅游接待能力到人力资源研究的领域，通过各种研究项目与世界知名大学合作，以全球旅游业发展为背景，致力于开展具影响力的学

---

① 澳门理工学院.2018—2019 学年年报（成就梦想 逐梦飞扬）[R].澳门：澳门理工学院，2020：27.

术研究以及将学院发展成为亚洲领先的旅游研究中心。①

4. 澳门科技大学

澳门科技大学作为规模最大的私立综合型大学，近年来的发展突飞猛进。学校在软科发布的 2019 年中国海峡两岸暨香港、澳门大学排名中位列第 20，泰晤士高等教育 2020 世界大学排名进入前 300。大学的学术研究成就显著，还特聘一批中国科学院院士、中国工程院院士、台湾"中央研究院"院士，以及美国科学院院士、世界高被引科学家等顶尖学者来校开展研究和指导研究生工作。大学近年来在国际 SCI/SSCI 的 Q1 第一区间学术期刊发表的高质量研究论文不断增加，现有两个国家重点实验室：中药质量研究国家重点实验室及月球与行星科学国家重点实验室。多项成果获国家科技进步二等奖或教育部自然科学奖一等奖。2016 年，大学新设了智慧城市研究院和澳门首个以诺贝尔奖得主命名的实验室"生物物理与中医药实验室"。2018 年，澳门科技大学与内地四所高校共同建立人文社科重点研究伙伴基地及联合实验室。一些特色与优势研究领域包括：中药质量与创新药物、月球与行星科学、癌症与风湿病治疗、系统工程、智慧城市，等等。②

5. 澳门城市大学

澳门城市大学坚持走都会大学的办学道路，为城市及社会发展提供智力支持。澳门城市大学设有 11 个研究单位，包括葡语国家研究院、心理分析研究院、数据科学研究院、教育部人文社科重点研究（伙伴）基地—澳门社会经济发展研究中心、"一带一路"研究中心等，科研团队持续承接包括国家自然科学基金、澳门基金会、澳门特区政府政策研究室、澳门特区政府人才发展委员会、澳门高等教育局、澳门贸易投资促进局等机构委托的研究项目，在立足自身发展的同时，不断加强与区域合作交流，提升国际竞争力。经过长期努力，该校的旅游休闲管理学科于 2020 软科世界一流学科排名中位列第 54，在创新

---

① 澳门旅游学院. 旅游学院 2017—2018 年报（学术研究的权威机构）［R］. 澳门：澳门旅游学院，2019：36.

② 澳门科技大学"师资队伍和科研发展"［EB/OL］.［2020 - 05 - 27］. https：//www. must. edu. mo/about - must/intro.

性学术研究中表现出色。

以上澳门的几所主要公私立院校的学术发展，已经逐渐从原来仅围绕澳门社会需求的研究转变为以科技创新为导向的研究。回归以后，澳门特区政府对高等教育的财政投入力度逐年加大。如，2000 年，三所主要公立院校的开支仅为 2.17 亿澳门元，2018 年则达到了 34.17 亿澳门元，是 2000 年的近 16 倍。① 而澳门大学横琴新校区建设的工程费用及相关开支超过 102 亿澳门元。② 高等教育政策的扶持与投入的激增，促使澳门高校学术研究功能从直接的"应用"转向全面的"创新"，学科范围相比回归初期有了很大的拓展，增加了文学、理学、工程、生物医学、传播学、经济学、社会学、人工智能等领域，主力配合引领经济适度多元发展的研究方向。截至 2018 年，澳门大学和澳门科技大学共设立了 4 所国家重点实验室，澳门理工学院成立了机器翻译暨人工智能应用技术教育部工程研究中心，各高校的多项成果获得国家科技进步二等奖。多所实验室、工程研究中心的建立大幅度地提升了澳门高校的整体科研能力和研究水平，澳门高校正在充分"发挥各所国家重点实验室及教育部工程研究中心的科研引领作用，延揽更多高层次科研人才，加强新兴科研领域和跨学科交叉研究平台的建设。通过产学研示范基地建设，提升科研综合实力，加强产学研合作并实现成果转化"③，为引领澳门社会经济发展做出贡献。

三、以融入合作为载体的科研创新发展

回归以后，澳门一些高等院校积极与内地开展交流与合作。国家制定的有关珠三角地区的政策也将澳门、香港地区涵盖其中，使两个特别行政区与广东得以协调、共融发展。在高等教育领域，粤港澳三地的交流与合作从未间断，具体表现在互访交流、讲学研讨、合作研

---

① 根据澳门公立高校的财政开支数据整理，该数据分别来自澳门特别行政区统计暨普查局 2000 年、2018 年统计年鉴（https：//www. dsec. gov. mo/）。

② 横琴新校区建设的开支数据来自 2013 年 1 月的澳门特别行政区审计署的专项审计报告《横琴岛澳门大学新校区建设费用估算》。

③ 贺一诚. 中华人民共和国澳门特别行政区政府二〇二〇年财政年度施政报告［R］. 澳门：中华人民共和国澳门特别行政区政府，2020：182.

究、教师培训等多个方面。从区域发展理论的角度来看，粤港澳三地的交流合作非常有利于将三地高等院校所拥有的学科优势展现出来。一方面，各地教育状况的多元化和复杂性凸显了合作的必要性。澳门地域狭小，各院校的学科相对单一和分散，如果恪守一方，无疑对院校学科的横向式联合以及全面发展不利；而如果能够抓住三地合作的有利契机，则可能实现不同学科之间的协调发展和功能互补，彰显出自身的发展价值。另一方面，三地各具优势的学科发展特征使得"长线资源效应"能够得到充分的发挥。与木桶原理中提出的"短线资源效应"不同，跨区域合作使得每一所高校的学科发展优势能够在区域内产生辐射效应，促进强强联合，同时能够将区域内任何有利于优势学科发展的资源吸引过来，实现学科的跨越式发展。在理论和实践的相互促进下，粤港澳三地自回归以后越来越强调合作的重要性。

（一）学术研究合作创新的背景

2008 年 12 月，国务院审议通过并正式批准实施《珠江三角洲地区改革发展规划纲要（2008—2020 年)》，提出："以新的思维和机制推动高等教育发展上水平。支持港澳名牌高校在珠江三角洲地区合作举办高等教育机构，放宽与境外机构合作办学权限，鼓励开展全方位、宽领域、多形式的智力引进和人才培养合作，优化人才培养结构。加大对国家重点建设大学支持力度，到 2020 年，重点引进 3～5 所国外知名大学到广州、深圳、珠海等城市合作举办高等教育机构，建成 1～2 所国内一流、国际先进的高水平大学。"[①]

2009 年 8 月 14 日，国务院正式批准的《横琴总体发展规划》提出，把横琴建设成为"一国两制"下探索粤港澳合作新模式的示范区、深化改革开放和科技创新的先行区、促进珠江口西岸地区产业升级的新平台，成为当时指导澳门融入珠三角地区改革发展的行动纲领。2009 年，澳门大学获中央批准在珠海横琴兴建 1.092 6 平方公里的新校区亦成为《横琴总体发展规划》的重要组成部分。在新校区内，澳门特别行政区政府可以实施澳门的法律和行政制度，授权有效期达 40

---

① 国家发展和改革委员会．珠江三角洲地区改革发展规划纲要（2008—2020 年）［R］．2008：16．

年。澳门大学横琴校区的建立为粤港澳合作提供了新的思路，澳门最主要的公立高校不仅可以在迈向世界高水平大学的征程中更进一步，而且能够更加方便地依照横琴科技创新的规划与内地合作，打造产学研示范基地，产出更多的科技创新成果。

2011 年，《粤澳合作框架协议》签署，将粤澳合作的各种创新形式进一步细化。如"在横琴文化创意、科技研发和高新技术等功能区，共同建设粤澳合作产业园区，面积约 5 平方公里。澳门特区政府统筹澳门工商界参与建设，重点发展中医药、文化创意、教育、培训等产业，推动澳门居民到园区就业，促进澳门产业和就业的多元发展。……整合广东中医药医疗、教育、科研、产业的优势和澳门的科技能力和人才资源，吸引国内外大型医药企业总部聚集，打造集中医医疗、养生保健、科技转化、健康精品研发、会展物流于一体的国际中医药产业基地，以及绿色道地药材和名优健康精品的国际交易平台"。很多项目都整合了澳门和广东高等教育领域的优势学科，加强相关合作，配合两地特色产业的标准化、多元化发展。

粤港澳三地学术研究的合作真正走向深入与"粤港澳大湾区"的建设密切相关。"粤港澳大湾区"的概念，有一个渐进形成的发展阶段。2009 年，粤港澳三地政府共同合作的《大珠江三角洲城镇群协调发展规划研究》中，采用的是"大珠江三角洲城镇群"的提法。大珠江三角洲城镇群由珠江三角洲 9 个城市和香港、澳门组成，土地面积 42 831.5 平方公里。而在空间结构优化策略中，首次以正式文本的形式提出"一湾三区"的概念，具体指的是珠江口湾区和广佛、港深、澳珠三大都市区，构成大珠江三角洲城镇群经济、社会及生态环境的核心区。虽然在这个规划中，已经形成湾区的雏形，但是此时的大珠江三角洲城镇群规划还只是一个区域规划，没有完全上升到国家层面和世界湾区的概念。

2015 年，国家发展改革委、外交部、商务部联合发布的《推动共建丝绸之路经济带和 21 世纪海上丝绸之路的愿景与行动》（"一带一路"倡议）中首次使用"粤港澳大湾区"："充分发挥深圳前海、广州南沙、珠海横琴、福建平潭等开放合作区作用，深化与港澳台合作，打造粤港澳大湾区。"2016 年，在国家"十三五"规划纲要中，提出"支持港澳在泛珠三角区域合作中发挥重要作用，推动粤港澳大湾区和跨省区重大合作平台建设"。虽然此时粤港澳大湾区的概念已经形成，但是所有的规划文本还没有围绕"粤港澳大湾区"阐述发展理念和实施策略，"粤港澳大湾区"和"大珠三角""泛珠三角"仍然混合在一起，没有形成明确的核心概念。

2017 年，国家发展改革委、粤港澳三地政府联合签署了《深化粤港澳合作推进大湾区建设框架协议》（以下简称《框架协议》），这是一个以"大湾区建设"为主题命名的文件，直接将包含广东、香港、澳门在内的三个地区的合作推向一个新的高峰。协议的合作目标在描述了三个地区各自的发展定位之后，明确提出"将粤港澳大湾区建设成为更具活力的经济区、宜居宜业宜游的优质生活圈和内地与港澳深度合作的示范区，携手打造国际一流湾区和世界级城市群"。经过近两年的筹备后，2019 年 2 月，《粤港澳大湾区发展规划纲要》（以下简称《纲要》）正式出台，充分体现了从区域发展规划到国家级规划，打造世界级湾区的演变过程。中国南部沿海地区发展规划的升级版必然要求大湾区内部的城市发展更有特色、合作更加紧密、创新更有力度。

无论是《框架协议》还是《纲要》，都特别强调了"建设国际科技创新中心"，"深入实施创新驱动发展战略，深化粤港澳创新合作，构建开放型融合发展的区域协同创新共同体，集聚国际创新资源，优化创新制度和政策环境，着力提升科技成果转化能力，建设全球科技创新高地和新兴产业重要策源地"。同时，具体提出构建开放性区域协同创新共同体、打造高水平科技创新载体和平台、优化区域创新环境等举措。《纲要》的阐释为澳门高校的创新发展，尤其是学术研究的创新合作，提出了新的机遇和挑战，澳门的每一所高校都在特区政府宏观政策的引导下积极融入其中。

《纲要》将澳门定位为大湾区发展建设的四个中心城市之一，粤港澳大湾区的核心任务就是打造具有全球影响力的国际科技创新中心，培育经济新动能，形成教育和人才高地。① 大湾区将借鉴全球经验打造区域良性互动和融合发展的创新生态系统，实现经济社会健康协同发展。② 澳门高校正在围绕这一国家战略需求，发挥自身的科研优势，以实现协同创新。

对于地域狭小、人口很少的澳门而言，比较容易实现教育变革。③ 因为小系统中易于获得成功和产生辐射效应，并能及时激励进一步变革。④ 早在 2016 年 11 月，由中山大学倡议并与香港中文大学和澳门大学共同发起，成立了粤港澳大湾区高校联盟，迄今已经汇聚粤港澳三地近 30 所高校，携手打造"粤港澳一小时学术圈"。联盟建设的初衷是粤港澳高校之间的"强强联合"，共同面对世界话语体系下的一流大学竞争。⑤ 2018 年 12 月，粤港澳 20 多所高校共同组建空间科学与技术联盟、粤港澳海洋科技创新联盟，粤港澳三地产业方面的联盟也如雨后春笋般地诞生。这些联盟平台的建立、体制机制的创新，本质上是为促进创新要素在粤港澳大湾区的自由流动。⑥ 对于澳门高校而言，技术、人才、资金、信息的加速流转使得院校的资源能够产生大范围的聚合与辐射，科研正在逐渐走向深度协同创新。

（二）澳门高校科研合作创新的成果

以下以两所公立院校（澳门大学及澳门理工学院）、两所私立院校（澳门科技大学及澳门城市大学）为例介绍澳门高校科研合作创新的成果。

1. 澳门大学

作为澳门规模最大的公立高校，澳门大学正积极建立一个拥有高

---

① 粤港澳大湾区发展规划纲要［R/OL］.（2019 - 02 - 18）［2020 - 06 - 22］. https：//www. bayarea. gov. hk/sc/outline/plan. html.

② 林昌华.《大湾区》战略背景下港澳协同发展水平评价及对策启示［J］. 亚太经济，2018（2）：143 - 148.

③ BRAY M. Educational reform in a small state：Bhutan's new approach to primary education［J］. International journal of educational reform，1996，5（1）：15 - 25.

④ BRAY M. Comparative education in the era of globalization：evolution，missions and roles［J］. Policy futures in education，2003，1（2）：209 - 224.

⑤ 粤港澳三地 26 所高校结盟寻找科研合作突破口［N/OL］. 中国新闻网，（2016 - 11 - 16）［2020 - 06 - 30］. http：//www. chinanews. com/ga/2016/11-16/8064477. shtml.

⑥ 大湾区深度协同引爆新动能［N］. 澳门日报，2019 - 01 - 11（A11）.

端基础设施和核心技术的实验平台，促进学术研究，并创造一个世界级的学术环境与一流的教学和科研团队，建设包括中医药、微电子、智慧城市物联网在内的三个国家重点实验室，还与中山大学在化学、光电、能源方面合作建设"教育部联合重点实验室"，与香港及广东高校启动"粤港澳大湾区中医药创新中心"，致力于成为大湾区西部科技创新基地。①

2017 年，澳门大学在珠海成立的科技研究院迁至横琴，与珠海中科先进技术研究院开展合作，重点打造健康理疗医疗器械平台、智能城市平台、无人船科技应用平台、金融科技平台，促使两地专家、教授在大健康、智能制造、智能产业、科技金融等产业领域进一步研发和扩大各类研究成果。在与近邻珠海广泛合作的同时，澳门大学亦与深圳高校展开密切合作。如澳门大学应用物理及材料工程研究所与深圳大学建设联合实验室项目，并与华为公司建立了合作研究的关系。

如前所述，澳门大学的学术研究发展已经形成了"3 + 3 + 3 + 3"为核心的研究布局。进入 2020 年以后，澳门大学的合作研究进程没有止步，又取得了一系列成果：与中科院空天院共建空间信息联合实验室，两机构整合各自的学科实力及开展自主遥感卫星载荷研究及空间信息大数据地面应用等领域的创新性研究；与内地及港澳地区十多家高校、科研院所、企业等共同组成的科研团队共同开展国家和广东省重点课题的研究；与中科院海洋研究所成立海洋环境与工程联合实验室，促进在海洋环境与工程中的近海环境生态、海洋地质、海洋多层动力与区域海洋环境调节机制的合作研究；与广东省鹏城实验室建立战略合作关系，将围绕人工智能、网络与通信、网络空间安全和机器人技术的研究开展合作；澳门大学创新创业中心上升为国家级众创空间，重点孵化重点学科的研究成果及具备产业化潜力的项目，以加强大学的研究及知识转移方面的影响力。②

2. 澳门理工学院

澳门是个拥有多元文化及多种语言的地区，中葡英翻译在澳门有

---

① 叶浩男. 澳大参与大湾区发展项目 ［J］. 澳大新语，2018（19）：12 - 14.

② 澳门大学 2020 年合作研究的成果参考澳门大学网站"粤港澳大湾区高校科教合作"上的内容，https：//greaterbayarea. um. edu. mo/。

着迫切的需求。为进一步提高中葡英翻译的质量及速度，将最新的信息处理技术引入中葡英翻译，结合语言、文化、电脑等学科的最新研究成果，解决中葡英翻译中跨语言、跨文化的瓶颈，2018 年，澳门理工学院联合广东外语外贸大学及中译语通科技（北京）有限公司共同建设"中葡英机器翻译联合实验室"，通过设立及运营中葡英机器翻译联合实验室，研发"中葡英机器翻译系统"，除为自身教育走向国际化创造条件，更有利于澳门成为亚太区双语人才培训基地和国际旅游休闲中心。①

实验室主要在基础技术研究、高新技术应用、人才培养三个层面进行广泛合作。联合实验室将运用全球领先语言大数据和云计算技术，主要研究领域包括中葡英语料加工处理、机器翻译引擎、语料细化分类、自然语言处理技术、基于句型模版的机器翻译、语言大数据分析等方面的基础技术研究，以及各类相关领域的应用技术研究。有关合作项目的研究成果将可应用于各类教学及科研活动，以及粤港澳大湾区范围内的各级政府运作、学术及商务活动，更有利于培养高素质的专业人才。"中葡英机器翻译联合实验室"首批项目为中葡、英葡统计机器翻译技术（SMT）、基于小规模语料库的机器翻译技术、嵌入式机器翻译技术、基于神经网络的机器翻译技术（NMT）、葡语语音识别技术。已经取得的研究成果有：建立了世界最大中葡互译平行语料库、采用最先进的神经网络机器翻译技术推出"Diz Lá！"葡语学习手机软件、自行开发"中葡语料管理系统"、研发"中葡英语音识别同传系统"等。② 在实验室的基础上，学院经教育部严格审核获批成立"机器翻译暨人工智能应用技术教育部工程研究中心"，积极推进翻译技术的成果转化，形成产学研一体化研究成果。

此外，学院持续通过振兴本地文化与文创产业，促进旅游业发展，以此找准澳门在大湾区发展规划中的定位。通过进一步深入本地社区，

① 中葡英翻译实验室周二开幕 ［N］. 澳门日报，2016－10－06（C7）.

② 澳门理工学院. 2017—2018 学年年报（青春绽放 共创辉煌）［M］. 澳门：澳门理工学院，2019：28；澳门理工学院. 2018—2019 学年年报（学术研究）［M］. 澳门：澳门理工学院，2020：45－46.

发掘本地的文化与文创产业，为旅游产业创造内涵与内容，并通过与大湾区市场的推广与联结，与湾区其他城市错位发展，奠定澳门世界旅游休闲中心的地位。学院下属的博彩教学与研究中心围绕博彩业的监管与发展开展相关研究，与中山大学共建博彩研究中心、博士后创新实践基地，多年来相继开展了博彩产业监管、经济多元发展、区域经济合作、旅游消费模式、负责任博彩等研究课题，协助特区政府推动博彩科技行业标准的提升。

3. 澳门科技大学

澳门科技大学在其策略规划（2014—2020）中明确提出："将追求创新性、跨学科、合作式的国际高水平学术研究作为大学可持续发展的驱动力。"① 澳门科技大学作为中药质量研究国家重点实验室的依托机构之一，与粤澳合作设立的横琴中医药产业园密切合作，推动澳门科技大学中医药学科建设的跨越式发展。②

2018 年，澳门科技大学获教育部批准，与内地四所高校共同建立人文社科重点研究伙伴基地及联合实验室。实验室连同其他两所国家重点实验室一起，兼备教研方面的功能，为培养优秀研究人才提供实践机会和研究平台，亦对澳门社会持续发展和经济适度多元发展作出新贡献。

2019 年 5 月，澳门科技大学与珠海市人民政府签署了框架合作协议，将在创新教育、前沿科技、优质医疗与医学研究、医药与健康产业、下一代互联网、空间大数据、人工智能、航空航天、优秀文化传承、青年创新创业创造等领域拓展深度合作，共同推进大湾区科技的创新发展；双方还将在珠海横琴新区共同建设澳门科技大学珠海研究院（总部）、中药质量研究国家重点实验室（分部）和月球与行星科学国家重点实验室（分部）。③

————————
① 澳门科技大学. 策略规划（2014—2020）［EB/OR］.［2020 - 06 - 01］. https：//www. must. edu. mo/.

② 高胜文，等."走出去、引进来"："一带一路"倡议下澳门中医药业发展模式研究［J］. 行政，2019，32（1）：21 - 40.

③ 澳门科技大学与珠海签署合作协议推进大湾区科技创新［EB/OL］.［2020 - 06 - 01］. http：//www. xinhuanet. com/2019 - 05/27/c_1124548702. htm.

2019 年 11 月，澳门科技大学与横琴新区管委会合作共建横琴·澳门科技大学产学研示范基地，全面提升澳门与珠海的合作水平，以教育科研的产出带动澳门科技创新，孵化新兴产业。根据合作协议，澳门科技大学将依托该校 2 个国家重点实验室及优势学科院所的资源及科研经验，在横琴新区建设产学研示范基地，开展重点领域的前沿技术研发；引进高水平、高质量科研成果，加大横向项目合作力度，不断激发科技活力和推动技术成果高效转化，以促进珠海横琴新区技术链、产业链、服务链的多维互动交叉融合，营造立体的生态科研产业化要素高速流通环境，从而推进以创新为主要动力和支撑的大湾区经济发展，助力大湾区成为全球科技创新高地和新兴产业重要的策源地。①

4. 澳门城市大学②

澳门城市大学的学术研究与科研发展紧跟国家"粤港澳大湾区建设"战略，持续增加科研投入，创新研究合作模式。

澳门城市大学成立了葡语国家研究院及"一带一路"研究中心，支持澳门发展为中国与葡语国家商贸合作服务平台，同时为中国和葡语国家在"一带一路"的发展中提供智力支持。澳门城市大学还设立了澳门城市治理大数据研究中心，提升城市治理及其大数据技术的研究能力。

在学术活动方面，澳门城市大学积极推动大湾区师生的学术交流与科研合作，举办了"庆祝澳门回归十八周年暨粤港澳大湾区建设学术论坛""粤港澳大湾区法律服务论坛""粤港澳大湾区城市群发展规划：澳门的优势、方向与策略学术座谈会""一带一路创业教育与家族企业转型国际研讨会""第二届人工智能和大数据分析国际研讨会"等活动，邀请国内外的专家学者汇聚一堂，共同探讨大湾区在不同领域的合作。同时，澳门城市大学还承接了"粤港澳大湾区战略与澳门

---

① 横琴与澳门科技大学共建产学研示范基地 ［EB/OL］．［2020 – 06 – 01］．https：// m. chinanews. com/wap/detail/zw/ga/2019/11-29/9020884. shtml.

② 澳门城市大学的创新研究与合作参见：澳门城市大学．积极融入粤港澳大湾区建设大局 ［J］．澳门高等教育杂志，2018（23）：24 – 27.

发展研究""澳门及周边区域数据二／三维集成，澳琴智能交通实时侦测与不平衡性分析"等课题。

　　澳门城市大学的"一带一路"研究中心整合了有关学科的研究力量，与澳门欧洲学会、海上丝路协会（澳门）、澳门至善有限公司等多家单位建立了战略合作关系，也与清华大学"一带一路"战略研究院、华侨大学等学术机构建立合作关系，合力推动学术研究；澳门城市大学还创新研究合作模式，与横琴金融投资有限公司签署建立创业研习基地，进一步促进与横琴的资源互动，依托各自资源优势，建立产学研一体化的战略合作关系，在创业培训、创业孵化等领域进行广泛的互动与交流。

本章小结

　　如前一章所述，澳门高等教育发展的历史是文化、地理、利益、制度等偶然因素与高等教育核心使命和内涵相伴而生的过程，这一历史逻辑对回归以后澳门高等教育发展的现实选择起到较大的影响和推动作用。

　　回归以后，对于澳门高等教育治理以及政策发展的目标而言，高等院校（尤其是公立院校）的财政模式变革和高等教育治理之间的关系非常密切，院校经费筹措模式的变化能够促使高等教育治理发生改变。然而，公立院校"公法人"的法律定位，才是真正影响两者之间关系的关键所在，而只有从"公法人"的内因出发，才能真正通过财政变革促进院校自主的实现。举例来说，新一届特区政府高等教育治理的施政目标是：进一步扩大外地生规模、院校自主和推动适度产业化、院校发展的市场化，这些目标的达成无一不与院校经费结构的变化相关。换句话说，院校经费筹措模式的变革是推动高等教育治理变化的外部因素。然而，澳门高等教育发展的历史逻辑证明高等教育的制度发展存在"路径依赖"和"回报增加"，使得公立院校的"公法人"法律性质成为影响两者关系发展的内在因素。在此，内因（公法人）不仅通过影响外因（院校经费筹措模式变革）起到作用，而且也直接对治理目标（院校自主）产生影响。所以，澳门高等教育治理的现实选择同样具有依赖性，而改变高等教育治理过程中存在的问题，则需要从内因着手，通过健全宏观协调和监控体系，重塑特区政府和高校之间的关系，实现管办分离、政校分开，真正为澳门高等院校可持续发展奠定良好的基础。

澳门高等院校的人才培养和质量发展策略也在澳门微型社会特征、多元文化的影响下具有明显的特色，如人才培养的多元化、质量保障的主动性以及制度体系对于澳门高校自主建构质量保障体系的维护作用。然而，同样是这些特征，也对澳门高等教育的人才培养和质量发展带来其他影响。如，人才培养过程中体现出的高度适应性特征。在澳门产业结构的引导下，澳门人才培养的适应性特征既具有一定的必然性，也是每一个澳门适龄学生根据实际情况进行选择的结果。所以，特区政府为此建立了高等教育人才资料库，针对具体的行业和学科领域做出详细的分析，对人才的现况、需求和供给进行预测，力图建立澳门高等教育人才培养的长效机制。然而，这一行为本身就体现出澳门高等教育人才培养过程的适应性特征。建立人才培养资料库，无疑可以为学子未来的就业选择指明方向，但针对未来数年的人才需求预测就一定是准确的预测？澳门地方太小，所有的人和事都在快速变动之中，精细的预测未必能够给澳门人才培养带来长效机制，反而可能是短效结果。更关键的是，由于是针对具体行业和学科的预测，人才资料库无疑具有高度的引导性，高校和学生都会参照人才资料库调整自己的选择，从而导致热门专业依然热门，冷门专业无论如何都办不起来的结果，高等教育人才培养的引领作用也无法在这个微型城市中体现出来，最终导致人才培养的短视。

又如，澳门高等教育的质量发展策略明显带有一种文化延续的倾向以及受到微型开放特征的影响。澳门高校在没有外部统一监管的前提下，自身愿意主动寻求外部的质量保障，这是澳门高等教育质量发展基于历史文化延续的结果。在此过程中，澳门的高校很容易获取外部一些先进的理念并且能够很快地加以选择、利用。对于澳门高等教育质量发展而言，以生为本是世界范围内的"通用话语"，几乎每一所高校都强调"以学生为中心"，并且在形式上也各有特色。然而，经过文本的现象学分析能够发现，"学生参与""学习体验""学习机会"等很可能并非"以学生为中心"的真正内涵，也许只是证明了高等院校为学生提供了什么，而不是学生真正学到了什么。"成果为本"的教育理念、质量保障进程中的专业标准建构以及质量发展中的宏观引导策略可能才是让每一所高校深耕内涵而不是形式的有效指引。

澳门高等教育的学术研究则经历了一个从被动到主动、从少量到全面、从形式到创新、从零散到合作的过程。这些变化一方面和澳门高等教育的后发型特点有关，也与其外生型特征相连。后发型地区在发展高等教育的时候，容易依附于先进国家的高等教育模式，甚至直接照搬照抄世界范围内一些比较成熟的做法，如强调国际论文发表、追求大学排名等。这样的模式虽然不一定很快能达到国际一流大学的数量指标，但是方向看起来总没有大的问题，何况数量增长的背后一定也蕴含着质量的提升。而外生型的高等教育特征一般会尊重社会的需求，强调实用，毕竟从无到有的过程总是要关注外部需要什么。所以回归前后澳门高等院校的科研发展都特别强调实用，科研项目一定是要能够解决社会经济生活中的实际问题的。当追求世界一流大学的方向与简单地强调实用发生冲突之时，最终还是前者占上风。尤其是在"一国两制"的制度优势之下，澳门高等院校能够得到国家在土地、学科、资源上的大力支持，院校发展不断走向科研创新。

在粤港澳大湾区建设的背景之下，澳门高等教育学术研究的合作创新是一个新的发展趋势。正如1999年开始实施的博洛尼亚进程改变了欧洲大陆各国的高等教育政策一样，在我国国家层面实施的粤港澳大湾区战略无疑对作为湾区四个中心城市之一的澳门产生巨大的政策影响。粤港澳大湾区要打造国际科技创新中心并且强调大湾区各个城市的高度融入，澳门势必身先士卒，高等教育政策也将趋向于这个方向。对于澳门公共政策的制定而言，由于每一届特区政府、立法会的更迭时间比较靠近，政策方面的变化基本呈现出缓慢发展趋势，即

"相对线性的动态，独立于历次政治交替之外"①。然而，在大的国家政策环境影响下，澳门各项公共政策也必然紧跟其后，新的一届特区政府施政方向和规划纲要中就明确提出"促进科研成果转化，高等教育适度产业化、市场化"的政策目标。

在如此微型的城市范围内，一旦高等教育政策有了集中释放的方向，小而灵的特点无疑会使高等院校更容易捕捉到有利于自身发展的信息，对外部的各种政策做出积极的回应。② 所以，在融入国家发展大局的背景下，澳门的院校机构大多愿意外引内联，积极地融入合作，成为"时代的大学"。合作创新已经成为寻找符合需求和共同愿景的有效组织形式和网络结构的技术问题。③ 然而，政府和社会在培育人才方面希望通过认证、标准、质量问责等手段为学术机构建立一种学术标准和"体制化知识"④，而这往往与合作创新的意涵脱节，从而导致知识转让和应用的速度减慢。即使是作为高校核心职能之一的研究，也会将重点放在"如何集中优势资源取得最大收益"上面，但是与研究活动相关的一般激励措施可能对创新和技术转让产生负面影响。⑤

尽管如此，澳门的高校仍然愿意遵从融入政策，采取合作的姿态，但在政策执行中的选择上究竟属于"形式配合"，还是"融入创新"，则取决于院校自身的选择。以中葡平台建设为例，《纲要》中明确提出"中国与葡语国家商贸合作服务平台"是澳门的核心定位之一。伴随着融入政策的实施，这些与中葡平台建设相关的机构和课程如雨后春笋般地涌现出来。有些院校利用悠久的葡语办学历史和优质的办学资源双向培训多层次中葡双语人才，主动打造跨学科协同的科技创新平台，

① 卞翠，玛丽－克莉丝汀·戴里诗. 法国高等教育研究 40 年：知识考古学方法的审视[J]. 北京大学教育评论，2020，18（2）.

② 张红峰. 大学的自为与依附：中国澳门现代高等教育发展历程研究[J]. 高等教育研究，2014，35（12）：82－88.

③ MAASSEN P, STENSAKER B. The knowledge triangle, European higher education policy logics and policy implications [J]. Higher education, 2011, 61（6）: 757－769.

④ STENSAKER B, HARVEY L. Old wine in new bottles? A comparison of public and private accreditation schemes in higher education [J]. Higher education policy, 2006, 19（1）: 65－85.

⑤ MARKSMAN G D, et al. Entrepreneurship from the ivory tower: do incentive systems matter?[J]. Journal of technology transfer, 2004, 29（3）: 353－364.

在教育和研究方面与大湾区高校展开深度创新合作。然而，现实中几乎每所澳门的院校和相关机构都选择了设立与葡语相关的学术或教育机构，而这些新开设的机构和课程究竟在多大程度上能够进行深度合作以及实施创新计划，就不得而知了。如果所有高等院校都选择实施融入合作的政策，那么其对特区政府政策和社会经济发展的依附性必然增强，这无疑容易导致澳门高等教育学术研究发展的同质化和形式化的倾向。

澳门高等教育的知识生产在历史逻辑的驱动下，受到许多外部因素的影响，往往呈现出路径依赖、适应性、依附性、形式化的现实选择倾向。在这一知识生产过程中，知识生产者除了自然界之外，还必须广泛地从经济、政治和文化生活领域为自己寻找适当的生产资料和生产对象，但这与其说是对经济、政治和文化活动的适应过程，毋宁说是对经济、政治和文化活动的批判反思过程。① 所以，高等教育的知识生产过程亦遵循着学术发展的基本规律，具有反思、批判、创造等特点，而正是这些现实选择和本质规律的互动，将会引导澳门高等教育未来发展的路向。

---

① 展立新，陈学飞. 理性的视角：走出高等教育"适应论"的历史误区 [J]. 北京大学教育评论，2013，11（1）：95－125.

第四章

澳门高等教育未来发展的路径分析

澳门高等教育属于后发外生型，呈现出微型社会的很多特征，也在制度发展延续过程中存在着"依赖性"，同时还在历史的积淀中体现出多元文化交融汇聚的特点。所以，探索澳门高等教育的未来发展路径不可能不关注到很多已经存在的内外部因素，以及高等教育自身的本质和规律。本章重点分析澳门高等教育与国家战略融合发展的路径，以及基于澳门高等教育的困境和特点所做出的未来抉择，进而建构澳门高等教育发展的理论框架。

第一节　粤港澳大湾区建设与澳门高等教育发展

澳门高等教育的发展始终处在一种"无意识"的进程之中，回归以后，高等院校在既定的制度模式和市场取向的夹缝之中，自然地寻找着自己的发展道路。当院校的发展取向与"微型社会"的特点相结合的时候，有些局限性将会被放大。如实用性和就业市场将成为院校管理者和潜在学习者唯一追求的目标，从而导致澳门高校的学科建设、专业发展以及人才引进等方面受到极大的限制。因此，澳门高等教育急需扩大视野，将发展定位在区域化、国际化进程中。当前，国家已经出台的《粤港澳大湾区发展规划纲要》无疑为澳门高等教育发展带来新的契机，澳门高等院校势必融入其中，一方面搭上祖国快速发展的列车，另一方面则是破除寸辖制轮的障碍，真正实现跨越式发展。

一、澳门博彩经济发展的变动与影响

众所周知，博彩业是澳门的龙头产业，博彩业的兴衰变化严重影响着澳门经济的发展走势。也就是说，博彩收入与澳门地区生产总值呈正相关。也正是为了让澳门的经济发展不过度受制于博彩业，使经济增长具有可持续性，国家和特区政府才对澳门经济的适度多元发展寄予厚望。

澳门是个微型经济体，特点就是极易受到外部影响，尤其易受到内地经济政策的影响。自澳门回归以来，尤其是 2003 年自由行开放之后，澳门博彩业的发展也在很大程度上受到中国内地经济和社会形势

的影响。澳门特别行政区政府统计暨普查局的数据显示：2002 年内地前往澳门旅游人数为 424 万，占澳门总入境游客人数的 36.7%；而 2019 年前往澳门旅游的内地游客就上升到近 2 800 万人次，占澳门总入境游客人数的 70.9%。① 显然，内地成为澳门游客来源最大的地区。并且一直以来，来自内地的游客尤其是自由行的游客都非常青睐赌场。2006 年的一项调查表明，自由行游客选择到澳门首先是因为 "赌场"（47%）和 "购物"（47%），其次才是 "观光"（37%）。② 2020 年上半年，受新冠肺炎疫情影响，内地与澳门的出入境政策收紧，旅客流动受限对澳门博彩经济带来巨大的打击，2020 年 4 月份单月的博彩毛收入锐减 96.8%。澳门博彩经济受外部影响的程度由此可窥一斑。

在内外部经济、社会环境的影响下，澳门博彩收入在回归后经历了一段高速增长以后，从 2013 年开始下跌，至 2016 年又开始回升，2018 年、2019 年再次下跌。2020 年受到新冠肺炎疫情的影响，全年博彩毛收入下跌79.3%。③ 总体而言，博彩收入呈现出升高—回落—再回升—大幅下跌的变动曲线，如图 4 - 1 所示。相应的，澳门本地生产总值（GDP）也不出意外地保持着与博彩收入变化同样的规律。在这个变化过程中，研究发现，虽然博彩收入与 GDP 保持着同样的升跌起伏，但是博彩收入占 GDP 的比重在博彩收入下跌前后却出现了较为明显的变化。澳门统计暨普查局的数据显示，2013 年，也就是博彩收入达到历史最高峰 3 627 亿澳门元的那一年，博彩收入占 GDP 比例高达88.1%，而这一比例在澳门经济下跌再回升后的 2017 年反而为 66%（2017 年与 2013 年的 GDP 差不多，但博彩收入仅为 2 679 亿澳门元）。在新冠肺炎疫情最为严重的 2020 年，两者的比例竟然跌到了 31.1%。以上数据恰恰说明，博彩收入的下跌反而让澳门经济的适度多元 "跌"出了成效。

---

① 澳门特别行政区政府统计暨普查局．统计数据［R/OL］．［2020 - 12 - 24］．https：//www. dsec. gov. mo/zh-MO/Statistic?id =402.

② 张军．"自由行" 政策对澳门经济的影响［J］．行政，2007（3）：657 - 674.

③ 澳门特别行政区政府博彩监察协调局．每月幸运博彩毛收入［EB/OL］．［2021 - 02 - 14］．http：//www. dicj. gov. mo/web/cn/information/index. html.

（百万澳门元）

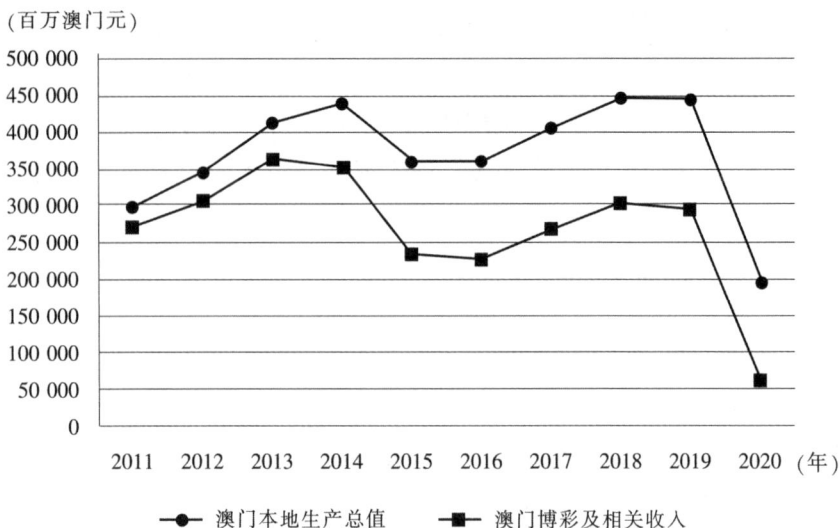

图 4 - 1　2011—2020 年澳门本地生产总值及博彩收入变动情况

资料来源：澳门特别行政区政府统计暨普查局，https：//www. dsec. gov. mo/。

　　为什么博彩收入下跌反而使得澳门经济更加适度多元？答案很简单，当博彩经济快速增长的时候，确实可以为澳门带来巨大的收益，人均 GDP 也在世界上名列前茅，但是博彩收入的增长是否具有可持续性就不得而知了。更让人担心的是，博彩业的繁华景象容易带来经济发展过程中的路径依赖，引发出惰性的经济氛围，无形中给人一种"无须变化也能过得很好"的思维定式。而当博彩不景气的时候，澳门经济体中的其他要素更容易被激发出来，澳门才能更有动力去发现促使经济适度多元发展的增长点。

　　从产业构成上看，澳门主要以第三产业为主，而第三产业包括生产性服务、消费性服务、流通性服务和社会性服务四大类。在此，本书以澳门本地生产总值构成之一的服务出口为例，考察博彩以外的服务出口额的变化趋势。图 4 - 2 的数据显示，从 2005 年至 2014 年，博彩以外的服务出口基本呈上升趋势，尤其在博彩收入已经开始下降的 2014 年，博彩以外的服务出口比 2013 年增加约 50.5 亿元。而据澳门统计暨普查局的数据估算，即使是博彩收入大幅滑落的 2015 年，博彩以外的服务出口额亦能比 2014 年有所增加。而在博彩以外的服务出口中，许多服务出口与博彩并无直接关联，如制造、商业、金融、电子信息、文化等服务出口。这也意味着，博彩以外的服务出口有着自身产业发展变化的规律，并不完全受到博彩业发展的影响。相反，其却能在博彩收入下滑的阶段对澳门整体经济发展起到一定的支撑作用。

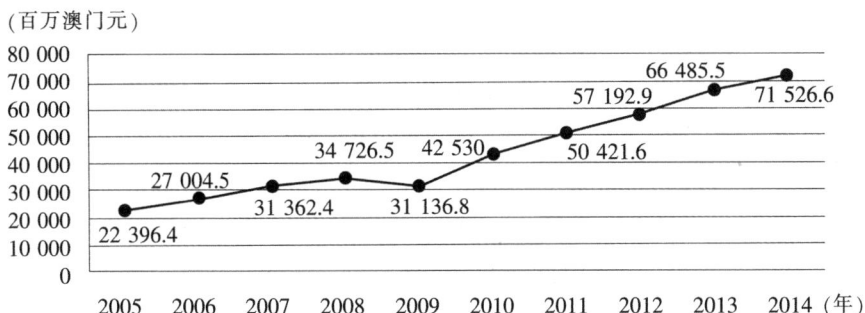

图 4-2　2005 年以来博彩以外的服务出口额变化趋势

资料来源：澳门特别行政区政府统计暨普查局，http：//www. dsec. gov. mo/。

事实上，在博彩产业"一业独大"的前提下，尤其是当博彩业收入受到外部影响产生变动的时候，从事博彩业和其他产业（与博彩联系较小）构成了一种博弈关系。对于新加入的产业主体而言，无论已经有多少主体选择了多元化策略，其选择"博彩"策略的收益都将高于选择"多元化"策略的收益。即使处于新冠肺炎疫情这样的特殊情况下，亦是如此，因为选择"博彩"能够给产业带来较大的预期收益（疫情迟早也会过去）。所以，在澳门经济发展的过程中，产业群体始终面临一个如何组织的问题，使不同的多元选择既能成为澳门新的经济增长点，又能形成支撑澳门经济的有力联盟，从而产生集群规模和集群效应。

对于微型经济体而言，新的经济增长点一定是潜力较大、辐射能力强、和博彩业能够一较高下的、起到"风险对冲"作用的新兴产业。然而，澳门的服务产业基本上是围绕博彩旅游产业链而形成的体系，所谓"一损俱损、一荣俱荣"，在产业链的上下游思考问题显然无法产生替代性的效果。而在产业集群发展方面，集群的最基本特征就是

"地理集中""企业互相关联""竞争与合作关系"。① 必要的时候，澳门特区政府或经济团体可以考虑建立经济多元化发展联盟协会，将澳门的新兴产业，如具有特色的中医药、玩具生产、数字产业等有机结合起来，起到产业集群的连锁反应，在产业选择的博弈中占得先机。

经济价值的创造源自资源使用效率的提升，而提高效率的主要手段在于创新。② 所以，澳门的经济产业发展一定要具有创新的思维，经济产业方面所笼统强调的"适度多元"要转向"风险对冲式"或"区隔式"的"适度多元"，将发展模式从要素驱动转向创新驱动。在这一方面，高等教育无疑能够担当此重任，通过创新型人才培养、学术研究创新、区域化合作、教育创新要素的流动，引领澳门经济的转型和拓展。随着《粤港澳大湾区发展规划纲要》的出台，澳门高等教育势必成为创新科技和新经济增长点的驱动引擎，在大湾区发展的背景下，同样强调"风险对冲式"的学科专业设置，以引领的姿态助力澳门经济的适度多元发展。

二、高等教育对粤港澳大湾区发展定位的支撑作用

粤港澳大湾区建设的几大战略定位，如"国际科技创新中心""'一带一路'建设的重要支撑""内地与港澳的深度合作"以及"宜居宜业宜游优质生活圈"等，都与高等教育发展密切相关。

首先，建设国际科技创新中心，即要"瞄准世界科技和产业发展前沿，加强创新平台建设，大力发展新技术、新产业、新业态、新模式，加快形成以创新为主要动力和支撑的经济体系；扎实推进全面创新改革试验，充分发挥粤港澳科技研发与产业创新优势，破除影响创新要素自由流动的瓶颈和制约，进一步激发各类创新主体活力，建成全球科技创新高地和新兴产业重要策源地"③。

创新是一种隐性和显性共存的行为，高等教育机构是区域创新网

---

① 刘健豪. 澳门产业结构优化及适度多元化 [J]. 行政，2006，19（2）：503–522.
② 张红峰. 流动性的变化及其对澳门博彩经济的影响 [J]. 亚太经济，2015（6）：134–139.
③ 粤港澳大湾区发展规划纲要 [R/OL]. (2019–02–18) [2020–06–22]. https：//www. bayarea. gov. hk/sc/outline/plan. html.

络建构的主体力量。其一，高校通过人才培养，可以为区域创新网络直接输送创新型人才，激发区域发展的创新活力。其二，高校是知识创造的场所，科学研究是高校的基本职能之一，知识创造、知识集聚本身就是建设国际科技创新中心的内涵。在创新的生态系统中，不同的创新要素持续互动，从而触发创新的产生。[①]　其三，高校创新型知识成果的转化，能够促进地区或区域产业的升级和转型，高校成为创新知识的加工厂，不断推动区域产业发展进程中创新要素的涌现。在这一层含义上，创新系统实际上就是"企业、大学、研究机构等创新机构和政府、中介等创新服务机构与创新环境相互作用而形成的动态整体"[②]。其四，创新是一种隐性知识，它更多地体现为区域中人人知道但是难以言表的知识。高等教育就是要把这种创新的隐性知识渗透到区域发展中，甚至要形成一种文化。如果每一所区域中的高校都能以创新作为生存过程中的基本技能，那么创新也能成为区域发展进程中的隐性知识。

从上述理论分析可以看出，高等教育对建设创新中心、网络及生态系统具有直接或间接的促进作用。同时，国家科技部、教育部所作的《中国普通高校创新能力监测报告》显示，高校在国家的创新体系中具有中坚地位，几乎 65% ~ 80% 的国家三大科学奖励都出自高校，表明高等教育对推动国际科技创新中心的建设具有显著作用，同时也会对构建具有国际竞争力的现代产业体系起到推动作用。

其次，大湾区将形成对"一带一路"建设的重要支撑，即提升港澳加上广东九市对外开放、互动的能力，发挥中心城市的轴心带动作用和特色，使得城市定位和特色能够助力"一带一路"的发展。

在"一带一路"建设的过程中，澳门作为粤港澳大湾区建设的中心城市之一，其对外能够产生最大辐射效应的目标就是葡语国家和地区。在对外合作的机制和方向中，与葡语国家的合作是"一带一路"

---

① LUOMA-AHO V, SAARA H. Intangibles & innovation: the role of communication in the innovation ecosystem [J]. Innovation journalism, 2010, 7 (2): 1 – 20.

② 杜德斌. 破解创新密码: 第五届浦江论坛探讨创新之道 [N]. 文汇报, 2012 – 11 – 21 (12).

建设的重要一环。国家更希望推动与葡语国家共同体的合作，从而建构具有重要影响力的国际物流交通枢纽、文化交往中心以及形成"一带一路"沿线产业合作的开放环路。显然，这一目标恰与澳门自身的发展定位相一致。澳门的高校可以通过构建中葡双语人才培训基地、促进中葡文化交流、推动中葡之间的教育与科技合作，为粤港澳大湾区发展、"一带一路"建设培养大量优秀的双语人才，推动利于两种文化国家的科技产业发展，亦能更易发现新兴产业和科技创新的新增长点。

再次，在打造内地与港澳深度合作示范区方面，澳门高等教育与大湾区其他城市高等教育的各种深度合作显然具有示范效应。港澳和广东省九市虽然同根同源、文化语言相近、优势互补，但是大湾区内部也面临诸多挑战，不仅社会制度、法律制度不同，而且广东、香港、澳门三地还分属于不同的关税区，各种资源要素、信息要素、人员要素的流动并不十分通畅。三地虽然在社会经济发展上各具优势，但各自的劣势和短板亦相应存在，所以当前三地急需通过强强联合、强弱互补的形式加大合作的力度。而澳门地域狭小，具有微型社会信息通畅、往来便利、推广效应快等特点，在澳门实施顶层设计、制度协调、要素互通较香港而言更为可行，如，以琴澳合作为契机，积极探索人才引进、资源共享、合作创新等可行模式。更为关键的是，在文化和价值观差异的核心问题上，澳门可以作为"一国两制"成功实践的典范。澳门民众的爱国主义教育基础较好，青年人的文化和身份认同感较强，这些核心的价值观能够为澳门与内地各个领域的合作提供支撑。总之，澳门高等教育与珠海乃至广东高等教育之间的广泛而富有成效的合作，不仅可以影响大湾区内部香港与广东合作的全面展开，而且能够作为内地其他省份与港澳深度合作的示范区。

最后，《粤港澳大湾区发展规划纲要》中提出的"宜居宜业宜游优质生活圈"就是要"践行生态文明理念，充分利用现代信息技术，实现城市群智能管理……多元文化交流融合，建设生态安全、环境优美、社会安定、文化繁荣的美丽湾区"。同时，将"打造教育与人才高地"作为建设"宜居宜业宜游优质生活圈"的最重要的一环，充分体现出，湾区内部的教育，尤其是高等教育，本就是优质生活圈的题中应有之义。只有通过大湾区内部高等教育的深度合作和发展，才能将知识的传承、创造和服务以及人才集聚效应转化为大湾区内部的文化，让每一个生活在大湾区内部的居民都能够享受优质的生活服务和文化洗礼。

三、创设粤港澳大湾区国际教育示范区

《粤港澳大湾区发展规划纲要》提出，支持在粤港澳大湾区建设国际教育示范区，其中主要包括三层含义：第一，鼓励大湾区内部的高等教育合作；第二，粤港澳三地的高等院校自身要办出特色、办出优势，积蓄能量，起到示范作用；第三，通过引进大学和合办大学的方式，让粤港澳大湾区改变原有的高等教育生态，注入新鲜的血液。

粤港澳大湾区内部高等教育的合作，自回归以来就一直没有间断。《粤港澳大湾区发展规划纲要》已经将泛珠三角地区的区域规划上升到国家规划，明确提出打造世界级大湾区的目标，要求大湾区内部的高等教育合作更加的紧密，即从有"密度"变为有"浓度"。

首先，粤港澳高校之间的合作要从一般的走访交流转向深层次合作，如高校之间相互联合，建立大湾区教育联盟，相互承认特定课程学分，实施更灵活的交换生安排，让学生随时随地都可以享受到大湾区内部的教育资源；从零散的合作到系统、规范、以项目为承载的合作，如共建优势学科、国家重点实验室和研究中心，合作进行重大科研课题攻关等；从象牙塔式的合作研讨转向"产学研金"一条龙的合作，如香港的高等院校可以发挥其科研创新能力强的优势，与深圳的高新技术产业深度合作，由资本配置资源，积极促进科研成果分享转化；还要从以单一学科为主的合作转向跨学科的合作，如澳门有高校建立了"中葡英机器翻译联合实验室"，就是结合了澳门、广东、北京三地的高校和企业的力量，在语言、文化、人工智能、信息技术、神经网络等学科领域进行合作，推出了一系列世界级的科研创新成果，已经在澳门的各个政府部门和社会团体中广泛应用，未来还将在大湾区范围内广泛实施应用，真正发挥高等院校的集聚—溢出效应。

其次，在大湾区内部建设世界一流大学，要先对"一流"予以正

确的理解，现在的"一流"过多地强调指标，而不强调特色，或者认为指标好了就是特色。这其实是一个误区。大湾区要建设国际教育示范区，而示范区应该是由一些世界排名靠前的高校和一些特色的高校共同组成的。什么是特色？就是能够借助澳门高校学科的优势，如葡语、人工智能、微电子、中医药、休闲管理等，带动其他学科的发展；又如，通过高校的实验室和研发中心建设，产生科技发展的动力，甚至能够为大湾区建设产生出新的经济增长点。总之，大湾区建设需要发展已有特色学科和新型特色学科，而且学科的特色不能只是躺在书斋里、停留在实验室中，还要能够转化为生产力，在这个过程中，既可以带来实实在在的生产实践和社会服务，也能产生需要的学术指标（如论文、专利、引用、国际化师资等），而不是产生过多的"学术垃圾"。如，澳门一些院校片面强调 SCI 或各类学术指标，却忽视了学科的创新发展。撰写 SCI/SSCI 本身并没有什么问题，能够发表在国际同行评议的期刊上也是对学者学术工作的肯定。然而对于院校而言，只有以学科带动数字，而不是让数字走在学科的前面，才是破除"唯SCI/SSCI 是尊"的一种可行方法，也才是创造良性学术生态环境的根本之道。

最后，《粤港澳大湾区发展规划纲要》提出要引进世界知名大学和特色学院，推进世界一流大学和一流学科建设。澳门在引进高校以及合作办学方面，需要发挥自身的优势，既要考虑澳门需要什么，也要考虑国家和大湾区需要什么。大湾区希望建设国际科技创新中心、教育人才高地、形成对"一带一路"建设的支撑；而澳门既要考虑融入国家的发展定位，又要发挥自己的特色，避免自己的劣势。所以，澳门无论是思考引进高校还是开展对外合作办学，都需要将与葡语国家联系密切或者休闲旅游的优势发挥出来，如联合内地高校和葡语国家高校共同在大湾区建立一所大学，借助葡语的中介联系，将几方的科技优势融合起来，"官产学研金"一条龙服务，助力大湾区的发展。

然而，引进与合办国际化大学的命题之下还隐藏着另外一个亟待解决的问题，那就是需要引进一流的国际人才，而引进一流的外籍人才必然要为这些人才的子女提供国际化的幼儿和基础教育服务。当前，粤港澳大湾区内部，除香港以外，其他城市的国际教育供给明显不足。很多城市开办的国际学校看似红火，但其最大的作用是为当地的华人子弟出国留学做准备，而在学科教育质量方面尚有待提升。只有解决了这个基础问题，大湾区建立国际教育示范区才更能落到实处。

建设国际教育示范区，还要考虑高等职业教育与大湾区内部产业发展转向相契合的问题。未来将加大粤港澳三地职业教育全方位的合作力度，关键在于要进一步改变职业教育的办学模式。广东作为制造业大省正在向着制造业强省转变，传统制造业面临着转型升级。智能化及信息技术逐渐贯穿于设计、生产、管理、服务等制造活动的各个环节，相应的，职业教育的模式也会发生大的转变，智能化、信息化、创新型职业技术人才将在大湾区未来的发展中具有广阔的市场需求。所以，澳门高等教育亦不能仅仅盯住那些缺乏与实业发展相配合的学科发展上，而是要积极发展各类新型职业教育，配合澳门经济的多元化转型以及粤港澳大湾区建设。

第二节　澳门高等教育发展配合大湾区核心定位

《粤港澳大湾区发展规划纲要》明确指出，澳门是大湾区四大中心城市之一，是区域发展的核心引擎，在继续发展比较优势、做优做强的基础上，可增强对周边区域发展的辐射带动作用。[①] 澳门在粤港澳大湾区建设中的定位是"一中心、一平台、一基地"建设，即建立世界旅游休闲中心，设置中国与葡语国家商贸合作服务平台，打造以中华文化为主流、多元文化共存的交流合作基地。无疑，澳门高等教育需要围绕这三个核心定位，认真思考如何融入粤港澳大湾区发展。本节重点介绍澳门高等教育如何从这三个核心定位出发配合粤港澳大湾区的发展。

---

① 澳门特别行政区政府. 五年发展规划（2016—2020 年）附件——澳门特别行政区参与粤港澳大湾区建设［R/OL］. 2019［2021－02－01］. https：//www. cccmtl. gov. mo/files/plano_attach_cn. pdf.

一、澳门高等教育与"一中心"建设

澳门建设世界级别的旅游休闲中心，其中的内涵非常丰富。有学者认为，世界旅游休闲中心是指以休闲为导向、以国际化为依托、以旅游为形式，在世界旅游休闲格局中具有中心地位的区域。① 依据这个定义，旅游、休闲、国际化是这一核心定位的关键要素。首先，配合旅游的发展，澳门各大高等院校开设了大量与旅游相关的专业，甚至有旅游方面的单科院校——澳门旅游学院。由此可见，"旅游"已经与澳门高等教育融为一体，高校通过开办商学院、旅游管理、休闲管理、款客管理、博彩管理等专业为澳门的旅游行业培养了大量人才。

其次，在"旅游"之外，澳门高校需要拓展对"休闲"内涵的理解，将文化创意的思想融入其中。有学者认为，世界旅游休闲格局中需要具备特色丰富的旅游休闲资源，即拥有相当完善的旅游休闲项目，拥有一批知名度高、美誉度好、特色性强的旅游休闲产品和载体。② 好的休闲产品和资源一定是打破传统观念的、具有创意的产品和资源。而将文化与经济结合起来，发展文化创意产业，创造出经济效益与价值，无疑是形成休闲氛围的良性选择。澳门高校可以通过打造澳门本土文化创意人才培育基地，将文化产业和旅游产业有效对接，塑造澳门文化旅游新形象，改变一提到休闲旅游就马上想到博彩和度假村的传统印象，让澳门旅游具有世界品牌形象，既愉悦舒适，又有文化品位。实际上，澳门有高校已经成立了相关的文化创意产业教研中心，作为推动文化创意产业工作的枢纽，通过学位与培训课程的双轨培育，为澳门文创产业积累设计、视觉艺术、音乐，以及综合艺术管理与营销等领域的人才。澳门高校亦可以通过文创夏令营、文创沙龙、文创天地、文创业界讲坛、文创工作坊、文创学园、文创研究、文创论坛等，促进信息交流与跨界文创人才培育。

---

① 陈章喜. 世界旅游休闲中心模式比较与澳门的选择 [J]. 澳门理工学报，2015 (4)：31-39.

② 陈章喜. 澳门世界旅游休闲中心竞争力分析：理论与实证 [J]. 港澳研究，2017 (1)：68-77.

澳门高校处于粤港澳大湾区中西部区域及中心城市的有利位置，拥有着与"一中心"定位相关的便利政策，发展文化创意基地可谓得天独厚。基地可以向我国内地沿海省份、东南亚地区，以至葡语国家、其他欧美国家不同城市寻找合适对象，推动校际艺术交流及文创人才培育的工作；并通过宣传澳门文化与升学特色，引导外部资源与人才进入大湾区，也带领本地及大湾区的人才走向世界。此外，澳门高校如能持续通过振兴文化及相应的创意产业，并进一步深入本地社区，发掘原汁原味的文化特色，更能为旅游产业创造出丰富的内涵，通过与大湾区市场的联结与推广，与大湾区其他城市的错位发展，奠定澳门世界旅游休闲中心的地位。

最后，澳门的旅游休闲一定是"国际化"的。实际上，看待旅游休闲有两种方式。第一是客位视角（etic perspective），即研究者或管理者如何看待旅游休闲的发展和管理。这一视角容易关注客观的呈现，如一些豪华的赌场、绚丽的度假村、优雅的举止、轻松的氛围。看到这些，研究者能够产生一些诸如"博彩中心""资源丰富""设施完善"等印象，思考也是基于经验之上的理性思维。第二则是主位视角（emic perspective）的思考，即"旅游休闲"既是一种呈现，也是一种引领，澳门的"旅游休闲"对研究者"讲述"了什么。自澳门博彩专营权开放以来，澳门博彩业收获的不仅是巨大的盈利，还有国际级的款客管理、酒店管理经验以及诸多非博彩元素的创意发展。正因如此，外地游客方能于博彩之外神驰目眩、流连忘返。所以，澳门高校的相关旅游休闲管理专业可以借此优势，共建粤港澳大湾区旅游休闲培训基地，与各大博彩经营集团建立紧密的联系，利用国际化的经营经验和人际网络为粤港澳大湾区培训旅游管理和创意人才。

二、澳门高等教育与"一平台"建设

"一平台"虽然指的是中国与葡语国家商贸合作服务平台，并且商贸合作又被细分为中小企业、食品集散以及会展等几个方面，但由于澳门特殊的历史背景，与自己国家和葡萄牙之间的联系远不止商贸服务一个方面，而是渗透到政治、文化、教育、经济、社会发展的方方面面。在建设粤港澳大湾区的背景下，澳门高校要按照"国家所需、澳门所长"的思路思考问题，积极发挥葡语国家和自己国家密切联系的纽带作用，形成澳门高等教育发展的特定优势。

当前，葡萄牙语国家共同体内部的国家分布广泛，总面积 1 000 多万平方公里，人口近三亿，横跨欧洲、非洲、美洲及亚洲，且均为海上丝绸之路节点。由于文化和历史相似，共同体内部以葡萄牙语为官方语言，采取近似的政治体制和法律，其宗旨是在相互支持、相互尊重的基础上，进行政治协商，制订计划，开展合作。从经济角度看，除了葡萄牙，共同体内其他国家都是发展中国家，欢迎并需要中国的支持与合作，"中国制造"在那里大有可为。近年来，中国与共同体国家的双边贸易额大幅度增长，超过千亿美元，同比增长在 30% 左右，市场需求互补性很强。巴西和安哥拉就是明证，2017 年，中安双边贸易额为 223.45 亿元（占中国与葡语国家双边贸易总额的 19%），同比增长 43.42%；中巴双边贸易额为 875.34 亿元（占中国与葡语国家双边贸易总额的 74.44%），同比增长为 29.55%。[①] 中国与巴西、安哥拉的进出口贸易充满活力，可谓潜力无限，而中国更是连续十年成为巴西第一大贸易伙伴。同时，中国与葡语国家的经贸合作日趋多样化，无论在合作的内容、方式、领域等方面都朝向多元化发展，双边贸易的规模持续增长。从政治角度看，虽然程度不同，但是这些国家都对华友好。习近平主席 2018 年 12 月访问葡萄牙时呼吁，双方要加强多边协调，共同维护多边合作与自由贸易。葡萄牙总统德索萨予以积极响应，并表示要以极大的热情融入中国推动的"一带一路"倡议框架，深度加强双方的文化教育交流。

尽管中国与葡语国家之间的经贸合作日益紧密，但是双方互动的贸易产品依然初级化，结构比较松散，没有形成产业内部较为统一的链条体系。如，2018 年，木材占几内亚比绍对华出口的 99%，占莫桑比克对华出口的 68%；原油占安哥拉对华出口的 99.7%；塑料废碎料占佛得角对华出口的 52%；集成电路处理器占东帝汶对华出口的

---

① 林广志. "中葡平台"促进粤港澳大湾区建设［N］. 澳门日报，2019 - 01 - 09（F6）.

85%；大豆、铁矿石、原油、纸浆四种产品占巴西对华出口的 85%；公共客车、铜矿砂、服装、纸浆四种产品占葡萄牙对华出口的 52%，把这些数据置于经济全球化的整体框架中，尤其是在全球产业资源配置的价值体系中，可以明显看出这些结构单一的贸易产品难以适应整体贸易发展的要求。①

在粤港澳大湾区建设的背景下，中葡合作显然能够从中获得更大的机遇。澳门可以发挥与自己国家和葡语国家都联系密切的优势，助力中葡拓展产业合作范围与深度，优化结构体系，提升合作质量。同时，中葡经贸合作的深化也会反过来助力大湾区的建设。通过中国与葡语国家商贸合作服务平台这个"精准联系人"的角色，发挥澳门连通粤港澳大湾区内的企业与葡语国家间发展金融及贸易的作用，为大湾区兄弟城市拓展葡语国家市场助力，为大湾区"走出去，引进来"提供精准服务，更能为大湾区形成全面开放的格局助力，为"一带一路"建设助力。②

在这个过程中，澳门高等教育需要发挥的作用主要有两个方面。一方面，通过中葡双语人才培训基地的建设，为大湾区经济和社会需要的各个领域培养大量的中葡双语人才，直接助力大湾区的建设与中葡产业之间的合作。实际上，澳门一些公立高校的葡语专业的开办历史已经很长时间，如，澳门理工学院的中葡翻译专业已经拥有百余年的历史，除了传统的翻译专业优势之外，学院还基于"一平台"的发展定位，开设一系列双向培养葡语和中文人才的学位课程，如中葡经贸关系、葡萄牙语、国际汉语教育等。有了深厚的专业基础和优势，澳门高校无疑将成为大湾区内部中葡各方面合作的加速器。此外，澳门高校要有复合型人才培养以及"语言 + 文化 + 学科"人才培养的意

---

① 常红.《中国与葡语国家经贸合作发展报告（2018—2019）》：中国与葡语国家经贸合作日趋多元发展前景广阔［N/OL］.［2020－06－15］. http：//world. people. com. cn/n1/2020/0515/c1002－31710527. html.

② 常红.《中国与葡语国家经贸合作发展报告（2018—2019）》：中国与葡语国家经贸合作日趋多元发展前景广阔［N/OL］.［2020－06－15］. http：//world. people. com. cn/n1/2020/0515/c1002－31710527. html.

识①，将葡萄牙语与一些有利于中葡合作的商贸类学科有机结合起来，或者开办相应的双学位专业，为中葡经贸合作培养复合型人才。

另一方面，澳门各大高校需要挖掘自身的特色，在科研方面助力大湾区的发展。在科研方面可分为两个层面：第一，澳门高校发挥学科优势，独立或者联合粤港澳大湾区内部的高校、企业共同研发利于中葡平台发展的产品，如中葡翻译，数字金融信息服务产品，与中医药研发转化、检验检测相关的系列产品等；第二，澳门高校可以联合葡语国家的高校，以合作办学、共建研究机构、共同申报研究项目、引进创新型人才的方式，形成合力、精准发力，进行高科技研发，推动大湾区国际创新中心的建设，同时为澳门产生新的经济增长点，推动经济多元化发展。有关高等教育助力国际创新中心建设和澳门经济适度多元发展的路径分析，本章第三节、第四节将会专题阐述。

三、澳门高等教育与"一基地"建设

澳门在粤港澳大湾区的定位中，除"一中心、一平台"定位之外，又增加了"一基地"，即"打造以中华文化为主流、多元文化共存的交流合作基地"。在国家级规划内首度赋予澳门"一基地"的定位，是充分考虑了澳门的制度优势、特殊历史地位及丰富的文化沉淀，亦意味着澳门要承担更多责任及义务。② 实际上，这一定位已经不仅仅是将澳门的历史特征和定位表达出来，亦是说明了大湾区内部的定位取向。粤港澳大湾区内占主导地位的社会文化与共同观念则是一种非正式压力，共同的价值追求、不断凝聚的共同价值观和大湾区意识影响着三地高校的组织机构和行为模式，这种无形的外部压力同样推动着粤港澳大湾区在制度、政策与规范等方面的趋同。③

一方面，粤港澳大湾区的文化氛围要"以中华文化为主流"。这一文化方面最主要的定位看似显而易见，但港澳城市特殊的历史发展进

---

① 张红峰．高教育才宜适应引领并举［N］．澳门日报，2013－11－20（F1）．
② 悠闲．澳增一基地需有准确定位［N］．澳门日报，2020－01－01（E6）．
③ 许长青，卢晓中．粤港澳大湾区高等教育融合发展：理念、现实与制度同构［J］．高等教育研究，2019，40（1）：28－36．

程以及长期以来自主化的教育模式，使得在大湾区内部"以中华文化为主流"必须作为一个坚定的文化信念予以坚持。所以，在粤港澳大湾区范围内，三地高校要从国家意识和民族文化的宣传上对青年人开展教育，增强大学生国家、民族的认同感，继承和弘扬中华民族传统文化，从根本上使粤港澳大湾区内部的中华文化真正成为主体，经济繁荣，社会稳定，人民幸福，维系内地与港澳同宗同族、血浓于水、荣辱与共的关系。

当前以中华文化为主流的教育模式需要加以创新。借助粤港澳大湾区建设的契机，三地高校可以在粤港澳大湾区内部合作建立中华文化教育基地。相关机构可以整合信息网络资源，创新科学技术，将爱国爱港爱澳的教育加入其中，构建中华文化的教育管理体系、国情培训计划、新闻发布热点、远程教育试点、教材编撰中心、研讨交流平台、研学旅行体验、兴趣培优群落等，形成中华文化的智能化教育平台。同时，信息资源可以包括爱国、爱港、爱澳文化课程的研发和创客体验基地，鼓励开展多种形式、具创造性的文化和教育课程研发活动，开展创客课程研发、创客示范工程，让参与者在创造、体验中学习到优秀的中华传统文化。此外，教育基地可以设立相关的澳门专题，将澳门推行成功的爱国教育和文化模式向外推广，产生示范作用，通过新闻发布和交流平台对外报道，让"一国两制"的澳门经验与粤港澳大湾区文化建设融合在一起，最终打造中华主流文化教育生态圈。

另一方面，澳门高校还要主动在大湾区范围内建设"多元文化"交流合作基地。多元文化之所以能够成为大湾区规划纲要的发展定位，就在于澳门的文化很有特色。什么是特色呢？就是文化的存在、文化的融合、文化在社会中的衍生品等都很有创造性。澳门是"西学东渐、东学西传的主要桥梁，亲临其境地见证了东西方文化长达三个世纪交汇融合的波澜壮阔的历史场景。……东方与西方共存，现代与传统并列，释儒道与天主教共兴，铸造出澳门别具一格的人文景观"[①]。澳门曾被历史学家誉为"人类文明的实验室"，在澳门，随处一道风景都可能汇聚着不同的文化，随便一样工艺品都可能是与异国文化的结晶，

---

① 吴志良. 品味另一个澳门 [N]. 澳门日报, 2009 - 12 - 30 (F8).

随手拍一下身旁人的肩膀，你可能需要变换几种语言。澳门文化的创意性与其他多元文化的最大区别之处，就在于它的"不同而和、和则相济"。"文化的同质性造成粤港澳地区间高等教育利益的趋同，极大地增加了区域整合的可能性。文化的异质性既为粤港澳大湾区高等教育整合注入了活力，又是整合的结果。一方面，多元文化的异质性丰富了高等教育的文化内容，区域内多元文化流动、共享，为探究高深学问注入了新鲜血液；另一方面，各方文化在保留其本土特色的基础上兼容并包。"① 所以，澳门高校需要将这种多元文化精神通过广泛的交流合作传播出去，甚至可以直接建设多元文化交流传播的机构，让多元文化成为粤港澳大湾区世界级城市群、科技创新中心以及优质生活圈的核心文化内涵，讲好"一国两制"成功实践的澳门故事。

第三节　澳门高等教育与粤港澳大湾区创新中心建设

　　粤港澳大湾区建设有四个主要的关键词：创新、合作、服务、开放。其中，创新是第一位的，合作是促成创新的最主要的形式，而服务与开放则起到保障作用。在《粤港澳大湾区发展规划纲要》中，特别提出"充分发挥粤港澳科技研发与产业创新优势，破除影响创新要素自由流动的瓶颈和制约，进一步激发各类创新主体活力，建成全球科技创新高地和新兴产业重要策源地"。《粤港澳大湾区发展规划纲要》向我们描绘了一幅在"一国两制"指导下，从"生产要素驱动"向"创新要素集聚和驱动"转化的美好图景。在这一进程中，高校是打造粤港澳大湾区科技创新中心的主要力量。由于澳门自身所具有的特点，本节阐述的重点将从"科技创新中心"转为"创新中心"，探讨澳门高等教育与更具包容性的创新中心建设之间的关系。尤其是在澳门高校特有的制度、文化和地理环境之下，思考"如何促进大湾区创新中心建设"的问题。

---

　　① 李晶，刘晖. 粤港澳大湾区高等教育整合的逻辑与进路 [J]. 高等教育研究，2018，39 (10)：31－36.

一、制度背景、创新驱动与创新中心布局

（一）"一国两制"对澳门高校创新发展的影响

"一国两制"这一基本国策的根本是"一国"，也正是在"一个中国"的前提下，大湾区建设才从以前的珠三角规划"区域战略"上升到了"国家战略"。如果没有"一国"的前提，大湾区建设中的很多壁垒都难以突破，人才培养也是各守一方，高校合作也无法深层次地开展。有了"一国"的保障，澳门作为中国领土不可分割的一部分，在招生、文化交流及科技上具有很大的优势。澳门高校可以在内地所有省、市、自治区招生，生源的数量和质量能得到保证，同时这也利于加强与内地高校的文化交流与合作；在科技方面，澳门高校可以参加申报国家科技评奖，建设国家重点实验室，并于 2019 年获批可以申请国家自然科学基金优秀青年科学基金项目，参与中央财政科技计划，加快了科技创新发展的步伐。所以，"一国"就是保障，通过政治、文化上的整合，起到高屋建瓴的作用。如，基于"两制"，粤港澳三地的创新网络一直属于"松散型"，而正是由于三地同属"一国"，大湾区发展才能上升为国家级战略，创新网络才有可能向着"耦合型"转化。

在"一国"的保障下，"两制"的特色能够得到最大限度的发挥。如，澳门高等教育的办学模式、管理体制、经费拨款、学科发展、课程开设、教师聘用等方面具有相对独立性，高校可以依据澳门自身的发展特点和实际需要进行选择。澳门是一个具有多元文化的微型地域，教育的许多方面都有自己的特色，澳门高校应该紧密围绕国家所需、澳门所长来思考促进大湾区国际创新中心建设的问题，将学科上的优势转化成潜在创新的动力，积极寻找促进区域创新网络形成的"增长点"。当前，在"一国"的前提下，粤港澳大湾区建设就是要思考创新驱动和制度创新齐头并进的问题，使得要素流动更加便捷，让大湾区内部的创新、合作减少障碍，以自贸试验区为大湾区推进科技创新和制度创新。

（二）从"要素驱动"到"创新驱动"

无论是宏观经济，还是微观经济，实际上都是由两个市场、三个

主体组成的基本循环圈。两个市场是指生产要素市场、生活资料市场，三个主体分别是企业、家庭和政府。企业和家庭在不同的市场，供给和需求关系会发生转换，而政府居中起到调控的作用。

什么是要素驱动？即围绕要素市场，输入生产要素，驱动企业产出和经济增长。一般生产要素主要指劳动、土地、资本等。劳动包括智力和体力两个方面，土地包括物理空间和自然资源等，资本涵盖实物资本和货币资本等。经过这些要素的输入，企业生产出产品，然后支付给要素报酬，围绕要素市场完成一个小循环。如果当前要从要素驱动转向创新驱动，实际上就是强调创新的重要性，本质上没有改变。一方面是在生产要素的利用效率上提升，另一方面则是生产的空间范围扩大。如图 4-3 所示。

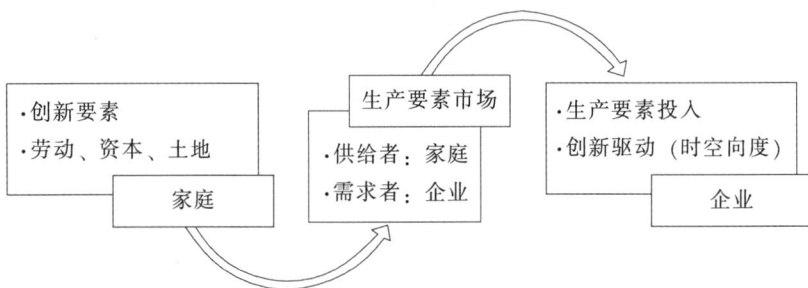

图 4-3　"要素驱动"与"创新驱动"示意图

其实，对人类社会来说，完成基本的供给是很简单的事情。人活着，要吃、要住、要穿、要行、要繁衍，基本的经济生产围绕这些就足够了。正是人的欲望使得创新变得尤为重要。吃、穿要有花样，住和行要豪华、方便，更重要的是人还要多出文化、娱乐等需求。所以，人类开始不断加快和扩大供需的效率和范围，创新正是在这两个向度上展开的。所谓"新的经济增长点"指的就是范围，而产品技术的升级换代就是效率。换言之，创新就是时空向度上的概念。从 2G 到 5G，提升的就是效率和时间；而以前的互联网和现在的物联网，就相当于拓展了人们的产业空间。正如爬山，本来只是锻炼身体、看看绿色，结果山上开了一个娱乐场，你带着孩子高兴了一回；玩累了，开发商又给你提供了按摩椅和温泉服务；山上又开发了文化遗产，供你参观。而人工智能的出现，让娱乐、文化又变得更加便利，给你增加了快乐的体验和提升了效率。这些都属于经济领域创新的范畴，不断在时间和空间两个向度上拓展。

粤港澳大湾区创新中心建设实际上也可以从这两个方面进行思考，包括产业的转型升级、信息科技的发展、新型产业的开拓等。只不过，建设创新中心，需要更加体系化、制度化、便捷化。一方面，三地要能形成一个创新网络，使得促进创新的要素——人、财、物、信息流通更加快速、方便。如上所述，基于"一国"的优势，大湾区发展已经上升到国家级战略，创新网络正在朝向"耦合型"转化。在"耦合型"创新网络形成过程中，最重要的是人才，需要通过引进、培养的方式，为大湾区输入创新型人才。无疑，高校在这方面的作用不容忽视，不仅要大力培养创新型人才，而且要通过与企业的合作、与高校的合作、跨学科的合作，将重要的创新要素过滤出来，为创新中心建设服务。

另一方面，大湾区要形成创新创业的平台。中心必然要集聚，集聚就要有平台。如，东莞松山湖利用位于高新区内的中国散裂中子源、南方光源，打造大湾区创新创业的高地。同时，平台还要促进政、产、学、研的深度合作。长期以来，广东与港澳的合作只停留在"前店后厂"的模式，当前要有大的思想观念的突破。粤港澳企业、高校、科研院所、政府共建高水平的协同创新平台，推动科技成果转化。国家批准在东莞滨海湾建立一所"大湾区大学"，当前已处在进行时，正在争取高端科技资源参与大湾区大学办学，加强与科研机构、高新技术企业和知名高校之间的合作。三地跨区域合作，总不如在大湾区创新基地集中的地方建立一个政府、企业、高校通力合作的联合体，让政、产、研合作来得更便利。无论是网络建设，还是平台建设，最终都是为了创新要素能够更加快速地流动，通过时空向度的发展，在社会经济领域真正实现创新驱动。

（三）粤港澳大湾区科技创新中心布局

粤港澳大湾区科技创新中心建设需要香港、澳门、广东九市真正地解放思想、创新思维，不仅要在理论上完善中心的布局，而且要在实践中解决遇到的关键障碍，使得中心布局成为经济产业创新发展的规划蓝图。

具体而言，大湾区科技创新中心建设，首先要搭建"一综合"，即"综合性国家科创平台"。此综合大平台的特点应有两个：第一是综合性，第二是大平台。目前，在广东已经建设了一系列大型的科学装置，如东莞松山湖散裂中子源、南方先进光源、加速器驱动嬗变系统研究装置、强流重离子加速装置、国家超级计算广州中心、江门中微子试验站等大科学装置；在香港、澳门、广东建设了一大批国家重点实验室、伙伴实验室、教育部工程研究中心等不同定位、不同研发方向、不同层次的科技创新平台。这些平台和装置将充分发挥重大科技基础设施和应用研究对区域产业和经济的辐射带动作用，推动相关产业转型升级，打造区域乃至国家经济高质量发展新的增长极。

其次则是形成"一走廊"，即建设广深港澳科技创新走廊，发挥四个中心城市的极化效应，带动周边城市发展。同时，探索走廊东西岸科技创新发展平衡的具体方式，促进澳门与珠海、中山、佛山的联动发展，使科技创新形成一个闭环走廊，促进走廊内部创新要素的加速流转。当前，在粤港澳大湾区构建的"三极"——深港极、广佛极、珠澳极之中，前两极的科技创新能力较强，而珠澳极的创新能力相对较弱，这和城市发展的产业布局密切关联。东岸属于知识密集型产业带，重点是高科技和新兴产业；西岸则属于技术密集型产业带，重点拟发展装备制造和农业，科技创新成分相对薄弱。

澳门地域狭小，经济上基本上以服务业为主，没有第一产业，第二产业也仅存有少量的轻工业。基于这样的产业结构，澳门如果只是在本土建设"科技创新中心"，显然不切实际。可是，放眼大湾区，尤其在大湾区西部，澳门显然可以朝着建设"粤港澳大湾区西部科技创新中心"的方向前进。但是，如何带动广东西岸的几个城市的技术型产业，并与之融合在一起，共同打造西部创新中心，仍然是一个亟待研究的课题。就当前而言，澳门大学和澳门科技大学基于国家重点实验室建设，在微电子、中医药、人工智能以及行星科学等学科方面都有科技创新的突破，希望以澳门西部、珠海为中心，联结中山和佛山，共同打造科技创新产业的基地，最终形成广深港澳科技创新走廊的闭环。

最后是建成若干个"深度试点合作区"。这些合作区的建设非常重要，目前已经能够确定的两个合作区是"港深落马洲河套区"和"横琴粤澳深度合作区"。目前，位于落马洲河套地区的深港科技创新合作区坚持制度创新和科技创新双轮驱动发展，对标香港及国际上最有利于科技创新的体制机制，全方位探索构建有利于科技创新的政策环境。两个合作区将先行先试，尤其针对一些难以突破的制度障碍、关税障碍、资金信息人员设备数据流通障碍、校企合作障碍等一系列问题转变思维模式，精准决策。在合作示范区内部配合一流大学、国家重点实验室、科技研发基地、众创空间、孵化空间等的建设，实现官产学研金的有机联合，打造科技创新的深度试点区。

二、高等院校在区域创新中的作用

高校在区域创新进程中处于核心的地位，其发展对区域创新能够产生正向、积极的效应，具体存在三种路径（见图4-4）。第一，通过创新型人才的培养，高校优秀的毕业生作为创新要素进入区域创新网络，直接将创新的显性、隐性知识和能力转化为生产力；第二，高校是创新知识的聚集地，通过高校内外的"网络化"连接，如与外界的学术交流、内部的跨学科合作、国际合作、与周边地区的广泛联系等，直接对区域创新产生辐射作用；第三，依据"政商学三螺旋"理论模型，高校与企业、政府缔结联盟，三方找准自己的角色定位，基于研究基地、研究课题、研究团队、市场资本、扶持政策，共同推进知识的创新、应用及成果的孵化。以上几种路径都强调了高校参与区域创新的主动性和重要性，从知识传承、知识生产与交流、知识转移等多方面推动区域的创新。

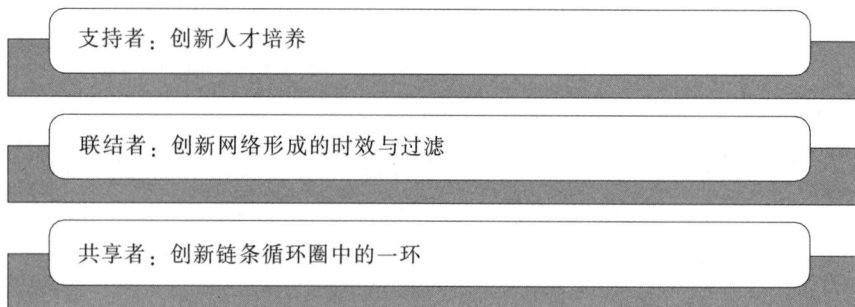

图4-4　高校促进区域创新进程的三种路径

　　就高校在影响区域创新的途径中所扮演的角色而言，大体可以分为"支持者""联结者"和"共享者"三种身份。高校的基本职能是人才培养，人才培养的基本内涵就是知识的传承。高校之所以存在，根本就在于其育人和传承知识的内涵。在区域创新网络形成的过程中，高校必将发挥关键的支撑作用，重点在于其传承知识的理念、方式、手段能否适应和引领区域创新，培养的人才是否能融入区域创新网络。当高校无法为区域提供创新所需的人才的时候，就说明其在区域创新网络构建中已经处于边缘化的状态。所以，高校在人才培养上的一个核心任务就是，不断检视和更新人才培养的理念、目标、过程和方法，作为"支持者"为现代创新型的产业体系提供有效的支撑。

　　从知识生产和流动的角度看，大学也是促成区域创新的"联结者"。区域的创新网络是一个整体，创新要素在网络中的流通具有一定的"时效性"，并且需要得到"过滤"和"验证"。而当高校与外界环境产生人员、资金、设备、技术、信息等要素交换时，创新网络的联结具有时效性。如，澳门高校的毕业生如果能够顺利地在本地高科技公司就职，会加快本地创新网络联结的速度，但如果由于法律的因素，一些优秀的外地毕业生无法在本地入职，则会影响到本地创新网络的联结。又如，区域内高校之间的合作如果仅仅流于表面，简单走一走、看一看，参观座谈一下，各要素之间的互通和联结会缺乏效果，高校此时只是一个"旁观者"或"过客"，而无法作为创新要素的"联结者"。况且，高校会有一套完整的验证创新要素的机制，经过高校系统过滤（包括人才培养、科研、合作交流、知识转化等过程）的各种要素，一般都能够迅速地融入区域创新网络之中。

最后，高校可以直接作为区域创新链条中重要的一环，与其他创新主体一起，共享创新的成果。所以，高校也是促成区域创新的"共享者"。如，高校在内部系统中，可以完善产学研金的链条，直接介入市场；高校同样可以和外部的政府、企业合作，直接形成一个小型的创新循环圈。基于以上方式，高校能够为区域创新网络的形成提供参考和借鉴，甚至直接影响区域创新网络的拓展和质量。

三、澳门高校作为大湾区创新中心建设的"支持者"

四百余年来，澳门作为中西方文化交流的枢纽，一直以多元的文化和开放的气质为世人所熟知。在粤港澳大湾区范围内，澳门高校多属于小而精的类型，善于吸收和借鉴外部先进的教育理念和方式。作为支持者，澳门高校主要从以下两个方面产生作用：第一是创新型人才培养体系的构建；第二则是高校毕业生融入大湾区创新创业。

（一）构建澳门高校的创新人才培养体系

长期以来，澳门高校的人才培养已经形成了一些特色，如澳门大学的"四位一体"培养模式、澳门理工学院以评鉴保障质量的做法，这些奠定了澳门高校作为大湾区创新中心建设中的"支持者"的地位。在支撑大湾区国际创新中心形成的过程中，澳门高校的创新人才培养体系需要从以下几个方面加以思考：

1. 设立预期产出的创新型学习成果

当前，澳门许多高校将培养创新型人才作为学校使命，也大都将这一使命写入每一个专业课程的培养目标之中。创新过程常常被比喻为"水中捞月"（lightning in a bottle），看得见，摸不着。[①] 所以，当前的研究型院校尽可能在创新的模糊前端（fuzzy front end）阶段培养学

---

① MICHAELIS T L, MARKHAM S K. Innovation training: making innovation a core competency [J]. Research-technology management, 2017, 60 (2): 36 – 42.

习者的创新核心素养。① 然而，宏观的理念、目标往往疏于对创新内涵的解读，尤其未能将创新型人才培养中所需的核心素养对应到学生的学习之中。创新不仅是一种模式或制度，创新更需要体现在院校的课程计划中，其核心素养也要成为高校创新型人才培养的预期学习成果。

尽管当前人们对创新的重要性已经有相当的认识，对各种各样的项目也予以重点扶持，但是关于创新和具体业绩之间的关系依然比较模糊。所以，澳门高校可以思考将创新的核心素养——创造性、系统性、迁移性等，作为预期学习成果设立的分类框架。

创造性维度中包含了自我系统和认知系统的因素。对事物保持好奇，以及具有想象力和动机是实现创新的情意因素，接下来才进入创造性的认知阶段，这个过程一直持续到创造型问题的解决。虽然其认知过程不强调严格的递进性，但是能看出从发现问题、主动性发挥、研究导向、批判思维、综合调整、问题解决这一认知的深入。所以，这个维度也可以看成是学生逐渐进入深度学习的维度。

系统性维度展现的是一种元认知的思维。马扎诺曾经提出的认知目标分类法把元认知放在认知加工之上，由元认知系统来建立目标，并且一个人在具体的学习情境中是否有明确的目标会影响到认知加工过程的类别和水平。② 事实上，对创新而言，某一个具体事件的创新往往并不需要有清晰的目标和规划，有时甚至可以在梦境中突然产生一个奇异的想法，进而转化为创新的成果。但这并不能说整体的规划和评估并不重要，一个人只有经常站在高处，总揽全局，才能在比较中产生新颖的想法。所以，作为整体元认知的系统性维度应当作为一个单独的维度，成为个体头脑中的图式和潜意识，而不是在单一任务中发挥某个具体的作用。

迁移性维度体现的是整合性和迁移性思维。从认知的角度而言，整合性思维与迁移性思维也可以属于深度学习的一种，许多研究也将

---

① KOEN P, AJAMIAN G, BURKART R et al. Providing clarity and a common language to the "fuzzy front end" [J]. Research-technology management, 2001, 44（2）: 46 – 55.

② 马扎诺，等. 教育目标的新分类学 [M]. 高凌飚，等译. 北京：教育科学出版社，2012: 17.

多元化的视角、整合的思维以及迁移性归入深度学习中[①]，包括比格斯SOLO 分类法中的"关联结构"也有"在知识和信息间建立联系"的含义。尽管如此，因为整合和迁移思维在内涵上有相对的独立性，文献研究也较为集中，所以迁移性可以作为一个单独的维度列出来。至为关键的是，迁移性中的许多核心要素，如多维视角、联想能力、风险承担等，往往在创新表现中起到关键作用，所以在高校创新型人才培养中，迁移性维度的学习成果更应单独列出。

有了上述几个预期学习成果的分类框架之后，学生在专业课程学习之时，能够以培养创新的核心素养为目的，通过反复的学习体验加以吸收，使每一个预期学习成果成为其面对不同任务时自然具备的一种创新素养。总之，创新不应只成为空泛的理念，还应该在创新核心素养与高校学习成果研究之间建立一个纽带，既可以在天马行空之际惠及大地，又能够在脚踏实地之时仰望星空。

2. 搭建学科覆盖面广的通识教育平台

通识教育对创新型人才培养的作用不是简单的知识积累。有人认为，多听、多看、多学、多交流，能够启迪人的智慧。这句话当然没有错，但通识教育真正的作用并不仅仅在于一个"多"字上。一方面，"多"是为了发现兴趣。当你广泛涉猎了人文、社科和自然科学知识以后，能够发现自身的兴趣所在，而兴趣才是激发创造力的燃点。要知道，兴趣总是在那些不经意的瞬间产生的。一个人在专业学习时，有一半时间以上都处在被动的学习状态，而在这种状态下，最多只能是疲于应付，却无论如何都无法擦出创新的火花。新时代的学生想象力丰富，非常有创意，动手能力强，但知识面狭窄，考虑问题比较简单，这阻碍了高校学生进一步探究和解决问题的积极性。通识教育的最高境界是追求个体自由而全面的发展，它通过多样化的教学方式和丰富多彩的活动，摆脱以学习成绩评定学生优劣的束缚，营造宽松自由的外部环境，满足学生广泛的兴趣和激发他们强烈的好奇心，开发挖掘

---

① BARBARA J M. Promoting deep learning through cooperative learning [C] //J L COOPER J L, ROBINSON P. Small group learning in higher education: research and practice. Stillwater, OK: New Forums Press, 2011: 25 – 30.

学生的潜质和精神气质。由此可见，通识教育是发现兴趣、深挖潜质的一种好的教育方式。

另一方面，学科的广泛涉猎与相互贯通对培养创新能力非常有帮助。学科之间都是互有联系的，这些联系在单一的学科中无法获得。如经济学的某种研究方法可能会对某个教育问题的研究卓有启示。创新正是在对他者的借鉴和反思中，经由一些新的研究路径或思路而产生的。此外，知识的细分容易造成人文科学、自然科学和社会科学之间的学科壁垒，而学科的交叉与融合将是今后学术界的重要发展趋势之一。通识教育不同于针对少数学习尖子的精英教育，它面向全体学生，涵盖了三大学科领域的知识结构，传授各门学科共通的基本技能和知识，努力使受教育者形成统一完整的知识结构，避免知识的严重割裂和异化。① 在多样化的知识结构中，学生更能够举一反三，较好地进行知识和能力的整合迁移，为综合运用所学知识探究和解决问题奠定基础，培养创新思维。

3. 实行"以研促教"的教与学模式

传统的教与学模式基本上是教师主导、学生配合，或者是增加一些师生互动的学习活动，按照学科或专业的发展逻辑搭建学生学习的框架。然而，以教师为主导、遵循学科逻辑的模式，始终存在一个假设，即学生是怀揣理想、充满兴趣、主动而又具有计划性地来学习的。实际上，这个假设对于大部分学生来说并不适用，如果长期由教师来主导课堂，学生学习的知识只会是过眼烟云，转瞬即逝。

当前，澳门高校的教与学应该将重点从教师的"教"转向学生的"学"，研习教育模式可以作为这种转向的一个选择。澳门高校在目前已经实施的小班化教学中，可以尝试探索"以研促教"的教与学示范课堂，结合合作学习、小组探究、课题研究，从学生发展的心理逻辑规律出发，启发学生的批判性和创造性思维，构建学生主动探究的教与学体系。

---

① 顾月琴，张红峰. 基于通识教育视阈的高职学生创新能力培养研究：以苏州健雄职业技术学院为例［J］. 沙洲职业工学院学报，2014，17（3）：44-48.

（二）支持澳门高校毕业生融入大湾区创新创业

澳门的青年人应以新思维融入大湾区，澳门地方很小，高校毕业生不能仅仅局限于 30 多平方公里思考问题，或者在娱乐场一直做着较少技术含量的工作。融入大湾区不是单纯到内地工作，而是要有一种创业的精神，如在澳门注册公司，在澳门乃至大湾区其他城市发展创业，去做一些澳门缺乏的实业。当前，港澳以及内地都有很多众创空间、创业孵化空间等，澳门也建立了国家级的众创空间支持青年人创业，这些都是很好的基础。

为了能使澳门的青年人深入大湾区内部发展创业，可以由国家出面支持，广东、香港、澳门联合建设青年创业发展空间。三地实施创业联动模式，或者一园多区（一个合作建设的创业园、多个分区）。这些创业载体要能够熟知内地、香港、澳门的法律政策、优势劣势、各方需求，然后统筹规划、对症下药，这样才能够更利于青年人融入大湾区的发展。

此外，尽可能组织青年人到大湾区相关的创业机构进行参访，让大学毕业生了解大湾区的建设和发展，去看一看内地的风土人情、职场环境、文化氛围、生活场所、教育医疗等。只有深入了解，才能加快融入，加上双创环境、创业咨询的配备，相信澳门的青年人能够更加具有积极性融入大湾区发展创业。

最后，创新创业的根本还在于教育，如果只是沿袭原有的教育模式，那么青年人连大湾区内部有哪些产业都不知道，何来创业呢？所以，澳门高校可以参考其他一些国家的做法，发展高校、学生、企业三方合作的模式。基本做法是：专业学习与实际工作相结合，以三明治的方法完成学业。澳门高校可以联系大湾区实习单位，跟踪检查学生的实习业绩；参与合作的大湾区公司或企业对学生工作情况进行指导和鉴定，可以按照规定付给一定薪酬。这些工作经验对学生了解大湾区、加入大湾区很有裨益，而且校企合作教育模式也能让高校转变象牙塔内的教育思路，融入社会，提升办学知名度。

四、澳门高校作为大湾区创新中心建设的"联结者"

随着《粤港澳大湾区发展规划纲要》的出台，澳门高校势必成为科技创新和新经济增长点的直接驱动引擎和流动载体。澳门高校在大湾区创新中心建设中的联结作用主要体现在：促进创新要素在大湾区内部的快速流通，缔结大湾区内部创新网络的形成。以此为出发点，澳门高校需要同外部开展广泛而有深度的合作。

（一）开展校企合作

校企合作除了具有上述提到的促进学生创业教育培养的目的之外，还具有发挥优势学科、对接高科技产业的作用。高校利用自身的学科优势和特色，对接企业、公司的前沿需求，合作培养人才，开展项目研究，引入服务实训学习，可以全面提升学生的学习体验，增强实践能力。在校企协作方面，大湾区内部的华南理工大学与深圳华大基因的合作可以作为参考。2009 年双方组建基因组科学创新班，学生已有89 人次以并列第一或署名作者身份在 *Nature*、*Science* 等顶级期刊发表论文 71 篇。①

（二）广泛开展与大湾区内部高校的合作

高校合作可以作为产业合作的示范，因为高校合作中的学术成分大于利益成分，更能够基于学术创新的目的实现优势互补、强强联合，然后将合作中取得的创新成果借鉴到企业合作和校企合作中去，促进大湾区创新网络的形成。

具体而言，首先，澳门有四所国家重点实验室和一个教育部工程研究中心，由此可以看出，澳门的科技研究创新已经朝着两个向度发展，一个是基础科技研究，强调科技成果转化和服务经济社会，但是有一个过程；而另一个就是以应用技术研究和工程产业实践为导向的，非常强调实践和应用。澳门高校科研方面的合作也应按照这两个向度做出安排。一方面，粤港澳三地的高校合作建立国家重点实验室的伙伴实验室，合作开展重点学科的基础研究；另一方面，三地还需要根据产业实践导向，合作建立一些工程研究中心，产出应用技术型的研究成果。

其次，跨学科学术平台的设立是建设一流国际湾区、国际科技创新中心的核心任务，也是学科建设的发展趋势。一流的学科交叉必须

---

① 章熙春. 粤港澳大湾区建设进程中大学创新人才培养的思考与探索［J］. 高等工程教育研究，2019（1）.

能够站得更高、看得更远。站在人工智能、环境保护、海洋科学等纯粹的科技领域来进行学科交叉，产生出重大的科研成果，当然是好的，也是必需的。但是，这一竞争是世界性的，需要面对世界顶级大学和科研机构，甚至公司研发机构带来的挑战。而澳门的优势除了一些科技领域之外，还有人文社会科学的特色，还需要打造大湾区西部人文社科基地。所以世界一流学科的融合也需要考虑这些，要将一流的人文、一流的科技协作融合。如，借助一流的信息技术、一流的语言文化，共同完成世界一流的中葡英机器翻译系统就是很好的尝试；又如，通过与国家教育部门的密切联系和沟通，在澳门独立设置教育部人文社科重点建设基地，推动澳门特色人文社科的发展与创新。

最后，大湾区三地可以合作申请重大科技研发、重大基础研究和技术开发的研究项目。当前，粤港澳三地已经实施了"粤澳联合资助计划""粤港联合资助计划"，成为大湾区范围内深入实施创新驱动发展战略、深化粤港澳创新合作、构建开放型融合发展的区域协同创新共同体、提升科技成果转化能力的一项重要举措。未来的资助计划在实施方向和措施方面，可以考虑以下几点：第一，资助计划应考虑到项目双方人员合作交流、资金、设备往来的便利性，以此为契机，建立更加便利化的政策措施，促进人、财、物等方面的跨境流动和使用。第二，资助计划要求引入企业的参与和资金配套，主要是为了产学研的深度合作。所以，粤澳的合作可以考虑在横琴面向澳门高校、科研机构设立一批科技企业孵化器，为澳门高校的产业化和科技成果转移提供便利。在此基础上，资助计划可以考虑科研成果转化的因素和内容，加强应用开发和成果转化的合作项目。第三，应优先支持一批依托中葡平台建设或者以大湾区内部实体联盟为载体的科研项目；为一些风险较高的项目设立风险资金，积极促进一些原来没有尝试过，但是又有助于创新发展的高科技项目。

（三）推进澳门高校教师的国际合作

教师的教学和科研能力是一所高校是否具有核心竞争力的关键，而大湾区创新中心的建设需要高校内部的教师产出更多具有创新性的科研成果以及培养更多具有创新精神的学生。如果高校教师能够积极与国际顶尖的学术专家合作，开展学术研究，共同产出成果，这势必能够提升澳门高校的国际视野和竞争力。三地高校需要加大合作的广度和深度，借助大湾区高校联盟的建立，力争在联盟内部首先实施学分互认，然后促成一些专业合作、项目合作、机构合作的形式，如"2+2""2+1+1"等在不同地区学习的模式，教师互派交流，在教育和研究方面深度合作，产出科研创新成果。同时，澳门高校可以发展内地高校的离岸研发中心，借助澳门在税收、政策等方面特有的优势，吸引海外领先实验室、科研机构、高校顶尖人才的入驻，形成人才极点效应，促进大湾区国际创新中心的形成。

五、澳门高校作为大湾区创新中心建设的"共享者"

大湾区创新网络的形成最终是为了大幅提升生产力，而"政商学三螺旋"模型（见图4-5）的构建则是最快达成这一目的之方式。在"政商学三螺旋"模型中，高校处在一个基础核心的地位，企业、政府和高校是各自独立的主体，但是三者的密切合作及相互作用则是由高校主动推进。三者共同建设科技园区、孵化机构、研究机构和各类项目，高校成为"学术企业家"，并起主导作用。①

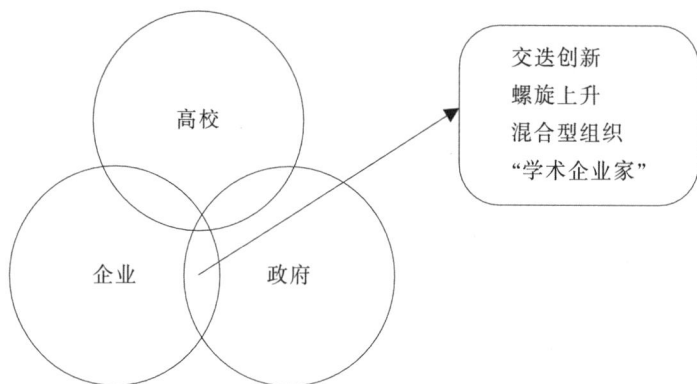

高校

企业　政府

交迭创新
螺旋上升
混合型组织
"学术企业家"

图4-5　"政商学三螺旋"模型

---

① ETZKOWITZ H. The future of the university and the university of the future: evolution of ivory tower to entrepreneurial paradigm [J]. Research policy, 2000, 29 (2): 313 –330.

澳门高校建构这个"政商学三螺旋"模型，首先需要发现澳门的优势和特色在何处。澳门的地方虽小，但是地理位置和制度独特，且具有多元文化和小而灵动的特征。澳门在大湾区的定位比较明确："世界旅游休闲中心""中国与葡语国家商贸服务平台""中华文化为主流、多元文化共存的交流合作基地"；优势明显：联系中葡之间的桥梁优势、旅游资源优势、归侨众多的优势、与内地联系更紧密的优势等。所以，澳门如果要成为创新中心的"共享者"，需要从这些定位和优势中寻找答案。

近五个世纪以来，澳门一直是连接中国和葡语国家的重要平台，葡语人才培训和研究发展历史悠久。宝贵的教育、科研经验使得澳门拥有天时地利的优越条件，澳门一些高校更是凭借在中葡双语教育领域的声望与优势，不断促进中国大陆和葡语国家共同体之间的交流与合作，为中国大陆和葡语国家共同体架起桥梁。在这一过程中，澳门深知葡语国家的优势、需求以及自己国家的学科、经济优势，比如巴西的航天技术、中国的智能运输等优势，葡萄牙在信息科技方面、莫桑比克在矿产开采方面的需求等。在这些方面，澳门可以牵线搭桥，找准中国和葡语国家的需求，再利用与中国大陆联系密切的优势，在横琴或大湾区其他城市联合葡语国家高校和中国大陆高校共同建设澳门高校的分校及研发中心、创新创业孵化园，形成"一校两区一园多中心"（见图 4-6）。根据国家所需、澳门所长，讲好澳门自己的故事。

"一校两区一园多中心"发展模式的愿景和目标是"打造大湾区中葡平台及创新基地"，具体包括：中葡双语人才培训基地、中国—葡语国家联合应用创新转化基地。其中，澳门高校的本地校区将重点作为中葡双语人才培训基地；大湾区校区将基于一园多中心建设，形成中国—葡语国家联合应用创新转化基地。两个校区相互配合，共同完成打造大湾区中葡平台及创新基地的发展愿景和目标。国家可以按照"粤澳合作产业园区"或"大学科技园区"的模式，先期为澳门高校的分校区免租提供土地作为创新载体和相应的创新扶持资金。在大湾区校区各研发中心、实验室、孵化园区正常启动以后，澳门高校将通过产学研金结合形成完整的应用创新转化链条，由资本配置资源，自负盈亏，最终实现融入大湾区发展的战略目标。

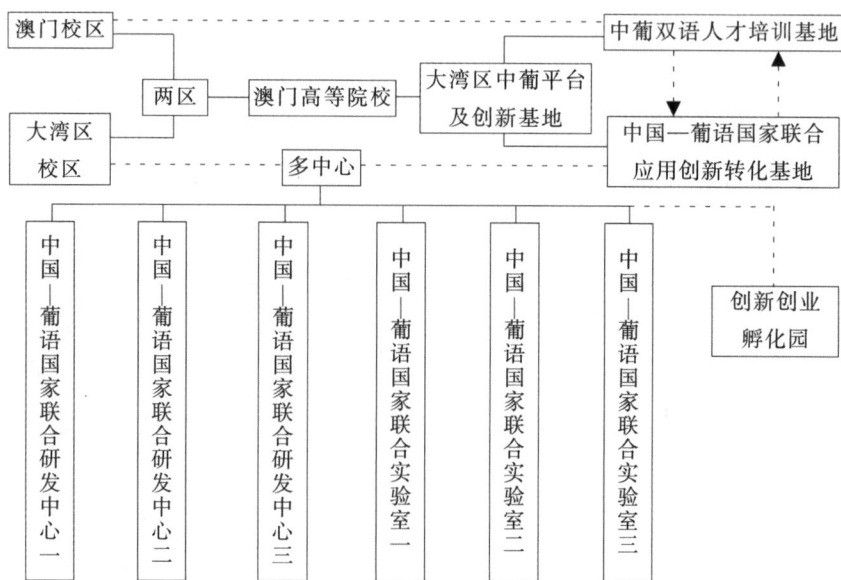

图4-6　澳门高校"一校两区一园多中心"发展模式

具体而言，澳门高校分校区的一园多中心发展规划可以分为三步：

1. 整合已有研究资源，培育科创生态环境

直接引入澳门高校已有的部分具有科技创新转化潜力的国家重点实验室、工程研究中心及部分培训中心进驻分校区，联合中国内地高校和葡萄牙高校先期建设第一批研发中心或实验室，同时建造相应的配套生活和办公设施。培育中葡平台科技创新的基础生态环境，逐步实现制度、人才、资金、项目、设施、信息等创新要素投入。分校建设规划的第一个关键要素是制度，需要逐步订立"中葡平台科技创新体系建设与运行规范""中葡平台科技创新人才培育计划"以及在大湾区分校内部成立"创科创投基金"等，形成依托中葡平台建设的研究布局，倡导跨学科研究。

2. 引进国际优质资源，完善科创研究体系

在已有研究中心、实验室和培训中心步入正轨的同时，按照中国

200

大陆和葡语国家的实际优势和需求，联合建立相应的研究中心或实验室，如中国—巴西航空航天研究中心、中国—安哥拉铁路智能运输系统工程技术研究中心、中国—莫桑比克矿产开采技术研究中心等，以及建设一园——创新创业孵化园，引进世界五百强创新科技企业进驻园区。以研究中心、实验室和创新创业孵化园发展为契机，引进国内和国际知名研究人才、创客人才等，引入国际高科技项目。将实验室、研究中心、研究项目、跨学科平台捆绑在一起建设，相辅相成。如部分研究中心或实验室以跨学科为依托，又必须有相应研究项目作为支撑；然后研究中心或实验室再进一步挖掘新的跨学科协作创新点并申请研究课题，从而形成良性循环。同时，以大湾区分校区为平台广泛开展中国与葡语国家之间的国际合作。

配合大湾区科技创新走廊建设和"一带一路"倡议，加强澳门高校拔尖创新人才的培养和科技创新资源对周边地区的辐射，打下中国—葡语国家联合应用创新转化基地的基础。此外，将澳门高校的本地校区定位为"中葡双语人才培训基地"，部分专业的学士、硕士、博士学位课程的学生将于最后一年或两年进驻大湾区分校，通过研习结合、创新培育，培养学生双创精神，提升研究中心创新成果转化的力度。

3. 建构"政商学三螺旋"模型，推动特色创新孵化

支持在大湾区分校创新创业孵化园区引进和设立科技企业孵化器及加速器、众创空间、科技创新中介、衍生公司等创新服务机构，对接高科技产业和三地政府，组建特色创新孵化联盟，通过整合资源、搭建平台，贯穿"官产学研金"一条龙体系，建构"政商学三螺旋"的实体模型。应该说，澳门"一国两制"的特色更加有利于"政商学三螺旋"模型的建构，高校可以获得更多政策、土地、财政上的支持。澳门高校可以集聚人才、土地、资金、设备、项目等资源，紧密围绕中葡平台科技创新这一向度，构建可持续的特色创新孵化机制和体系。以"精准对接、优质对接、灵活对接"为目标，形成"众创空间—孵化器—加速器"的完整孵化链条，为澳门高校的"一校两区一园多中心"最终实现大湾区中葡平台及创新基地的目标提供强有力的基础支

撑和动力引领。澳门高校分校区的中葡高校合作加上政商学三股力量的螺旋提升，不仅可以促进大湾区西部产业的升级改造和形成现代产业体系，为"一带一路"建设提供支撑，而且能够将"大湾区变成一个全球精英人才的磁石（global talent magnet），更具文化多样性、更加创新，并持续吸引世界各地人才。"① 以此为契机，澳门高校将最终摆脱地域狭小、学科单一、科创薄弱的桎梏，以实体化的三螺旋模型助力粤港澳大湾区西岸形成科技创新高地。

第四节　澳门高等教育发展中的困境与未来路径

自中世纪以来，作为社会核心机构的高等院校，虽然形式上有这样或那样的区别，但都具有一些相类似的功能。② 在与环境的博弈中，高校似乎总是能够在内部的延续性和外部的适应性之间找到一种平衡，灵活且有效地保持着变化的活力。诚然，高校的学术性、自主性特质可以成为其经久不衰的原因，然而不断受到各种因素制约下的高校，也不可避免地在社会进程中产生一些问题。对于澳门而言，它还有着一些其他地区无法替代的特点，所以在外在制度和本身特点的影响下，澳门高等教育的发展过程势必会存在不同之处。本节主要阐述基于澳门高等教育自身特点所呈现出的困境及未来选择策略。

一、微型社会与澳门高等教育发展中的博弈困境

澳门回归已经20余年，在高等教育方面无论是文化制度建设，还是学科专业发展，都已基本形成规范体系。作为微型地区，外部任何一种高等教育理念或模式，都很容易被澳门各个院校或属下的学术单位吸收和接纳，相互间易于学习和模仿。同时，澳门高等教育属于后

① DOUGLASS J, EDELSTEIN R, HOAREAU C. A global talent magnet：how a San Francisco/Bay Area Global Higher Education Hub could advance California's comparative advantage in attracting international talent and further build US economic competitiveness ［R］. Research & occasional paper series：CSHE. 9. 11. UC Berkeley：center for studies in higher education, 2011：1－18.

② KERR C. The uses of the university ［M］. New York：Harper, 1966：4－20.

发外生型模式，这样的模式比较容易背离原初与社会所保持的契约关系①，比较讲求实用。1981 年，澳门第一所具有现代意义的澳门东亚大学就是后发外生型的典型代表，自其兴建之初，就以实用性和贴近社会需求为发展目标。② 澳门社会具有流动性大、开放多元、外部依赖性强、利益保护、敏感度高的特点。③ 所以，在澳门这样一个开放、动态的环境下，各学术主体之间的互动与选择必然会加速，任何有关高等教育的政策或外部环境的改变对院校或相关学术机构的影响都会比较显著，很容易产生一些意想不到的结果。

2017 年，新的《高等教育制度》法律获准颁布。紧接着于 2018—2019 年，一系列行政法规，如《高等教育委员会》《高等教育基金》《高等教育规章》《高等教育素质评鉴制度》《高等教育局的组织及运作》以及《高等教育学分制度》相继出台。这一系列法律法规，改变了原先经年不变的制度状况，对澳门高等教育的发展起到实实在在的推动作用。特区政府本着"教育兴澳""人才建澳"的宗旨，通过制度体系的构建，持续推进高等院校履行人才培育、科研创新、社会服务等核心职能。澳门高等教育亦取得了令人瞩目的成果，如教育规模的普及化、澳大横琴校园的建设、人才培养的多元特色、科研的突飞猛进、大学世界排名的提升，等等。

然而，在上述显著优势的背后，潜在支撑高等教育发展的却是一些量化的指标，如发表国际论文、教育培训、咨询顾问、开办各类学术研讨会的数量等。资料显示，澳门高校教研人员每年于各主要国际期刊发表的论文数量，由 2011—2012 学年的 726 篇增至 2017—2018 学年的 3 712 篇，数年间增幅超过 4 倍；同时，澳门高校主办的国际研讨活动亦与日俱增，以 2017—2018 学年为例，澳门高校举办的国际研讨

① GORNITZKAA, MAASSEN P, OLSEN J P, et al. Europe of knowledge：search for a new pact [M] //MAASSEN P, OLSEN J P（Eds.）. University dynamics and European integration. Dordrecht：Springer, 2007：183 – 184.

② MELLOR B. The University of East Asia：origin and outlook [M]. Hong Kong：UEA Press Ltd. , 1988：117 – 118.

③ 张红峰. 微型社会与澳门高等教育发展研究 [M]. 广州：广东高等教育出版社, 2019：2 – 3.

会、论坛及学术会议就达到 58 场，即不到一星期便有一个国际学术活动在进行。① 此外，澳门教育界自 20 世纪 80 年代开始，各类培训和顾问就非常之多。应该说，这也是由澳门的特点所决定的。澳门很容易从本地以外聘请一些资深的专家和学者来澳门讲学、指导或者以顾问身份为当地教育发展出谋划策。这样的模式既具有实实在在的效益，又能为澳门教育的发展带来专业上的支撑，在回归以后一向为澳门各个领域的发展所青睐。

在专业课程发展方面，澳门现代高等教育自澳门东亚大学诞生之日起就一直是在市场的引导下运作。澳门统计暨普查局 2019 年的数据显示，第三产业已经占到产业结构的 95.7%，常年居高不下。② 虽然博彩业占澳门整个经济结构的比重已经有所下降，但就整个第三产业而言，仍然占据绝对主体地位。诚然，澳门的实际情况并不允许大力发展第二产业，但目前产业结构的现状却让澳门高等教育在很多方面都陷入依附性的困境。在这样的产业结构背景下，澳门本地的学生和家庭如果将视野局限在澳门当地，那么很容易认为只有旅游及款客管理、商务、语言、公共行政、教育、护理等专业才是他们的首选。道理非常简单，这就是市场化的导向，就业才是学生和家庭选择高等院校专业的第一原则和标准，任何专业如果不能利于学生未来的就业导向，那么就会被学生和学校抛弃。这个原则和标准如果放在内地，即便有些产业部门稍微发展滞后或不被市场青睐，与之相对应的专业范畴也不会受到太大的影响，因为这些专业培养出来的学生很容易被大的市场环境消化，产业带来的影响可以忽略不计。而在澳门这一如此之小、产业结构又如此失衡的地区，这个原则和标准自然也会被无限放大。长此以往，高校之间相互影响和攀比，导致的结果就是构成高等教育发展的学科根基受到了影响，一些学科自然而然地出现萎缩，专业设置面狭窄，专业与专业之间形成不了体系，跨专业的学习模式无法有

---

① 澳门特别行政区高等教育局. 把握机遇携手并进：特区成立后的高教发展［EB/OL］.（2019 – 04 – 29）［2020 – 10 – 07］. https：//www. dses. gov. mo/news/4717-2019-04-29-02.

② 澳门统计暨普查局. 澳门产业结构 2019 年［EB/OL］.［2021 – 02 – 17］. http：//www. dsec. gov. mo/.

效形成。学生在狭隘的产业和专业发展模式下理所当然地寻求各自的出路，产业适度多元也变得很难实现。

澳门特区政府在 2020 年 12 月颁布的《澳门高等教育中长期发展纲要（2021—2030）》中，明确提出"高等院校朝着市场化方向发展"。这意味着要在高等教育体系和院校中引入市场机制，通过竞争模式来配置高等教育资源，达至"帕累托改进"，强调院校与市场的互动和耦合，如院校的市场化经费筹措和管理、市场化人力资源分配、人才培养模式的市场化、科研成果的市场化等。在高等教育步入大众化甚至普及化的今天，高等院校已经从原来的"象牙塔"转变为"城市的中心"，那种不食人间烟火、世外桃源的大学早已不存在。高等院校也不可能再成为单向度的、古典式的、为知识而知识的"独立王国"，而一定要与本地的社会经济发展密切融合。

然而，高等教育市场化也代表着高等教育的生产和消费完全通过市场来实现。既然有生产和消费，就必然会有产品，而高等教育的产品既具有服务公众和社会的公共属性，又具有使消费者（学生）价值增值的私人属性。在高等教育经济学范畴内，一般将高等教育产品定义为准公共产品。这也意味着，为了服务于社会公共利益，政府不能任由市场化引导高等教育的发展，而应因时（如大规模疫情的发生）因地（如地域狭小的限制）制宜，以财政拨款的形式让高等院校引领而不是仅适应市场的需求。如果说政府须为公立高等院校提供更多的财政拨款，那么主要原因应是公立院校需要承担更多服务于公共利益的职能，在配合社会经济发展（私立院校亦具此功能）的同时，还要能够走在经济产业政策的前面，通过学科创新为政府提供更加多样化的政策选择。以粤港澳大湾区建设为契机，特区政府应推动院校探索学科发展的潜力和优势，开设能够促进澳门产业适度多元发展的新学科，以学科创新的优势配合产学研发展。

建立在学科创新基础上的思维逻辑应是：立足于根本学科（如葡语学科）、借力特色平台（如中葡平台）、带动科研创新（如中葡合办科技研发中心）、促进成果转化，引领澳门经济产业实现"风险对冲式"的多元发展。所以，澳门与其提出高等教育市场化，不如基于特色学科的创新发展，由政府提供平台、大湾区提供机遇、市场提供导向、院校提供成果，在澳门乃至大湾区形成政府、大学、企业良性互动的生态体系，学术界、产业界、资本界密切联系，共同建构科研成果转化的体系。此外，科研成果转化也并非高等院校一己之力所能达成，而是政府、市场、中介机构、高等院校合力发展的结果。政府制定政策，市场提供需求和导向，中介机构提供技术转移测试、咨询及企业规划，院校拥有科研转化的成果和意识。在此过程中，高等院校可以在法律、章程许可的框架下成立公司，但仍需建立院校研究服务的转让许可机制、技术转移的孵化机制、衍生公司的融资和运作机制以及权利各方的利益分配机制等。

澳门高等教育市场化的提出有着资源、治理方面的背景，从高等教育经济的角度而言，具有积极的意义。然而，市场化模型强调的是竞争、效率、绩效、标准化等一套市场的运行规则，而真正的学术化模型强调的则是长效性、模糊性、创造性、学术共同体等支持学术发展规律的特性。根本上而言，市场化和学术化是两个相对立的概念。利奥塔曾经指出在以知识生产效率为基准的引导下，如果仅为了资本增长而从事研究活动，那么像达尔文、斯宾诺莎、牛顿这样的伟大人物必然会被排斥在大学的校门之外。对于知识创新而言，知识生产者的学术自由和创造力、学科内部的批判反思氛围、院校自治的制度保障是必备的要素。如果完全以效率、竞争的标准衡量知识创新，那么高等院校很容易坠入追求数字化、程序化、形式化的藩篱。对于院校而言，只有建立在学术共同体和想象力基础上的知识创新才更具持久性，以学科带动数字，而不是让数字走在学科的前面，才是创造良性学科生态环境的根本之道。

高等院校并非不能提市场，尤其是立足于城市发展的以应用为导向的院校，需要引入一定的市场竞争机制，将"象牙塔式"的思维模式和竞争思维模式有机结合起来，让公司企业的竞争活力打破学术界的沉闷氛围。然而，高等院校毕竟还是学术机构，市场标准和商业价值可以对院校发展产生影响，却不能逾越学术价值的底线。总体而言，澳门高等教育更应该形成以学科为基准的学术内部市场和学术外部市场，内部市场强调知识生产要素——人才、知识、声望的自由交换和流动，其交换的媒介是学科内部的共同体标准；而外部市场则强调成果转化要素——政府、高校、企业、中介等的相互作用和耦合，其转换的媒介则是商业市场和利益权衡后的标准。学术内、外部市场相辅相成，没有知识生产，成果转化无从谈起；而缺少知识应用和成果转化，知识生产也就失去了持久发展的动力。当前，如果我们仅强调高等教育市场化，则会混淆知识生产和应用的界限，将商业市场的原则亦引入知识生产的范畴，以经济逻辑替代教育逻辑，使传统的学科文化面临威胁。实际上，市场化所引发的问题已经存在，当前专业结构的偏态化和狭窄正是市场引导的结果，这也正是微型澳门亟待解决的问题。

为了能够更好地解决学科专业面狭窄的问题，澳门各个高校也是煞费苦心，想尽办法，而其中最为有效的方式就是融入祖国的发展大局，尤其是融入粤港澳大湾区的发展。澳门的产业布局并不适合高校内部所有专业的发展，但是澳门高校如能联系大湾区的高校共享资源、相互协作，则能达到共赢的效果。这是一种共存共荣的生存与发展模式，核心在于"共生"，即着眼于大湾区教育命运共同体的建设。[①] 以当前的融合发展状况来看，澳门特区政府和各个高校都做出了巨大的努力，并且特区政府也在年度、季度、月度的施政方针策略中不断要求各高校对融入粤港澳大湾区的情况做出具体的回应。这些政策方向无疑为澳门每一所高校的发展带来了契机，一些高校也确实能够在教育合作过程中积极配合，采取了融入创新的策略。然而，在外围环境的影响下，澳门高校的一些融入合作策略容易走向形式化，更多地关注是否成立了某些合作机构或合作专业，而不是那些真正能够带来"共生""创新"的合作内涵。

应该说，无论是澳门高等教育发展中的指标化问题，还是学科专业面狭窄，依附于产业发展的市场化现象，抑或是合作融入的形式化，这些都与澳门地区自身的特点有着密切关系。澳门小而灵动，且高度

---

① 卢晓中. 推动粤港澳大湾区教育合作发展的思考 [J]. 中国高教研究，2019 (5)：54–57.

自治，很容易将方寸之地的特点发挥到极致。就形式化的指标追求来说，可能澳门自身都没有意识到，在不经意的相互学习和模仿中已经形成了"三多"：研讨会多、顾问多、培训多。此外，这些指标是衡量澳门高等教育发展成效的最简单直接的方式，澳门的特点非常容易促成这些形式的出现。以开办国际学术研讨会为例，会议本身非常利于搭建国际交流合作的平台，在院校中营造出更自由、开放、多元、观点交流碰撞的学术氛围，是创造性学术研究必不可少的环节。然而，当某个学术单位将开办学术研讨会作为必须完成的目标或者学术研究工作量以后，这样的"硬指标"则很可能会流于形式。学术主体实际上可能关注研讨会"开"或"不开"以及会议开完后所出的论文集成果，而不是研讨会的内涵和可能促进的学术发展。

显然，这里涉及高等教育发展过程中的形式和内涵选择的问题。如果以证据为本、标杆参照、逻辑推理来看，澳门高等教育发展中出现的上述现象都可以被当作合理的范畴，有些甚至可以作为发展中的成就，如国际论文数量的增加；而如果没有任何假设和经验前提，只是通过先验的观察，那很可能会感到上述现象缺乏可持续发展的内涵。正如，在身体健康方面，某些指标增多可能是好事，但在血糖高的病人身上，"三多"可不是什么好的征兆。又如，以市场为导向的专业发展，似乎在情理之中，但这只能导致澳门产业结构的失衡愈演愈烈，而专业自身的零散、偏态分布也将限制高校人才的引进、学科的建设、科研的突破。因此，在一个"微型开放"系统中，澳门高等教育的发展存在着很多潜藏的问题，而学术主体之间在微型环境中的博弈，往往更加促使澳门高等教育发展过程中诸多问题的出现。

二、制度调整与内生文化：澳门高等教育发展的必然路径

如果人们依赖于别人的行为来决定自己的行为模式，那么能否发现别人做什么就很重要。① 在博弈论中，有一个广为人知的模型是"囚徒困境"（见图 4 - 7）。它讲述了这样一个故事："两个人 A 和 B 合伙

---

① 谢林 T C. 微观动机与宏观行为［M］. 谢静，等译. 北京：中国人民大学出版社，2005：185.

作案被抓，随后被隔离审问。在不能互通消息的情形下，警方作出以下安排：如果两人都不认罪，两人将因携带凶器被判服刑 1 年；如果两人都认罪，则会因罪名成立各判 3 年。倘若其中一人认罪而另一人不认罪，认罪者作为证人将不被起诉，而另一个人将被重判 5 年。"

		A	
		不认罪	认罪
B	不认罪	1 1	0 5
	认罪	5 0	3 3

图 4 - 7　"囚徒困境"博弈模型

当这个模型被拓展到 n 个主体的时候，所有学术主体之间的博弈也将存在一个多元囚徒困境模型。对于每一个现实中的学术主体而言，寻求形式化的选择非常容易成为它们的偏好选择，而每一个学术主体又容易受到实用性和微型社会典型特征的影响，其选择时相互模拟的速度将会加剧，最终陷入多元"囚徒困境"。虽然如此，但仍然会有一些学术主体以内涵为重，选择一些被认为是"非偏好"的选择，如，在学术研究中，学术主体"面对障碍，始终充满想象和探索，并且总能把权威放在一边，并努力在边缘之处寻找一些事物，这些是在传统、舒适、从众的心灵深处所经常遗忘的东西"①。他们愿意去选择追求学术的发展和内涵，而当这些"非偏好"选择形成一定的规模以后，整个澳门的学术文化氛围也将随之发生改变。

在多元学术主体博弈模型中，如果一个学术主体在任何时点都选择"形式"化的偏好决定，那么无论其他学术主体是否遵从"内涵"的选择，该学术主体的得益将始终上升，而那些始终坚持"内涵"选

---

① 萨义德 E W. 知识分子论［M］. 单德兴，译. 北京：生活·读书·新知三联书店，2002：57.

择的主体却要经过长时期的磨炼才能获得更大的收益。以开办学术研讨会为例，澳门的学术研讨会开得可谓场面宏大、气势不凡，完全和澳门的小微地理特征相反，学术单位也非常热衷于开各种类型的研讨会，愿意将国内外各领域的知名专家邀请到澳门讲学。然而，当研讨会的开办多到近乎"每周一次"的时候，就要开始反思研讨会的作用和内涵究竟是什么的问题了。无疑，研讨会无论怎么开，其正向外部效用始终存在，但是学术单位如果更愿意沉下来做一些"十年磨一剑"的基础性工作，则会收获更大的期望得益。

又如，澳门高校的发展往往遵从市场化的模式，适应和配合社会经济的发展，也能够获得特区政府和社会的认可。而有些高校却愿意基于当前学科发展困境，创新思维模式，立足于澳门的特色平台，发展一些"风险对冲式"的专业学科，积极融入粤港澳大湾区的建设，引领澳门经济产业的适度多元发展。这样的学科发展可能不会带来短期收益，甚至可能被市场排斥，但只要能够坚持创新引领和积极融入大局的发展思路，最终可能形成澳门经济发展中的创新增长点。

再如，在粤港澳大湾区建设的背景下，澳门高校都愿意选择融入合作的策略，但如果这种融入只是为了完成特区政府的政策任务或者为了某种形象工程，虽然高校的合作也能获益，但并不利于长远的发展。而各个高校如能与广东、香港的高校共建高校、优势学科、国家重点实验室和研究中心，合作进行重大科研课题公关；在人才培养上相互承认特定课程学分、实施更灵活的交换生安排；从"象牙塔"式的合作研讨转向政产学研金一条龙的合作等，那么高校发展的内涵收益才会获得长远的提升。

当然，澳门高等教育发展过程中困境的突破主要依靠组建联盟和形成反转效应。实际上，"联盟"一词常常被用来表示通过某种形式走到"一起"、愿意选择非偏好决定"内涵"的那一部分学术主体。联盟通常会有一个制度性定义：在特定的二元选择中，拥有足够规范的组织结构的一个子集能为团体中的成员，或部分成员，或者在一定情况下的所有成员形成一个集体决策。① 这样的联盟可以是以某种信念、使命、组织或委员会的形式存在，而保证对"内涵"选择有足够的、可靠的认识，使得澳门高教发展中任何一个新加入的学术主体能够超越困境，在联盟内部通过信念的共享、成本的分担，保证未来收益的持续增加。联盟还可以通过政策的示范效应予以实现，如，树立一些在合作中采取"融入创新"策略的高校典型，对具有这样合作内涵的院校或学术单位予以广泛的宣传和引导，或者对于一些有利于高校可持续发展的特色专业设置予以表彰，促使一些有形或无形联盟的形成。当然，这样的联盟如果能够作为文化而存在，即坚守某种信念或使命，是一种最佳的状况，如一部分学术主体对于学术内涵和"为知识而知识"信念的真实追求。

　　然而，在澳门这样一种特殊的环境中，偏好选择可能始终左右着学术主体的抉择，因此政策结构需要不断做出调整，形成关键性政策。青木昌彦曾经基于博弈论提出过三种类似的制度形式：博弈参与人、博弈规则以及博弈的均衡。② 对应于多元学术主体的博弈模型，学术主体自我的抉择就是第一种"博弈参与人"的制度形式；高等教育政策的制定和影响或者约定俗成的规范即第二种"博弈规则"；而博弈模型中形式选择和内涵选择的不断演化和调整则属于第三种"博弈的均衡"。第三种也是基于各学术主体不断博弈之下的内生规则，正如当学术主体在选择"形式"决定后而取得较大得益的时候，其他学术主体也会相互借鉴，并将之作为一种潜在的行为标准。所以制度调整就是要通过总体上观察，找到符合高等教育发展更长远利益的期望均衡点（如学术主体没有关注某些数据的好看，而是选择"内涵"策略所产生的长远收益），施行相应的外生规则，改变潜在的标准，最终形成反转格局。如，改变对发表国际论文的盲目引导策略，转而提倡对澳门本土文化的扎根研究。外生制度的调整主要依据对学术主体期望收益的计算。每一个参与博弈的学术主体都会衡量自我选择的期望收益，如

---

① 谢林 T C. 微观动机与宏观行为［M］. 谢静，等译. 北京：中国人民大学出版社，2005：194.

② 青木昌彦. 比较制度分析［M］. 周黎安，译. 上海：上海远东出版社，2001：5.

果仅仅依靠学术主体基于有限理性的自我判断，那么学术主体很可能将选择"形式"作为相较于"内涵"选择的风险上策决定。所以，对未来的预期是影响主体行为的重要因素。其中主要是预期收益：我这样做，将来有什么好处。① 澳门特区政府需要通过制度调整对学术主体的内涵策略选择加以引导。"虽然制度是一种均衡现象，但不应把它们看作在一次博弈下完备演绎推理的结果，也不应视为一种根本不需要归纳推理的完全的静态平衡，它们代表了重复参与博弈的当事人自我维系的基本预期。制度是由有限理性和具有反思能力的个体构成的社会的长期经验的产物。"② 特区政府可以对实施"内涵"策略选择的学术主体给予相应的配套资源或政策上的便利，使得"内涵"选择成为学术主体能够预期看到的收益。当选择"内涵"的学术主体超过一定数量以后，一种崇尚学术内涵的文化氛围才能够最终确立起来，形成学术主体内部共享的价值观，即选择"内涵"策略不是某个联盟内部的约束行为或简单的外部激励行为，而是每一个学术主体自觉主动的选择。

总之，澳门高等教育发展所处的环境只是一种初始的博弈规则，而走出博弈模型中困境的有效方法则是制度的调整以及内生文化的建构。只有很好地对博弈规则和博弈均衡状态进行有效阐释，通过以下一些具体的路径分析及抉择，特区政府和高等院校才能真正突破困境，实现澳门高等教育的可持续发展。

三、澳门高等教育引领未来发展的路径分析

澳门是一个微型城市，有着自身的特点。澳门学者通过对微型经济体的研究发现，产业对外存在较大依赖性，外围经济的商业周期明显地影响着"微型经济"的发展。③ 基于此，澳门特区政府大力提倡经济产业的适度多元，试图改变产业比重失衡的现状。对澳门高等教育而言，尽管澳门地域狭小，学术主体容易做出形式化、功利性的选

---

① 白波，郭兴文. 博弈策略［M］. 台北：德威国际文化事业有限公司，2005：98.
② 青木昌彦. 比较制度分析［M］. 周黎安，译. 上海：上海远东出版社，2001：13.
③ 杨允中，等. 微型经济与微型经济学［M］. 澳门：澳门大学澳门研究中心，2006：15.

择，但是从另外一个角度而言，高校管理的灵活性反而能够方便、快捷地捕捉到有利于自身发展的任何信息。因此，澳门要想跳出博彩业一业独大的怪圈，实现中央政府和特区政府对澳门产业发展的期望，就必须切实研究如何发挥高等教育引领社会经济发展的课题，从而真正在高等教育范围建立人才培养和科学研究的长效机制。

（一）发挥微型特点，引领经济多元发展

一方面，针对澳门"一个平台"的发展定位，超越性地思考人才培养的问题。表现上看，针对平台定位，高校只需要培养葡语人才、商贸人才、会展人才即可。然而，进一步思考则会耳目一新。平台的定位面向国际，所以高校专业和课程的目标应该立足于外向型人才的培养，尤其要重视培养大批在中葡经贸关系发展中熟悉国际金融、贸易、法律等知识的外向型商贸人才。这就要求澳门高校所培养出来的商科毕业生不仅要懂得商业管理，而且要成为外向型并具有相应语言技能的经济管理人才，如熟知跨境清算业务的特色金融人才。另一方面，正是由于澳门小，零散的学科反而能够方便、灵活地加以联系。高校之间或高校内部可以整合学科的优势，通过复合型人才的培养，促进跨学科研究。如，葡语学科可以和旅游管理、大数据物联网、中医药等学科相互整合，形成"语言＋文化＋学科"的复合型人才培养方案；信息科学和商贸金融相结合，培养未来发展数字金融的跨专业人才；也可以将这些优势学科资源灵活地整合起来，构建跨学科联合实验室培养人才，利用"一个平台"以及粤港澳大湾区发展的契机，实现学科融合创新，为澳门经济适度多元发展寻找突破口。

此外，澳门高等教育界一直以来存有一种观点，认为澳门不需要开办过多的专业，尤其是那些社会需求不是很大的专业，很多人才可以由临近地区或者国外的大学代为培养。比如，澳门虽有医学人才的需求，但是没必要开设医学院，这样容易造成浪费，从内地和其他国家或地区培养的医生完全可以补充澳门的需求。再如，澳门的大学缺少基础学科——理科的发展，相应的人才需求也可以由澳门以外的大学代为培养，不必要自己开办理科专业。这些观点看起来很有道理，但实际上对澳门高等教育具有实质性的危害，其最大的问题在于没有站在一定的高度统领澳门高校人才培养的进程。基础性学科是高校学科建设的根基所在，很多应用型学科的发展都离不开基础学科。世界上任何一所一流大学，无论在海洋科学、人工智能、环境工程等领域的发展上如何具有优势，其背后一定会有强大的理科作为支撑。世界一流的大学中必有一流的理学院，而一流的理学院中也必然会有一流的基础学科。只有将有些基础学科办好、办扎实，上面提到的跨学科人才培养、超前型人才培养才能更有底气，更有发展潜质，应用型学科的发展才能在未来更具原创性。当然，澳门高校开设基础学科必然会面临生源缺乏的困境，这也是澳门高等教育必须要融入区域发展进程、融入国家发展大局的原因所在。一方面，澳门高校可以在基础学科中设置研究所或与澳门以外的高校合办研发中心，主要招收可以不受地域限制的硕士和博士研究生，避免本地生源缺乏的问题。另一方面，澳门高校要将培养人才的视野放在更大的范围内，这样才能跳出人口少、生源分布由微型市场所决定的窘境。有了生源，学科的师资、设备、信息资料、研究等方面都会得到有效支撑，学科专业体系才能形成，跨学科的学术力量和研究问题将会更加广泛，高校的研究取向也将不再只是简单的问题导向，而是能从学科体系中发现更加值得研究的问题，也才可能产出更多的创新型成果，最终引领社会经济的发展。

（二）设立国际标准，提升特色学科发展的影响力

虽然澳门的"小"可能带来一些不稳定的因素，但如果能够很好地加以利用，打造自己的特色，也会为澳门的发展带来很大机遇。澳门高校普遍学科较少，且零散分布，有些甚至是单一学科类型的高等学校，培养学生的市场空间也相对较小，传统学科与行业的匹配度不够。如上所述，澳门高校要想引领社会经济的发展，学科布局也需要重新规划。然而，就目前而言，澳门高校则需要在零散分布的学科布局之下，率先思考学科专业的发展问题。澳门现代高等教育的历史毕竟已经有40年，高校中一些学科结合地区行业的特点很有特色且创新能力强，如旅游、博彩、葡语、中医药、微电子、大数据、物联网、行星科学等。前面提到，在这些优势学科的基础上，如能实现跨学科

整合，将提升高校乃至学科发展的竞争力和创新性，也能改变与现有行业匹配度减弱的现状。

澳门高校还应在全面分析特色学科分布和发展水平的基础上，做好统一规划，完善扶持机制，投放充足资源，吸引高素质师资，做好学科发展等方面的工作，主动设立特色学科的行业或专业标准。如，在国际旅游休闲中心的定位下，在澳门高校旅游管理、款客管理、博彩娱乐管理等学科内部形成集群优势，建立亚太地区旅游休闲管理的行业标准；参照欧盟语言学习标准，在葡语国家共同体之外，建立葡语文化和语言学习的课程标准；建立中医药的国际标准，从技术研发、原材料采购、生产加工，到产品销售、售后服务及行业内部管理的各个环节进行规范，从而保证产品质量可控。集中人力、财力，打造具有澳门本土特色和优势的专业和学科体系。标准的确立将意味着澳门高校在某些学科方面具有国家或地区的统领性，即只要其他高校想在这些学科专业方面有所突破，就必须借鉴澳门高校已经确立的国际标准。尤其是当成果转化输出之时，国际性或地区性标准也将起到参照作用。高校在合作与交流过程中，国际性标准也可以被认作学分互认、人才培养衔接、合作办学、科研问题发现的预期对接平台，将会起到至关重要的作用。

同时，针对不同的特色学科，各选择一所或两所高校牵头整合，以粤港澳大湾区发展、"一带一路"倡议为契机，建立相应的特色学科教育培训基地，如已经设立的"旅游教育培训基地"和"中葡双语教育培训基地"，推动特色学科的国际输出，提升澳门高等教育的国际影响力。

（三）创新合作模式，发挥高校集聚—溢出效应

澳门的高校与国内外的高校联系比较紧密，目前已经形成大中华文化、葡语国家共同体文化以及盎格鲁—撒克逊国家文化的合作文化圈。总体而言，澳门高校对外的交流主要集中在互访参观、学生的交流交换、教师的专业学习、联合培养学生、组建联合实验室、合作研究等方面，但缺少总体上的规划布局、系统的安排以及创新的思维举措。就合作经验而言，一方面是基层探索多样，但缺乏顶层设计；另一方面是功能性合作占主导，制度性安排不成熟。① 当前，粤港澳大湾区内高校林立、优质教育资源丰富，多所高校教育水平位居世界前列。澳门应该抓住粤港澳大湾区建设的机遇，敢为人先，开拓思维，创新对外合作的模式。

澳门全国政协常委廖泽云先生曾在政协提案中强调，"要在粤港澳大湾区建设合作机制指引下，成立粤港澳高等教育合作协调机制"。② 建立新时代粤港澳教育的新型合作关系，确立湾区意识，推动湾区教育合作发展，助推湾区建设，是新时代粤港澳教育合作的新阶段。③ 粤港澳三地高等教育类型丰富、学科优势突出、互补性强，澳门高校应该抓住这一机遇，促进高等教育的融合发展。这也"意味着湾区内高等教育将从以往着眼于各主体自身的利益和目标、以取长补短为特征的合作向着眼于区域群体、以优势互补为特征的合作转变；强调三地寻求基于优势互补的利益共同点，通过体制机制创新，搭建基于政府、高校、社会互动模式的融合平台，形成一体化的利益共同体、发展共同体；以深化产教融合机制为抓手，以高质量的知识与技术资源为中心，依赖政策推动平台建设，构建以'高校集群—产业集群'为主导的融合发展模式，充分运用现代信息技术尤其是大数据技术，促进融合发展的多样化、便捷化与精准化"。④

从澳门高校参与合作的角度来看，其合作模式可以从规划、资源以及定位三个方面加以思考。首先，要有一个统筹规划的政府或民间组织。该组织能从整合的视角思考澳门对外合作发展的方向以及相关战略，熟知澳门产业发展特点、高等教育学科专业分布特点、高教发展的优势和劣势，并定期做出一个全面的分析和规划，同时也可以着眼考虑、研究合作发展中的利益补偿机制，建立优质的资源数据共享平台，引导、鼓励和吸引政府以及民间的社会资金投入到高等教育合

---

① 谢爱磊，李家新，刘群群. 粤港澳大湾区高等教育融合发展：背景、基础与路径［J］. 中国高教研究，2019（5）：58 – 63.

② 廖泽云. 促大湾区高教合作［N］. 澳门日报，2018 – 03 – 11（B2）.

③ 卢晓中. 推动粤港澳大湾区教育合作发展的思考［J］. 中国高教研究，2019（5）：54 – 57.

④ 许长青，卢晓中. 粤港澳大湾区高等教育融合发展：理念、现实与制度同构［J］. 高等教育研究，2019，40（1）：28 – 36.

作发展项目中来。该组织应是一个实体化的战略联盟或具有一定公权力的政府机构，能够在现有合作成果的基础上，通过制度创新、资源共享、均衡发展、优势互补等战略，进一步实现湾区内高等教育资源的整合与高等教育布局的优化，构建世界级的高等教育系统。①

其次，要善于整合优势资源，达至融合性发展。融合的前提一定是互惠互利的，且融合的双方需要处在平等的位置上。优势的融合不是将双方的特点取消，而是要通过融合摒弃发展中的局限性，达到一个更高的水平，让双方的优势和特点更加突出。如在学科建设方面，可以有计划地组织澳门与内地的优势学科力量，将国际汉语、葡萄牙语、中国的哲学、文学，中国的音乐、绘画、书法等艺术，体育中的武术，中医药、藏医药等具有中国特色的专业合作发展，建立系统的考级标准、共同培养人才、合作开展研究等。实际上，基于专业学科的融合，澳门高校能够逐渐改变原先单打独斗且又资源严重不足的局面，将这样的合作变成澳门高校未来发展的常态模式，有针对性地提升合作的边际效益。

最后，如本章第一节、第三节中所详述，基于澳门"一个平台"的战略定位，澳门高校可与葡语国家高校在粤港澳大湾区或内地"一带一路"沿线地区联合办学。如，当前粤港澳大湾区建设中，澳门主动发挥与葡语国家的关系密切的优势，联系葡语国家参与到我国"一带一路"倡议中来。澳门高校可以争取国家和特区政府支持，率先在粤港澳大湾区与葡语国家高校合作建立一所大学，或者在粤港澳大湾区的广东九市范围内建立分校，形成一校两区。在合作建立的大学或高校分校区中，创建一园多中心模式，即形成多个中国与葡语国家联合研究中心和创新创业产业孵化园（详见本章第三节），调动高校知识转移的邻近效应和企业园区的技术孵化作用，从根本上创新对外合作的模式，发挥合作高校的集聚—溢出效应，找准创新合作的学科范围，有力支撑协同发展的产业体系，为澳门融入国家的发展贡献力量。

---

① 谢爱磊，李家新，刘群群. 粤港澳大湾区高等教育融合发展：背景、基础与路径 [J]. 中国高教研究，2019 (5)：58–63.

（四）推动"互联网＋"，建立优质教育资源的辐射网络

随着互联网技术的快速发展，教育作为人类发展的基石正在产生深刻的变革。新媒体联盟发布的《地平线报告》经过十余年的发展，已经成为国际教育信息化发展的风向标，尤其以 MOOC、翻转课堂为代表的教学模式得到了迅速的发展和普及。[①] 在互联网新技术不断为教育提供支持的时代，澳门高校更应该未雨绸缪，思考建立优质教育资源的辐射网络。

实际上，"互联网＋教育"在澳门并不是新鲜事物。1983 年建立的澳门东亚大学公开学院作为澳门远程高等教育的开端，在当时还开创了世界第三代远程高等院校的模式。[②] 回归前，亚洲（澳门）国际公开大学"主要采取遥距教学方式，向本地区或邻近地区如香港或华南地区的学生教授高等课程"[③]。回归以后，随着国际互联网的发展，亚洲（澳门）国际公开大学又率先进行了网上教学的开发工作，如开办了一些网上的法律和文学的中文课程，广受中国内地和海外华人的欢迎。而自 2011 年亚洲（澳门）国际公开大学更名改制为澳门城市大学后，单纯以某所高校开办网上教学的模式自此中断。

尽管如此，"互联网＋教育"在澳门却因应时代的发展出现了新的变化。远程高等教育发展到当代，其教育形式和内涵已经发生了很大转变。从大的范围而言，MOOCs、SPOCs、区块链技术、微课、翻转课堂、移动式学习等都可以纳入远程高等教育的视野下考虑。"互联网＋教育"的跨界融合，将对环境、课程、教学、学习、评价、管理、教师发展、学校组织等教育主流业务产生系统性变革影响。[④] 在澳门城市大学不再专注于传统函授、多种媒体远程教学的同时，澳门高校范围内逐渐兴起了"泛在"远程学习。如，澳门大学与学堂在线合作，开

① 孙洪涛. 共生与演进：地平线报告中技术的教育应用趋势解析 [J]. 开放学习研究，2017（2）：21－26.

② 张红峰. 澳门远程高等教育的起源与变迁：从利益权衡到跨文化整合 [J]. 现代远程教育研究，2019（2）：50－58.

③ 亚洲（澳门）国际公开大学. 过去、现在、将来 [R]. 澳门：亚洲（澳门）国际公开大学，2001：9.

④ 余胜泉，王阿习. "互联网＋教育"的变革路径 [J]. 中国电化教育，2016（10）：1－9.

发大规模开放式网络课程（MOOCs）。澳门大学首个慕课课程"创意"已经正式上线，澳门和全球的学生及各类人士都可以透过慕课平台免费进行网上全英语学习和交流。澳门大学团队在探索慕课教学的过程中加入创新性构思，配以选择题、线上线下交流和互相学习的混合模式，帮助学习者挖掘自己的创意。① 又如，澳门理工学院则集合全球范围内的葡语专业精英，共建葡语网络学习平台。学院于 2015 年建立葡语专业互动网站"葡语在中国—约会网站"，提供互动解难、网上阅读等功能。学习对象除了中国内地和港澳的葡语专业学生、教师外，也面向来自加拿大、巴西、安哥拉、西班牙、葡萄牙、东帝汶等国的葡语专业人士。当前开始筹备面向全世界的"网上葡语课程"，并拟将澳门理工学院编写的《环球葡萄牙语》教材上传至学院网站，供有兴趣学习葡萄牙语的人士查阅。同时，学院还跨学科创设中葡英机器翻译，开发学习葡萄牙语的"中葡通 Diz lá!"手机软件，供全球母语非葡语的学生和学习爱好者使用，使他们随时随地可以学习地道的欧洲葡萄牙语。

在 2020 年的新冠肺炎疫情期间，澳门的高校亦推出一系列网上学习平台，如澳门理工学院推出了免费"葡萄牙语线上学习平台"，提供葡语学习相关的文字、音频、视频学习数据，涵盖多场景中葡双语会话、常用词汇等，方便用户足不出户、全天候学习葡语知识。此外，该在线学习平台还陆续推出与葡语国家文化有关的学习内容，向葡语学习者展现丰富多彩的异域文化和语言魅力，彰显澳门作为中国和葡语国家沟通和交流的平台作用，助力培养高素质中葡双语人才。此次疫情造成世界范围的学校停止常规教学，各国教育机构均采取应急上线教学的方式来应对此危机，此种教学模式是因危机而暂时采用的替代方案，缺少严谨系统的远程教与学设计，难以保障学习成效，而系统化的在线远程教学则通过设计学习材料、学习过程、学习活动和学习支持服务而为学习者提供个性化的学习服务，能够较好地保障学习成效，同样能够助力传统学校转"危"为"机"，探索形成人才培养

---

① 澳大慕课提供免费学习平台［N］. 澳门日报，2018 - 09 - 30（B5）.

的新方法，最终促进学习变革和教学创新。①

实际上，澳门是一个微型地区，微型社会有一个最典型的特征就是边际效用的变化率高。② 传统经济学认为边际效用呈现递减的规律。举例来说，当一个人饥肠辘辘的时候，你给他一个面包，他肯定狼吞虎咽，第二个面包仍然会吃得很香，吃第三个、第四个面包的时候，则会逐渐失去胃口。而对澳门而言，给一个面包，可能还没吃完，就已经没胃口了，边际效用呈现加快递减或递增特征。这一特征对澳门高校的招生、就业、人才培养、学术研究、资金流动等方面影响非常之大。澳门市场太小，如果仅仅为澳门培养人才，任何专业的人才培养可能不出几年市场就会出现饱和。同理，如果只是单纯从地理的角度让本地以外的国家和地区了解和体验澳门的优质教育资源，所产生的效用并不会太大，而且市场很容易缺失。

正因如此，这一特征促使我们深入思考澳门远程高等教育的发展问题。正是由于澳门地域狭小，边际效用的变化率高，所以澳门不能局限于现有的地域环境思考问题，仅仅考虑跨地域培养人才、跨地区交流合作等，而要借助当前的大数据、互联网，将我们高校的一些特色教育资源，如葡语、旅游、娱乐管理、中医药、微电子、智慧城市物联网技术、行星科学等，通过打包、编排，整合成 MOOCs、SPOCs，借助互联网向外产生辐射效应。正如上文提到的葡语学习，可以在当前线上词汇、会话学习的基础上，借助互联网云技术陆续开设一些葡萄牙语言及文化的基础科目，再逐步过渡到全部葡语专业的课程；利用一些可视化和学习分析软件以多维度的形式深度描述学习数据，为教学过程提供更为精确的分析。横排竖行的传统"秧苗"型教室是工业化时代的产物，而在数字化时代各种"智慧教室"将如雨后春笋般出现，正是由于教学方式、教学手段甚至教学内容发生了变化，要求学习的场所和学习的空间也要发生变化。③ 这一形式的变化配合翻转课

---

① 穆肃，王雅楠. 转"危"为"机"：应急上线教学如何走向系统在线教学［J］. 现代远程教育研究，2020，32（3）：22－29.

② 张红峰. 微型社会与澳门高校人才培养［J］. 澳门理工学报，2017（4）：190－197.

③ 刘占荣，刘永权，武丽娜. 国际远程高等教育研究与发展趋势［J］. 中国远程教育，2018（12）：31－42.

堂的使用，这一方面可以带来澳门高校自身葡语教育模式上的变革，另一方面其他国家和地区的学生也可以透过网络注册、登录享受澳门高校优质的葡语教育资源。在数据分析研究和新技术快速发展的影响下，云学习和翻转课堂学习不仅是未来教育的发展趋势，更应当成为发挥优质教育资源影响力的必要途径。

澳门城市大学的教育模式虽然已经增加新的内涵，但从另外的角度而言，将为澳门整体高校逐步吸纳"互联网＋"，主动发展泛在远程学习，提供一种可能。在澳门微型地区实施互联网教育，不仅可以带来高等教育教学方式的转型和变革，而且能够将优质教育资源辐射出去，造福世界。当然，互联网教学还要结合现有传统的教育形式，通过复原、重构、零存整取、众创众筹等手段，实现知识从"碎片"到"整体"的嬗变。① 在积极融入国家"一带一路"以及粤港澳大湾区建设的背景下，澳门高校超越微型地域的空间限制，充分利用互联网云技术，建设优质教育资源的辐射网络具有深远的意义。

本章小结

从历史逻辑、价值选择以及未来路径分析中可以看出，澳门高等教育的发展离不开微型社会典型特征的影响。无论是历史进程中存在的诸多偶然性因素，还是现实选择中高校不同领域呈现出的种种现象，都或多或少与微型社会的特征相关。微型社会显然具有很多优势，小而愈精，精而愈融，融而愈通，澳门高校管理中很容易把握到一些大型社会所不容易获取的信息、资源及办学模式，然而也正是高等教育边际效用的变化率太大，导致澳门高等教育内部更容易出现很多形式化、表面化的现象。

澳门的每所高校都需要追求学术的卓越，但在微型社会的环境之下，卓越与一流很容易就演变成一个个靓丽的"技术性"指标，因为

---

① 黄建锋. 基于"互联网＋"的碎片化学习策略研究：从"碎片"到"整体"的嬗变 [J]. 电化教育研究，2018（8）：78 - 82.

只有国际论文、国际化师资及学生、引用率、专利数量等多了，澳门的高校在世界和亚洲区的大学排名才会高，才能吸引更多更好的生源，以此彰显高校的实力和影响力。回归以后，澳门的两所综合性大学在技术指标方面进步很快，很快跻身于海峡两岸暨香港、澳门大学排名的前列，澳门大学、澳门科技大学也在泰晤士世界大学排名中分别进入前 250 名、前 300 名，这些都是澳门高校所取得的可喜成绩。然而，当我们换一个角度来看，就会发现，澳门高校的发展依然面临很多桎梏。学科面极为狭窄，几乎大部分高校所开设的专业课程都是以市场为导向，市场化之下的产业结构完全决定了学科专业发展。这种发展模式所带来的最大问题就是，高等教育的未来发展变得和产业发展一样，不具有可持续性。一旦有了风吹草动，整体发展将会面临困境。如，新冠肺炎疫情来临，澳门的经济发展明显受挫，各类数据出现大幅度滑落；在高校的学科建设中，学术研究却依然只能按照一些分散的研究问题予以展开，而无法根据学科体系的布局去深入挖掘更具系统性、创造性的研究问题，有针对性地突破科学和人文学科的前沿课题，从而形成对经济适度多元发展的支撑。所以，高等教育的技术性发展虽然很重要，但容易陷入表面化、形式化、数字化的境地。人文和科技发展追求指标本来无可厚非，而这应该成为一个自然的过程，即先建构人文及科技发展的学科体系、制度框架，然后自然而然也就产生了各种指标、数据，而不是功利的技术指标为先，体系建构在后。而澳门的微型社会特征往往在此时更加推波助澜，让追求技术和形式成为澳门高校发展过程中的普遍现象。

在国家的整体战略部署之下，粤港澳大湾区建设无疑为澳门高等教育的发展带来新的机遇和挑战。机遇在于，澳门受制于狭小的地理环境，大湾区则能够为澳门带来更加广阔的空间发展。在粤港澳大湾区内部，如果澳门能够把握好这个机遇，那么将会为未来产业的多元发展带来诸多可能性。而挑战在于，如果澳门依然延续以往一些陈旧的思路和做法，那么在高等教育合作、资源流动等方面依然可能陷入形式化的陷阱。所以，澳门高等教育需要做出制度化、系统化的安排，如针对澳门中心城市的核心定位、澳门高校如何对大湾区创新中心形成支撑以及高等教育怎样引领社会经济的发展，都要做出审慎而又周密的制度化安排。"变动不居时代的教育改革既需要发挥制度的基石和稳压作用，也需要对改革试点进行因地制宜并逐渐总结实践使之推广普适。当前的重点是尽快制定粤港澳合作办学条例及实施办法，将内地建设为港澳高校的战略腹地和产学合作基地，将港澳打造成内地引进国际化一流智力及资源的枢纽和导体；设立高等教育改革先行试点，赋予地方政府和高校在调整研究生学位点、留学生规划、中外合作办学机构和项目设立、境外办学推动等方面相关权限，以制度硬约束和实践灵活性带动大湾区国际化水平的全面提升。"① 实际上，澳门特别行政区政府在融入粤港澳大湾区的建设方面，已经出台了一系列的制度指引，在高等教育方面引导澳门高校积极融入大湾区的合作发展。尽管如此，特区政府还需要找到符合高等教育发展更长远利益的期望均衡点，基于博弈论的思想建构澳门高等教育融入发展的制度体系。如，特区政府通过推出对高校采取融入创新策略的激励政策，形成有形或无形的联盟体系，在联盟内部分担利益成本，使得高等院校能够突破眼前的功利性局限和困境，做出长远的规划和安排。又如，基于每一个参与博弈的学术主体都会衡量自我选择的期望收益，特区政府可以调整制度，对实施合作和学术创新选择的院校给予相应的配套资源或政策上的便利，使得"内涵"选择成为学术主体能够预期看到的收益。总之，制度的安排和调整应当对即时利益和策略选择给以相应引导，从而在引领经济适度多元发展、形成学科专业国际标准、创新合作模式、建立优质教育资源辐射网络等方面更加具有针对性。

高等教育发展进程中的技术追求和制度调整都是逻辑思维的产物，即通过微型社会特征的演绎和相应的归纳总结，可以推导出技术和制度。当技术和制度发展到一定程度的时候，自然会形成一种惯性，这种惯性使然便是文化的基础。从技术到制度，只要是逻辑可以到达的地方，很多问题都能在理论上得到解决。然而，当制度实施到一定程度，制度的能量发挥会遇到阻碍，正如博弈论中所阐述的那样，由外

---

① 王志强. 粤港澳大湾区高等教育空间布局：框架、现实与进路［J］. 中国高教研究，2020（6）：79—85.

而内的制度安排可能会导致适得其反，陷入囚徒困境或所谓的"公用土地悲剧"。实际上，这些内生抵制因素的根基就是文化，个体无形中产生的行为才能看出当地的文化是什么。所以，澳门高等教育的融入发展必须强调文化的核心定位，而在文化的定位中又必须强调"中华文化为主流"，摒弃一些狭隘的"地域性文化观念"，否则当利益保护和排外意识占据主流以后，很多看似合理的制度安排，也将起不到任何效果。事实上，粤港澳大湾区建设中的很多核心定位都需要文化的支撑。如，建设大湾区科技创新中心，高校可以为大湾区培养创新型人才，也能加以沟通合作，还能通过构建"政商学三螺旋"模型直接参与创新。但是，真正构建创新中心，最主要的是在大湾区内形成创新的文化，即每一个城市、每一个机构团体、每一个人都有创新的意识，这样才能在教学研产等各方面真正形成创新的体系，所有的制度和技术都可以围绕创新的文化而展开。又如，根据博弈的逻辑推理所形成的制度调整，最终也是要建构内生的文化。如果在澳门高等教育领域没有形成融入大湾区发展的文化，那么通过技术和制度的创新，也可以倒逼组织和个人产生新的认知，然后通过长时间的熏习和浸染，最终产生适合于大湾区发展的新文化。在这个过程中，教育相比产业而言，更加需要对文化的发展做出应有的贡献。

展望澳门高等教育的未来发展，技术、制度和文化是最为重要的一个路径分析框架。以人体作喻，技术是肉，制度是骨，而文化则是髓。显而易见，文化是根本所在，澳门高等教育发展无论采取何等技术手段和制度保障，都要确立文化的灵魂与精髓，将内生文化和熏习文化作为高等教育未来发展的"道"与"路"，从而促进制度与技术自然而充分的发展，建设更具可持续性的高等教育体系。